Train Operation Organization in Emergencies

突发事件条件下的列车运行组织

孟学雷　贾利民　秦　勇　著

人民交通出版社股份有限公司

内 容 提 要

本书以铁路突发事件发生率偏高为背景,采用自上而下的系统分析方法,对突发事件条件下铁路列车运行组织理论与方法进行了深入研究。本书共包括十一章,内容包括:绪论、铁路列车运行组织工作概论、突发事件条件下列车运行组织、突发事件条件下的运输组织模式、突发事件条件下的旅客列车服务网络特性分析、突发事件条件下铁路通过能力计算、突发事件条件下列车运行可行路径集生成、突发事件条件下列车运行径路分配、基于收敛模糊粒子群优化的列车运行调整、突发事件条件下列车运行组织实证分析、结论。

本书结构严谨、理论与实践相结合,反映了作者在铁路运输调度领域的开创性工作,是一本全面介绍突发事件条件下路网列车运行组织理论的学术专著,可供从事铁路运输组织生产与管理人员、科研人员参考,也可供高等院校相关领域的研究生教学参考。

Synopsis

This book studies the theories and methods for train operation organization in emergencies, taking the slightly high railway accident rate as background, using the system analysis approach of "from top to bottom". This book consists of 11 chapters. The content includes exordium, introduction to train operation organization, train operation organization in emergencies, transportation organization pattern in emergencies, passenger train service network characteristics analysis, railway capacity calculation in emergencies, available train paths set generation in emergencies, train pathing in emergencies, train rescheduling based on convergent fuzzy particle optimization, computing case and analysis of train operation organization in emergencies and conclusion.

This book is well-knit, and it combines the theories with the railway production practice. It reflects the research work in the field of railway train dispatching, which is a monograph on train operation organization in emergences on the railway network. It can offer reference for the production staff, managers and researchers in railway transportation field, and provides teaching reference for postgraduate education.

前　　言

铁路作为服务于社会的一种公共运输形式,其始终不变的目的是安全、迅速、可靠、准确和经济地运送旅客和货物。随着我国铁路路网运营里程的不断增加,对铁路运输也提出了“更高、更快、更多”的要求。然而,我国铁路自然灾害具有广泛性、频发性、多样性等特征,铁路事故与铁路公共安全事件也偶有发生。这些突发事件,影响了铁路线路的通过能力,降低了我国铁路客货运输的安全性和效率,客观上需要研究突发事件条件下列车运行组织问题。

另一方面,随着铁路尤其是高速铁路运营里程不断增长,我国铁路线路网络拓扑结构也在发生深刻的变化。新的路网逐渐形成,为路网列车运行组织工作提供了条件,同时也使得列车运行组织工作变得更加复杂。路网列车运行组织问题亟待研究。

本著作即以此为背景,采用自上而下的系统分析方法,进行了突发事件条件下基于铁路路网的列车运行组织理论与方法研究工作。主要包括突发事件条件下铁路的运输组织模式、列车服务网络重构、铁路通过能力、列车运行径路的生成、列车运行径路的分配、列车运行计划的生成等。突发事件条件下铁路的运输组织模式是最宏观、最根本的问题,也是进行突发事件条件下列车运行组织工作的最基本约束,是战略层次的问题。而列车服务网络是列车开行方案的直观化表示,决定列车开行的起讫站、列车运行径路(本著作研究的重点之一)、停站方案、开行频度等要素,是处于策略层面的研究问题。而突发事件条件下铁路通过能力的计算作为列车运行径路生成与分配的基础,本著作也对其进行了研究。在运营层,列车在径路上的运行计划是重点，决定了分配至该径路的列车的到站与出站时刻等。战略层的决策是策略层进行决策的约束，而策略层的决策又是运营层决策的约束。反之，运营层决策的执行结果可以反馈至策略层，有助于决策者调整策略层的决策，同理，策略层的执行结果可以反馈至战略层，给予决策者决策支持。

本著作作者及其团队从事列车运行组织相关领域研究工作多年，先后承担和完成了国家自然科学基金项目“基于复杂网络理论的列车运行图稳定性优化研究”（项目编号：61263027）、教育部高等学校博士学科点专项科研基金博士点新教师项目“突发事件条件下列车流混沌特性分析及运行调整研究”（课题编号：20126204120002）及甘肃省自然科学基金资助项目（课题编号：1310RJZA068），开发了一系列的相关应用系统，并获得了“高速铁路路网列车运行调整系统”软件著作权。这些项目研究工作的开展及其成果为本著作积累素材并提供了支持。

衷心感谢国家科技部、国家自然科学基金委、国家教育部、甘肃省科技厅的立项资助。感谢徐杰老师、王莉博士后在相关论文撰写中提出了宝贵建议。

在撰写本著作过程中，作者查阅了大量的参考文献，在叙述上力求概念明确，思路清晰，运用人们熟悉的实例来阐明复杂的理论与方法，从而尽可能使读者对突发事件条件下列车运行组织有个清楚的了解和认识。由于作者知识水平和研究的深度与广度有限，书中所提到的观点、方法和理论肯定有不足之处，敬请读者指教。

孟学雷　贾利民　秦　勇

2015 年 7 月

目　　录

第一章　绪　　论

第一节　概　　述

一、问题的提出

铁路是我国国民经济的大动脉，在我国交通运输体系中居于主导的骨干地位。长期以来，我国的铁路路网并不发达，运量与运能的矛盾十分尖锐。

解决这个矛盾主要有两种措施：其一为加强铁路基础设施建设，扩大铁路网络，增强铁路系统的运输能力；其二为采用先进的技术和管理方式，提高铁路运输生产效率，最大限度地发挥现有路网的输送能力。

目前，我国铁路运输发展的态势主要表现在高速铁路建设规模扩大、客货逐渐分离以及运输组织管理的自动化与智能化等方面。随着高速铁路通车里程的不断加大，新的铁路网络初具规模。“八五”时期以来，铁路建设速度逐渐加快。2004 年 1 月，国务院常务会议讨论通过了《中长期铁路网规划》，明确了高速铁路网建设的宏伟蓝图。到 2020 年，将建成 12 500km 的高速铁路和 4 000km 的城际客运线路，形成联结 30 多个大城市（包括 4 个直辖市、18 个省会城市和 8 个沿海城市）的高速铁路网。届时将建成“四纵四横”的高速铁路和以环渤海、长江三角洲、珠江三角洲地区为重点的城际快速客运系统。中长期铁路网调整规划于 2008 年 10 月 31 日经国家批准正式颁布实施，新调整的方案，将 2020 年全国铁路营业里程规划目标由 10 万 km 调整为 12 万 km，其中客运专线由 1.2 万 km 调整为 1.6 万 km，电化率由 50% 调整为 60%，主要繁忙干线实现客货分线，基本形成布局合理、结构清晰、功能完善、衔接顺畅的铁路网络，运输能力满足国民经济和社会发展需要，主要技术装备达到或接近国际先进水平。2012 年原铁道部印发《国家铁路“十二五”发展规划》，提出“十二五”铁路发展的目标是：到 2015 年全国铁路营业里程达 12 万 km 左右，其中西部地区铁路 5 万 km 左右，复线率和电化率分别达到 50% 和 60% 以上，初步形成便捷、安全、经济、高效、绿色的铁路运输网络，基本适应经济社会发展需要。新的铁路网络不断完善，为铁路运输能力的加强在硬件上提供了基础，也使得我国铁路网络更加复杂，列车的运行组织工作也变得极为复杂。

而我国现阶段，铁路生产组织模式是中国铁路总公司、路局、车站三级管理模式，列车的运行指挥调度工作是以区段为主，着眼于网络的调度指挥，没有形成理论体系，也缺少相应方法。这与我国铁路网络越来越复杂的现实是很不协调的。

另外，我国幅员辽阔，铁路自然灾害具有广泛性、频发性、多样性等特征[1]，并且影响范围大，严重影响了我国铁路客货运输的安全性和效率。铁路事故与铁路公共安全事件也偶有发生。这些突发事件给铁路的运输组织工作带来了重大的挑战。在突发事件条件下，路网中铁路线路，尤其是高速铁路线路若出现能力下降甚至中断的情况，会造成整个铁路运输网络的紊乱，现有的计算机辅助决策系统很难给出令人满意的解决方案。而单靠调度员凭经验制订解决方案，其质量很难得到保证。

所以，探索在突发事件条件下，在新的路网上进行列车运行的统一协调指挥无疑具有较强的理论意义和应用价值。目前虽然有很多铁路行车指挥自动化系统，但均不针对突发事件条件下路网列车运行组织。所以研究突发事件条件下的列车运行组织问题，给出解决方案，是本书研究的出发点和主要目的。计算机技术与优化理论的不断发展，为深入研究此问题提供了强有力的工具。从目前研究列车运行组织问题所具备的客观条件看，研究突发事件条件下列车运行组织问题，提出相关的组织理论与方法，是切实可行的。

二、国内外铁路列车运行调度指挥系统现状

目前，国外拥有高速铁路的国家的铁路列车运行调度指挥系统基本划分为3种模式[2]：第一类是以日本为代表，高速铁路调度系统与既有铁路调度系统相互独立；第二类是以法国和西班牙为代表，以线路为目标建立控制中心，基本沿袭既有铁路的传统模式；第三类是以德国为代表，其高速线为既有线路的一部分，调度系统是以地区为中心建立调度控制中心，而不是以高速线为中心。

日本的新干线调度指挥系统基本上是独立的系统，其调度系统的构建适应高速铁路运行的特点，充分考虑了高速行车所伴随的高风险性及行车安全对调度系统的依赖性，突出了安全的重要地位，充分考虑了高速旅客正点要求，构建集各专业功能为一体的综合调度系统。

法国和西班牙高速铁路的经营管理尚未形成独立的系统，其调度系统的构建思想受既有线的影响和制约，其调度业务仅包含客运组织、行车组织及机车车

辆方面的调度。系统结构较为简单,功能较弱,在协调配合、应急处理等方面,不完全适应高速行车的要求。

德国高速铁路与既有线连成一体,设置1个中央调度指挥中心和按区域划分的7个调度指挥分中心。路网、客运和货运调度均实行“调度指挥中心—调度指挥分中心—车站值班员”三级管理。所有中心都由通信系统连接起来,相互交换数据。每个调度中心下设运输指挥中心和运行控制中心,其调度指挥系统具有运输指挥、自动冲突解决、自动调度、信息服务等功能。

国内既有普速、既有城际与新建高速线路的列车运行调度系统基本上是独立的系统,广深准高速铁路、秦沈客专以及武广高速铁路列车运行调度系统已经实施,但其均是以调度集中为核心的行车指挥自动化系统,调度系统的功能还比较单一,独立于既有铁路的列车运行调度系统之外。京沪高速铁路的运输调度指挥系统也正在研发阶段,其前期设计的调度指挥模式是高速铁路调度系统与既有的调度系统功能相对独立,预留与既有普速、既有京津城际铁路列车运行调度系统接口,将来与既有铁路调度系统驳接。所以,目前,我国铁路各种线路的列车运行调度系统处于相对独立的阶段。

三、我国未来铁路列车运行调度指挥模式

将来我国全路网的铁路列车运行调度指挥模式可能有以下几种。

(1)全路集中调度模式。将高速铁路和既有普速、既有城际铁路的日常调度工作统一在同一个部门,所有不同线路基层站段的调度人员,只能受命于一套系统中的一个相关业务调度台,不参与调度工作,只起信息处理及中转作用。在出现突发事件条件时,不需要转移调度指挥权,适合突发事件条件下的运输调度工作。

(2)高速铁路调度系统独立模式。建立独立于既有铁路运输调度系统之外的高速铁路运输调度系统,监控各条高速铁路日常运输生产,并远程控制基层设备,各专业调度台向基层站段发布调度命令。高速铁路上列车采用全高速模式,并且高速列车不下线运行。将高速铁路与既有铁路完全隔离。其优点是简化列车运输调度指挥工作,做到专线专用,可在一定程度上提高旅客的运输效率,而其缺点也是显而易见的,由于没有预留调度权限转移功能,当突发事件条件出现时,不能将高速铁路与既有线路的运输资源共享,容易导致某种线路的运输组织工作陷于瘫痪。

(3)全路调度集中模式与高速铁路调度系统独立模式相结合。日常的高速铁路、既有普速、既有城际线路的运输由相对独立的运输调度指挥系统完成,各运输调度指挥系统分别完成相关线路(通道)的调度指挥工作,包括相关线路

(通道)的监控、控制基层设备、分别向基层站段发布调度命令等。当涉及高速列车下线运行、普速列车上线运行等行车组织模式时,采用集中调度的模式,共享线路设备等资源,统一协调普速列车和高速列车的运输组织工作。当突发事件条件出现,亦采取此种运输调度方式,实现高速铁路、既有普速、既有城际线路的运输组织的统一调度指挥。

可见,以上 3 种模式中,第(2)种模式因其固有的弱点,将来被采用的可能性相对较小。第(1)(3)两种模式要求铁路运输调度系统的建设应着眼于全路网,即将既有普速、既有城际与新建高速线路的运输调度指挥工作统一进行。所以有必要研究路网列车运行组织问题。

四、研究意义与必要性

目前,我国对路网上列车运行组织的研究,大多集中在对单个调度区段的列车运行调整上,而对于如自然灾害、铁路事故等恶劣运营条件下的列车运行组织研究,还相对匮乏。研究突发事件条件下的铁路列车运行组织具有以下意义。

(1)丰富铁路成网条件下铁路列车运行组织方案理论,探究突发事件条件下铁路列车运行组织方案的本质,填补突发事件条件下铁路列车运行组织研究领域的空白。突发事件条件下铁路列车运行组织是铁路运输组织的重要组成部分,本研究可对突发事件条件下的铁路运输组织工作提供理论指导。

(2)有利于提高突发事件条件下的铁路运输效率。突发事件条件下高速铁路运行组织方案决定列车的运行效率。扎实的理论依据,能够给突发事件条件下的铁路列车运行组织工作提供理论和方法上的支持,提高运输组织方案的质量,提高突发事件条件下的高速铁路运输效率,解决目前我国铁路运输系统在突发事件条件下由于组织方法上的缺乏导致铁路运输系统运行紊乱的问题。

(3)突发事件条件下列车运行组织是必须解决的问题。我国铁路自然灾害众多,铁路事故与铁路公共安全事件也偶有发生,客观上要求研究突发事件条件下列车运行组织问题。在突发事件条件造成部分线路区段能力严重受损的情况下,铁路列车运行组织措施不再只是取消车次等简单操作,而是可以着眼于路网,变更列车的运行径路,进而调整运行计划。我国铁路路网的不断完善,使得这种以路网为基础的突发事件条件下列车运行组织成为可能。

(4)突发事件造成线路区段通过能力严重受损甚至线路中断情况下,取消在途列车车次并不可行。尤其对于旅客列车而言,取消车次意味着旅客行程中断,将造成恶劣的社会影响。这要求科研人员必须面对此类问题,着眼于路网研究列车运行组织工作,以期为铁路运营部门提供有益的决策支持,消除突发事件对铁路运输系统造成的恶劣影响。

(5)有利于丰富铁路行车指挥自动化系统的功能。目前铁路行车指挥自动化系统基本是在正常条件下给予行车调度指挥人员决策支持信息,而在突发事件条件下完全凭调度员的经验。本著作研究成果可以集成到铁路行车指挥自动化系统中,在突发事件条件下只要切换至基于本研究成果开发的功能模块中,就可以实现突发事件条件下铁路运行调度指挥的计算机辅助决策,无疑对铁路的行车调度指挥工作有很强的现实意义。

第二节 本著作内容与关键概念界定

本著作研究的**突发事件**是指在铁路线路区间或车站突然发生,对铁路线路区间能力与车站的接发车能力造成**严重影响**,甚至改变铁路路网**拓扑结构**,导致列车不能按照**既定径路**和**运行计划**运行,为保证列车到达既定终点站,需要**重新进行列车运行径路分配**(Train Paths Distributing),并**进行列车运行调整**(Train Rescheduling),以应对的自然灾害、铁路事故及铁路公共安全事件。

本著作的主要内容为突发事件条件下列车运行组织问题。突发事件条件下列车运行组织问题涉及铁路线路区间通过能力计算、列车运行可行径路集生成、列车运行径路分配与列车运行调整问题。

(1)突发事件条件下的铁路区间通过能力计算。由于突发事件发生,铁路线路区间的通过能力受到影响,具体体现在铁路线路区间的限速上。而突发事件条件下,铁路线路区间能力状态是不断发生变化的,所以,有必要研究突发事件条件下铁路线路区间通过能力状态变化规律,设计通过能力的计算方法,并对突发事件条件下的铁路线路通过能力进行计算。

(2)突发事件条件下列车运行可行径路集生成。可行径路集生成是列车运行径路分配的前提。生成径路的算法与策略有很多,但是针对突发事件条件的列车运行径路生成尚待研究。

(3)突发事件条件下列车运行径路分配。突发事件发生,严重影响线路区间通过能力,甚至线路区间中断,导致列车不能在既定径路上运行,必须重新选择列车运行径路,这是现场生产实际的迫切需求,也是科研人员必须面对的问题。所以必须研究突发事件条件下列车运行径路的选择问题。

(4)突发事件条件下列车运行调整问题。在列车运行径路分配的基础上,对列车的运行计划进行调整或重新生成。列车运行径路的改变势必扰乱既定运行计划,列车不能按照既定运行计划运行,所以,必须研究突发事件条件下基于径路选择的列车运行调整问题。

第三节　国内外研究综述

一、研究文献

本著作研究主要内容涉及列车运行径路优化与列车运行调整两个层面的问题,在此将这两个问题相关的文献进行综述。表 1-1 与表 1-2 分别列出了关于这两个问题研究的相关主要文献。

1. 列车径路优化相关研究

目前旅客列车运行径路的生成研究集中在开行方案制定决策阶段,即研究旅客乘车、换乘、票价等问题,决定旅客列车的运行径路。崔炳谋研究了铁路旅客运输径路的问题,设计了任意两站之间最短路及若干次短路算法[3],并与其研究团队考虑旅客从起点站出发、最终到达终到站、在中转站进出平衡的约束条件,建立旅客旅行换乘方案选择问题的数学模型,给出了旅客经由问题的一种解决办法[4]。陈彦等在给定铁路客运站站型布局和列车运行图的前提下,研究旅客列车过站径路优化问题。在车站层次建立旅客列车过站径路优化的 0-1 规划模型。设计了模拟退火算法[5]。王喆等着重研究了旅客列车开行线路的选择分析传统的最短路径算法的不足,提出利用遗传算法求解路网中任意两点之间 K 条最优路径,并进行仿真计算,取得较好的效果,结果表明,利用这一方法有利于旅客列车开行方案多方案比选,辅助运营决策[6]。其与彭其渊通过电子地图技术集成实现旅客列车开行路径的可视化优化设计。在论述系统结构的基础上对开行路径设计进行了具体描述,并利用计算机自动计算方式对太原—徐州的列车开行径路进行了应用仿真,说明文献[6]中所述方法的可行性和高效性[7]。吕晓燕等针对目前客票径路计算中径路信息与实际旅客出行径路之间存在的差异性,从分析径路生成的计算模型出发,结合铁路通票业务背景,提出一种车次约束机制下的径路生成计算方法。算法以选择性集中存储为径路存取方式,实现径路公共信息的全路共享与车站特殊径路的分布式存取,有效压缩径路信息存储空间,提高径路选择效率;以车站—车次邻接表为基本数据结构,将铁路路网图改进为列车约束下的列车可达图,保证车站生成个性化径路的合理性和有效性[8]。

关于货运车辆径路选择的文献更加浩繁,文献中所采用的方法很多,也可为本著作的研究提供参考,故一并进行总结。从涉及的该问题的优化目标、模型与

表 1-1

关于车流径路研究的文献

第一作者	年份	问题	方法(算法)	优化目标	约束
孙晚华	1995	车流径路优化	启发式算法	消耗的总车辆公里数最小	区段能力 车流共同径路
林伯梁	1996	径路优化与编组优化	数学规划方法	车流费用指标最小	车站能力和区间能力
施其洲	1996	车流径路优化	数学规划方法	满足运输需求总价值最大,车流运输总时间最少,总走行公里最少,未满足的需求量最小	区间通过能力和车站接发车能力
林伯梁	1996	车流径路优化	数学规划方法	总费用消耗最小,高值货物走最短路原则	区段能力 满足车流通行需求
李引珍	1997	铁路最短路	数学规划方法	路径最短	—
林伯梁	1997	车流径路优化	启发式算法 (模拟退火算法)	广义费用最小(运输距离,车辆由该方向运送时所需的时间,车辆运送的平均成本)	区段通过能力 满足车流通行需求
史峰	1997	车流径路与编组计划综合优化	数学规划方法	车辆公里总消耗,集结总耗费,改编中转额外总耗费(车小时)	区段能力 车站能力
崔炳谋	1997	旅客出行径路优化	数学规划	旅程最短	—
查伟雄	1997	车流径路优化	数学规划方法	总费用最小	区段能力
施其洲	1999	车流径路优化	数学规划方法	满足运输需求效用最大、货流的运输总时间最少、货流总走行公里最少、满足的总需求量最大、空车流走行总公里最少,每个车站和区段的能力利用率最大	区段能力与车站能力
孙晚华	1999	车流最短路	数学规划方法	路径最短	—
王华	1999	客运可行径路选择	数学规划方法	换线次数,换乘次数	—
陈彦	2001	列车过站径路优化	数学规划方法	接发车作业进路效用和到发线效用最大	道岔和到发线占用相容性
江南	2004	车流径路优化	数学规划方法	运输消耗最小	区段能力
杜进有	2005	车流径路优化	数学规划方法	基于满意度的多目标优化	区段能力

续上表

第一作者	年份	问题	方法(算法)	优化目标	约束
孙焰	2005	车流径路优化	数学规划方法	运输费用最小	区段能力
靳来勇	2005	车流径路优化	数学规划方法	运输费用最小,运输能力利用率最大	区段能力
王喆	2006	旅客列车开行线路优化	启发式(遗传算法)	径路长度最短	—
王喆	2007	旅客列车开行线路优化	—	径路长度最短	—
崔炳谋	2007	旅客换乘方案优化	数学规划、搜索算法	旅行时间短、换乘次数少、出行费用小、到发时刻合理	—
王保华	2007	车流径路优化	启发式(遗传算法)	车流径路方案可靠性,期望总费用最小	区段能力
刘志杰	2007	最短路径	启发式算法(A*算法)	路径最短	—
吕晓燕	2007	客运径路生成	数学规划	径路最短,通票径路与列车走行径路一致	车次约束
孟凡江	2008	车流径路优化	数学方法	运输距离、运输时间、运输成本综合目标	区段能力
苏顺虎	2008	车流径路优化	数学方法	运输距离、运输时间、运输成本线性组合目标	区段能力
农静	2008	车流径路优化	分布式启发式算法(禁忌搜索算法)	按最短路径运行所完成的周转量	区段能力
农静	2010	车流径路优化	启发式算法(遗传算法)	按最短路径运行所完成的周转量	区段能力
Michel Bierlaire	2008	径路选择问题	数学规划方法	真实数据与模型数据相关性	—
Sung-Pil Honga	2009	径路安排	两阶段法	车组数目最小,车组走行时间最少	满足发车需求
Yusin Lee, Chuen-Yih Chen	2009	径路安排与时刻表编制	邻域搜索算法	股道使用综合权重费用值最小	股道占用约束 列车指派约束
Emmanouil E. Zachariadis	2010	车辆径路安排	聚集启发式方法	最小费用	乘客需求

关于列车运行调整研究文献

表 1-2

第一作者	年份	问 题	方法(算法)	优化目标	模 型
B. Szpigel	1973	单线单区段	分枝定界	最佳越行和会让站	线性规划
E. R. Petersen	1982	单线单区段或双线单区段	计算机模拟	未指明	离散事件系统模型
Sauder R. L	1983	单线单区段	穷举法	列车总晚点时间最小	线性规划
Araya S	1983	双线单区段	分枝定界法	总晚点时间	0-1 混合整数规划
Iida. Y	1983	双线单区段	专家系统规则	恢复按图行车	未指明
K. Fukumori	1987	双线单区段	trial-and-error	未指明	未指明
D. Jovanovic	1990	未指明	启发式搜索函数	总体晚点费用最小	非线性模型
程宇	1992	双线单区段	专家系统规则	恢复按图行车	未指明
曹家明	1994	单线单区段	对偶算法	与既定运行图的偏差最小	“约束可选”线性规划
H. Schafer	1994	双线单区段	专家系统规则	恢复按图行车	未指明
L. M. Jia	1994	双线单区段	模糊控制	恢复按图行车	未指明
张星臣	1995	双线单区段	未指明	列车旅行时间	有控随机与随机有控仿真模型
曹家明	1995	双线单区段	对偶算法	正点率最高	“约束可选”线性规划
Vivian Salim	1997	未指明	遗传算法	最小化列车停车的代价	未指明
Te-wei Chiang	1998	双线单区段	知识规则	恢复按图行车	未指明
Yu Cheng	1998	单线单区段	未指明	解决资源利用冲突	混合模拟模型(事件驱动与网络模拟)
张星臣	1998	双线单区段	计算机模拟	未指明	未指明
李鹏	1998	未指明	专家系统	恢复按图行车	未指明
赵强	1999	单线单区段	分枝定界法	正点率	线性模型

续上表

第一作者	年份	问题	方法(算法)	优化目标	模型
查伟雄	2000	双线单区段	拉格朗日松弛法	正点率与总旅行时间	非线性模型
刘皓伟	2000	未指明	遗传算法	恢复按图行车	Petri 网络模型
蒲云	2001	未指明	遗传算法	满意度最大	未指明
聂磊	2001	双线单区段	计算机模拟	晚点率、晚点列车数、晚点时间	未指明
陈彦如	2002	复线铁路单区段	遗传算法	满意度最大	非线性模型
M. J. Dorfman	2004	双线单区段	“travel-advance”策略	列车总运行时间最少	离散事件系统模型
王正彬	2004	双线单区段	遗传算法	加权的晚点惩罚	非线性模型
Keivan Ghoseiri, Ferenc Szidarovszky	2004	未指明	未指明	旅客旅行时间最少,列车耗能最少	非线性模型
章优仕	2005	单线单区段	遗传算法	与原运行图的偏差最小	非线性模型
Xuesong Zhou	2005	双线单区段	分枝定界法	总的发车间隔最小 总的旅行时间最小	整数规划模型
董守清	2005	双线单区段	禁忌搜索算法	列车晚点率最小	0-1 混合整数规划
王宏刚	2006	未指明	遗传算法	与原运行图的偏差最小	非线性模型
Alberto Caprara	2006	单线单区段	拉格朗日—启发式方法	列车运行收益最大	整数规划模型
贾传峻	2006	双线单区段	粒子群算法	加权的总列车运行时间与停站时间和	非线性模型
李先进	2006	双线单区段	多智能体	总晚点时间	未指明
Andrea D' Ariano	2007	单线单区段	分枝定界法	总晚点时间	巨 Job Shop 调度模型
M. A. Salido	2007	未指明	未指明	总运行时间最小	约束满意问题模型
Xuesong Zhou	2007	单线单区段	分枝定界与启发式结合	列车总晚点时间最少	非线性模型
Joaquin Rodrigue	2007	双线单区段	分枝定界	总晚点时间	约束规划模型

续上表

第一作者	年份	问题	方法(算法)	优化目标	模型
J. Tornquist	2007	双线单区段	未指明	晚点时间与晚点惩罚	混合整数线性规划
钱名军	2008	未指明	粗糙集理论	列车正点率	未指明
夏明	2008	双线单区段	蚁群算法	与原运行图的偏差最小	Job Shop 调度模型
Feng Li	2008	单线单区段	"travel-advance"策略	列车总运行时间最少	离散事件系统模型
Montserrat Abril	2008	未指明	分布的异步搜索算法	总运行时间最少	"Meta-tree"约束规划模型
Shi Qiang Liu	2009	单线单区段 双线单区段分别求解	"feasibility satisfaction procedure"算法	最早完工时刻(列车到达终点)	Job Shop 调度模型
L. Yang	2009	单线单区段	分枝定界	未指明	目标规划模型
陈东	2009	未指明	粗糙集理论	列车正点率	未指明
Yusin Lee	2009	单线单区段	未指明	股道加权占用代价最小	进路与时刻表综合优化模型
赵庶旭	2009	双线单区段	遗传算法	晚点车数、晚点时间	非线性模型
Ji-Won Chung	2009	双线单区段	遗传算法	晚点造成的总费用最小	混合整数规划
Yung-Hsiang Cheng	2009	双线单区段	未指明	总晚点时间最少	模糊 Petri 网络模型
张雍君	2010	路网上运行调整	序优化	列车旅行时间最少	复杂路网列车运行调整模型
张翠平	2010	双线单区段	贪婪算法	加权晚点时间和	列车运行调整图论模型
Valentina Cacchiani	2010	单线单区段	拉格朗日—启发式方法	列车运行总效益最大	线性规划模型
牟文婷	2010	双线单区段	粒子群算法	加权的列车总占用区段时间	非线性模型
Yun-Hong Min	2010	路网上双线	"column-generation-based"算法	加权的列车晚点代价	非线性模型
Enrique Castillo	2011	双线—单线混合	未指明	总运行时间最小	非线性规划模型
Almodóvar M	2013	路网上双线	贪婪算法	总运行时间	离散事件模型
Meng X	2013	路网上双线	模拟方法	运行图稳定性最高	时间事件重图模型
Meng X	2014	路网上双线	混合模糊粒子群算法	运行图稳定性最高	双层规划模型

算法设计等不同角度可以对这些文献进行如下综述。

从模型和算法方面分析，有数学规划方法、启发式搜索算法和邻域搜索法等。

(1)数学规划方法

王甦男与冯育麒根据特定径路文件自动化输出的需要，应用集合论的理论，首次引进车流径路域的概念，同时阐述其在车流径路管理系统中的具体应用[9]。李引珍与顾守淮提出了以Dijkstra算法为基础的铁路网络两顶点间最短路径的一种定向搜索算法，明显提高了径路搜索的计算速度[10]。孙晚华与张永臣定义了铁路的立交网络模型，并设计了Dijkstra算法的改进算法DBFS算法的求解步骤[11]。周培德在求解交通网络中任一两点之间最短路径时，设计了从始点至终点的直线方向选择边产生二叉树的算法[12]。施其洲构造了车流径路的多目标规划模型[13]，并与施勇将目标规划—分步交互法(GP-STEM算法)进行了两项改进以求解文中的模型[14]。史峰等从安排编组去向的径路出发，描述了车流径路与编组计划之间的关系，给出铁路车流径路与列车编组计划综合优化的网络方法[15]。孟凡江等提出了适应铁路运输企业经营管理发展需要的多路径分配模型，将决策变量建立在实际可能的路径上，然后对这种大规模问题设计了优化算法——正则化的PCG算法(简记为RPCG法)，实现了复杂问题的快速求解[16]。江南等归纳铁路车流径路制定过程中和自动化系统中应用车流径路的数学问题。结合铁路运输管理实际给出适合于铁路管理方式的车流径路制订参照模型及其算法[17]。靳来勇等以车流径路选择理论为基础，分析了快捷性、均衡度、最大化等因素对平行车流径路选择的影响，建立了车流径路优化数学模型，但没有给出算法[18]。Bierlaire和Frejinger研究了径路选择问题，建立了分析真实数据与模型之间偏差的方法[19]。

由目前搜集的研究文献来看，用数学规划方法来解决列车径路优化问题的占大多数，究其原因，此类问题易于描述为线性规划问题或者规模不大的非线性规划问题。当车流径路规划问题与编组计划问题结合，形成车流径路与编组计划一体化优化问题时，就变成了复杂的大规模组合优化问题，数学规划的方法很难解决此类问题，所以往往设计启发式方法加以解决。

(2)启发式搜索方法

启发式搜索就是在状态空间中的搜索对每一个搜索的位置进行评估，得到最好的位置，再从这个位置进行搜索直到目标。这样可以省略大量无谓的搜索路径，提到了效率，使得决策者在较短的时间内得到相对优秀的解。

林伯梁与朱松年建立了车流径路与编组计划优化(TRMP)的数学规划模

型,使用了模拟退火算法进行求解[20]。其研究团队建立了最优车流径路问题(CRP)问题的0-1规划模型,同样采用模拟退火算法求解该模型[21]。林伯梁中建立了直达与区段列车编组计划、车流运行径路的整体优化问题,并建立了该问题的非线性0-1整数规划模型。此外,还给出了路网任意两节点之间可能路径集的确定准则及基于启发式思想的算法[22]。孙晚华与郑时德也给出了求解车流径路的启发式算法[23]。王保华等建立了以极大化车流径路方案的可靠性及极小化期望总费用为目标的车流径路模型,并提出一种基于随机模拟的混合遗传算法[24]。苏顺虎与陈治亚分别以运输时间最少、运输距离最短、运输成本最低为目标建立多目标0-1规划模型,并设计了基于阻尼系数的启发式算法进行求解[25]。刘志杰等以径路最短为优化目标求解车流径路问题,采用启发式算法A*算法作为求解模型的算法[26]。农静等在解决车流径路问题时,引入旅行商问题的描述,把车流排列优化问题归约为TSP问题,设计了相应的遗传优化算法,并以实际运营数据为依据,进行仿真计算。通过同禁忌搜索法计算结果比较,建议最好将两种算法结合起来使用[27]。王华与季令采用结合线数方法将铁路路网规模缩小后,描述了以距离与换线结合为单目标的启发性求解算法[28]。Zachariadis 与 Kiranoudis 设计了以最小费用为目标的径路设计模型,并设计了聚集式启发式算法求解[29]。

虽然遗传算法等启发式算法具有较高的计算效率,但是其迭代优化的终止条件和满意优化函数却很难求得,是这类算法的软肋。所以,使用此种方法研究列车径路问题时,应重点研究迭代优化的终止条件或者满意度优化函数。

(3)其他方法

孙焰与姜磊建立了一种在满足运输要求的前提下,使运输费用最小的车流径路优化模型。为使目标函数尽快地趋向满意解,对车流排列序数的初始赋值方法及调整方法进行了设计,本质上是一种迭代优化的策略[30]。杜进有等应用基于满意度原理的多目标优化方法,针对一般车流径路问题求解中追求目标最优的难度和不足,改进了在一定运输需求条件下对路网上双向、空重车流径路同时进行优化的多目标满意优化模型,并通过建立独立满意度和综合满意度来衡量优化解的品质[31]。谢金梅与徐慧星探讨了复杂铁路网络结构的优化处理方法及其在计算机内的存储结构。在此基础上提出铁路网上车流径路计算的数学模型,解决了指定站到路网各站车流径路和组号划分算法及其存储方法的问题,为货物列车编组计划和调车作业计划的计算机编制提供了便利[32]。Hong 等以车组数目最少、车组走行时间最少为目标建立了模型,并设计了高效的两阶段算法[33]。Lee 与 chen 研究了进路安排与运行图编制综合优化的问题,其目标是股道使用的综合权重费用值最小,采用了邻域搜索算法[34]。

2. 列车运行调整相关研究

目前,关于列车运行调整的文献很多。大多数文献将研究的对象定位在某一调度区段上,其研究的对象分为单线调度区段和双线调度区段。

(1)单线调度区段的列车运行调整

单线调度区段列车运行调整问题是首先进入研究领域的,并且在很长的一段时间内是研究的热点。Szpigel 构建了以最佳越行和会让站为目标的单线调度区段运行调整线性规划模型,并采用分枝定界法求解[35]。D' Ariano 等将单线上列车运行调整问题视为复杂的 Job Shop 问题,以总晚点时间为目标建立了优化模型,并用分枝定界法进行求解[36]。Sauder 以列车总晚点时间最小为目标,建立了列车运行调整的规划模型,其求解方法为穷举法[37]。曹家明建立了单线列车运行调整问题"约束可选"线性规划模型,并利用对偶法求解[38]。赵强研究了单线列车运行调整计划、车站到发线利用与机车交路调整综合优化模型,也采用了分枝定界法求解,并限制固定搜索的深度,避免了搜索空间过于庞大[39]。Cheng 将现代的 PERT 图模拟和传统的时间驱动模拟这两种方法结合起来,提出了一种混合模拟方法,有效地处理了列车运行冲突[40]。章优仕与金炜东针对单线列车运行的特点,提出了"相邻列车"的概念,根据此概念建立了单线列车运行调整模型,并推导了列车运行图偏差函数作为模型调整目标,提出了基于遗传算法的优化求解算法[41]。Lee 与 Chen 以加权的线路占用代价为目标建立了单线区段列车运行调整的进路与时刻表综合优化模型[34]。Caprara 等建立了以列车运行收益最大为优化目标的整数规划模型,并利用拉格朗日—启发式方法求解[42]。Cacchiani 等以列车运行总效益最大为目标建立了单线区间列车运行调整的线性规划模型,也采用了拉格朗日—启发式方法求解[43]。Li 等运用离散事件系统原理建立了单线区段列车运行调整的模型,并采用了"旅行优先"的策略对模型求解[44]。Liu 与 Kozan 将列车运行调整问题视为 Job Shop 问题,对建立的单线和双线区段调整模型运用其设计的"可行性满意度"方法求解[45]。Zhou 与 Zhong 建立了以列车总晚点时间最少的单线区间列车运行调整模型,采用了分枝定界与启发式方法相结合的方法求解[46]。值得注意的是,近年来,有学者已经开始研究列车运行调整问题中的不确定性问题。Yang 等考虑了旅客模糊需求对单线铁路列车运行图编制的影响,建立了目标规划模型,并用分枝定界方法求解[47]。

单线区段列车运行的特点是:某一时间范围内,只能有一列车占用某一闭塞区间,对向列车间的交会和同向列车间的越行等作业都只能在车站进行,因此,单线列车调整时,不但要考虑同向列车,而且要考虑对向列车在区间和车站到发线上可能产生的冲突。

(2)双线调度区段的列车运行调整

双线调度区段的列车运行调整问题一直也是铁路运输组织研究领域的热点。Araya 等将列车运行调整问题视为 0-1 混合整数规划问题,同样用分枝定界法求解[48]。对应文献[38],曹家明建立了双线列车运行调整问题"约束可选"线性规划模型,并利用对偶算法求解[49]。查伟雄等构建了解决铁路双线区段列车运行调整模型,其约束为非线性,而目标函数为线性,运用拉格朗日法求解[50]。Rodriguez 建立了双线区段运行调整的"约束规划模型",以总晚点时间为目标,也采用了分枝定界法求解[51]。Törnquist 与 Persson 建立了该问题的混合整数线性规划模型,优化目标是总晚点时间和晚点惩罚值[52]。

Iida、程宇与秦作睿、Schafer 与 Pferdmenges 均分别设计了列车运行调整规则的专家系统,用以解决铁路双线区段列车的运行调整问题[53-55]。张翠平等采用了启发式算法对其构建的列车运行调整图论模型进行求解,其实质是贪婪算法的一种改进[56]。夏明等将列车运行调整问题归并为大规模 Job Shop 调度问题,借助引入的列车路径矩阵、列车通过顺序矩阵,构建了双线铁路列车运行调整的优化模型。提出了先利用蚁群算法优化列车铺画顺序,后运用极大代数法安排列车到发时刻的求解方法[57]。董守清等以列车晚点率最小为优化目标,通过在可行解空间内部搜索待调整列车最优铺画顺序的方法求解。建立了基于混合 0-1 线性规划模型的双线铁路列车运行调整的优化模型,提出了采用禁忌搜索算法搜索列车优化铺画顺序的方法[58]。张星臣等建立了京沪高速铁路仿真实验系统,对各种运营模拟参数设置做了模拟,借助此系统也研究了高速铁路运输组织方法[59]。聂磊等介绍了高速列车运行组织从计划到执行的全过程计算机模拟实验系统,并运用模拟分析法对高速铁路列车运行调整策略进行了研究与探讨[60]。李先进等针对列车运行调整问题,运用多智能体系统(MAS)技术,将列车运行调整方案的制订过程抽象为多用户(列车)对车站股道和区间线路等共享资源的占用预约过程,在此基础上建立智能体模型,并进行了计算机仿真实验[61]。陈彦如等提出了使用遗传算法对构建的列车运行调整满意优化模型求解[62]。王正彬与杜文对铁路双线自动闭塞区段列车运行调整模型进行了研究,并给出遗传算法[63]。Chung 等建立了双线区段列车运行调整的混合整数规划模型,其优化目标是晚点造成的总费用最小,并设计了求解该问题的遗传算法[64]。

赵庶旭与党建武对客专列车运营模式进行分析,建立了客运专线列车运行调整的数学模型,设计了基于混沌改进的列车运行调整遗传算法[65]。牟文婷与董昱根据列车运行调整的原则和基本方法,设计了双线铁路区段列车运行调整的数学模型,并利用三群协同粒子群优化(Particle Swarm Optimization,PSO)算法进行求解[66]。贾传峻等建立了双线调度区段的列车运行调整模型,在模型的求解过程中,运用大系统理论将列车进行分层分级,从而将待解的原始问题分解成若干个子问题,在对分解后的问题进行求解时,设计了微粒群算[67]。蔡柏根与王菊贞也利用计算机模拟方法构建了双线区段列车运行调整问题的专家系统[68]。Zhou 和 Zhong 建立了双线区段列车运行调整问题的整数规划模型,使用分枝定界方法求解,其优化的目标有两个,分别是总的发车时间间隔与总的旅行时间[69]。Dorfman 与 Medanic 以列车总运行时间最少为目标,利用离散事件系统原理建立双线区段列车运行调整模型[70]。Li 等在文献[44]中改进了他的方法。Cheng 与 Yang 也以总晚点时间最少为目标建立了双线区段列车运行调整模型,借助了模糊 Petri 网络技术[71]。Jia 与 Zhang 对双线区段列车运行控制进行了研究,给出了模糊控制方法目标是恢复按图行车[72]。张星臣等在对列车运行随机过程理论描述的基础上,深刻分析有控随机与随机有控因素以及两者的综合作用对列车运行的影响,进而给出了一种多时钟多车站交互进程式的列车运行仿真模型,该文献是较早研究列车运行调整中随机因素的文献[73]。

双线调度区段列车运行调整的理论、方法与单线调度区段列车运行调整的理论、方法具有很多共性。总体来说,都分为数学优化方法、软计算方法与计算机模拟等,但是,由于双线调度区段与单线调度区段列车运行组织具有各自特点,其行车组织的规则有很多不同,导致建模时约束条件不同。

(3)未指明研究区段类型的列车运行调整

有些文献将重点放在方法的研究上,文献中并没有明确表示其所建模型或解决的列车运行调整问题是针对双线调度区段还是单线调度区段。

Jovanovic 与 Harker 等研究了将启发式技术引入混合整数规划的运行调整方法。其以总体晚点费用为优化目标,引入启发式搜索函数,形成一种加速算法,该方法由于减少了搜索节点的数量,加快了求解速度[74]。Chiang 等设计了局部调度程序包来解决双线调度区段列车运行冲突问题,其实质也是一种启发式方法[75]。李鹏与张一军从分解列车运行调整的规则匹配空间和并行推理的思路出发,建立了列车运行调整系统基于对象的内部协同式专家系统相应的对象知识库。在实时性能和调整效果上得到较为满意的统一[76]。陈东等分析了粗糙集理论在求解列车运行调整问题上的优势,为粗糙集理论在此领域的后续研究奠定基础[77]。钱名军与宋建业构建了列车运行调整的粗糙集模型,提出了基于粗糙集的列车运行调整系统知识的获取与表达的方法，改进了运行调整的粗糙集决策规则的约简算法[78]。Petersen 与 Taylor 将计算机模拟方法引入优化领域，通过模拟方法计算最优方案[79]。Tommii 与 Satoh 将人工智能引入模拟技术中，建立了一个基于规则的模拟实验系统[80]。刘皓伟在利用 Petri 网对行车指挥系统网络建模的基础上，设计了列车运行调整的遗传算法[81]。Salim 与 Cai 使用遗传算法求解单线铁路的最佳会让越行地点问题，优化目标是最小化列车停车的代价[82]。蒲云等提出了使用遗传算法对构建的列车运行调整满意优化模型求解[83]。王宏刚等以列车计划运行图为优化目标，给出运行图之间的距离定义，建立列车运行调整数学模型，按照遗传算法的原理，采用罚函数的方法对数学模型中的约束条件进行处理并建立适应度函数，设计了列车运行调整的遗传算法[84]。Salido 等以总运行时间最少建立了列车运行调整的约束满意度模型[85]。Abril 等也以总的列车时间最少为目标建立了列车运行调整"超树状结构"约束满意度模型[86]。Ghoseiri 等建立了运行调整多目标规划模型，目标分别是旅客旅行时间最少、列车耗能最少[87]。

上述这类文献主要关注于列车运行调整问题解决的理论，重在运行调整问题的目标函数的设计和求解问题的方法。而对于优化模型的约束条件，并不对列车运行调整的区段类型进行区分，而是笼统地刻画双线及单线列车运行调整的共同约束，甚至在建模时，并不提及约束条件。这类文献一般将列车运行调整问题利用当时新出现的模型描述，是对列车运行调整问题理论的丰富。

(4)着眼于路网的列车运行图设计与列车运行调整

目前，着眼于研究网络条件下的列车运行调整的文献很少。陈雍君与周磊山以列车旅行时间最少作为优化的目标函数，在建立复杂路网列车运行调整模型的基础上，引入序优化理论和方法进行求解[88]。Min 等对双线路网上的列车运行调整问题进行了研究，以加权的列车晚点代价为优化目标，提出了一种"column-generation-based"算法求解[89]。Castillo 等建立了包含双线与单线区段的调度区段上的列车运行调整模型，其追求的目标是总运行时间最少[90]。彭其渊等以有向弧和有向列车为主线，构造了路网列车运行图优化的数学模型，提出了采用加边求解原问题各子问题，并逐步得出网络列车运行图整体解的分解算法，开发了双线列车运行图的计算机编制系统[91]。马建军等建立了以铁路局为基本编图单位的计算机编制王庄线路列车运行图系统，实现了在路网条件下列车运行图的编制、调整和输出[92]。周磊山等设计了网状线路条件和多条列车径路条件下列车运行时刻表规划的网络分层并行算法。该方法首先提出了路网结构的分层节点表示法和列车时刻表的序列事件表示法，将列车事件序列按车站和区间进行归并分组，提出一种统一布点、按列车优先级分层、按各区间端点列车事件的状态，并行触发区间列车事件状态转移算法来计算列车运行时刻表的方法[93]。吴晓东等提出了基于"固定点号"方法来安排运行计划，实现流线间的有机结合。其目标是使得到达列车车次与出发列车车次相互接续且接续时间最短。并且提出分支定界法求解模型，以期给出紧急运输要求下的运行计划[94]，并在文献[95]中，在分析运行计划制订要求的基础上，建立特殊需求的大规模集中铁路运输运行模型。从特殊需求的自身规律出发，运用知识系统和案例推理相结合的方法选择运输径路，设计基于固定点号的运行计划安排算法，在选定的运输径路上安排运行计划，提出突发事件情况下的运行计划调整方法。孔千等研究了突发大规模需求下铁路军事运输保障的理论与方法，提出了宏观的在突发事件条件下保障军事运输需求的原则[96]。张铭与徐瑞华在分析网络协调性的基础上，将轨道交通网络视为动态大系统，建立了换乘站子系统所在衔接层的换乘时间效益优化模型。从网络协调层对换乘节点列车衔接方案进行全局递阶优化[97]。文献[98]给出了应急条件下列车车底调度问题的离散事件模型，并设计了贪婪算法求解。文献[99]设计了路网上列车运行图优化的时间事件重图仿真模型，并对路网列车运行图稳定性进行了优化，文献[100]设计了路网列车运行图稳定性优化的双层规划模型，并利用混合模糊粒子群算法进行求解。

二、研究成果分析

关于列车运行径路优化的研究，以货车车辆径路优化及其与编组计划一体化研究为主，从铁路运营部门角度，多以运输距离、运输时间、运输成本、货物周转量等为优化目标，以区段能力和车站能力为约束，建立车流径路的优化模型，运用各种算法求解。关于旅客列车运行径路的文献往往从旅客的角度出发，考虑旅行时间及出行费用，优化旅客出行径路与换乘方案的选择。

关于列车运行调整的文献，多以列车正点率、总晚点时间及相关的广义费用为优化目标，对双线或单线调度区段的列车运行调整问题进行研究。其研究的重点集中在对列车运行调整建模方法及求解算法上。

针对突发事件条件下列车运行径路分配与列车运行计划调整综合优化问题的理论方法也较少，尚未形成完备的理论体系。仅有的关于路网上列车运行计划研究文献中，重点在网络运行图铺画的模型算法及系统实现上。着眼于路网上的列车运行调整问题的研究应当引起足够的重视。国外在铁路列车运行组织方案的研究中，重列车运行图的编制，而轻列车开行方案的生成和列车运行调整。目前,相关的文献有以下不足。

(1)研究对象囿于特定的调度区段。现有的研究大都以特定的区段为研究对象,而将列车的运行组织放在网络条件下考虑得较少。对特定区段上的列车运行调整集中在重新设置列车在车站的到发时刻和越行站、会让站(主要为单线铁路)的选择上,只有很少文献考虑路网条件下新径路的选择问题。

(2)缺乏突发事件条件下的列车运行组织运行调整问题的研究。关于运行调整的文献,大多是针对一些程度不严重的干扰研究,其假定的干扰程度不足以导致列车运行径路的改变。对突发事件条件下的运行调整问题研究得也很少,而从整体上研究突发事件条件下的铁路列车运行组织的文献几乎没有。

(3)算法和模型丰富,对本研究有很多的借鉴意义,但是很难全面适应本研究所面对的问题。现有的文献中涉及的方法可以分为优化的方法和模拟的方法。而优化的方法中又包含数学规划、启发式方法、软计算方法、专家系统方法等,模型和算法很全面、丰富,给本研究提供了很多思路和启迪。然而,本问题研究在突发事件条件下高速铁路列车在铁路网络中的运行组织问题,包括列车运行径路生成、列车运行径路分配、列车运行调整等问题,而现有的文献中往往将这些问题单独研究,没有形成系统的、将本问题视为不可分割的整体进行研究的理论体系。

第四节 本著作内容结构

本著作共分为十章,如图 1-1 所示。

第一章为绪论,论述本著作研究问题的背景、意义、必要性、研究内容等,并对本著作涉及的关键概念进行界定。

第二章概述铁路列车运行组织问题,包括正常条件下铁路运输组织工作、区段行车调度工作以及正常条件下路网行车调度工作。

第三章概述突发事件条件下列车运行组织的相关理论,论述突发事件条件下的铁路运输系统与行车组织问题,着重分析突发事件条件下铁路列车运行组织问题的内涵与层次结构,论述突发事件条件下列车运行组织的方法与策略。

第四章研究突发事件条件下运输组织模式问题,分析运输组织模式的影响因素,并建立运输组织比选模型。

第五章分析突发事件条件下旅客列车服务网络的特性,基于建立的模型分析铁路旅客列车服务网络的演变特性,为突发事件条件下列车运行组织提供基础。

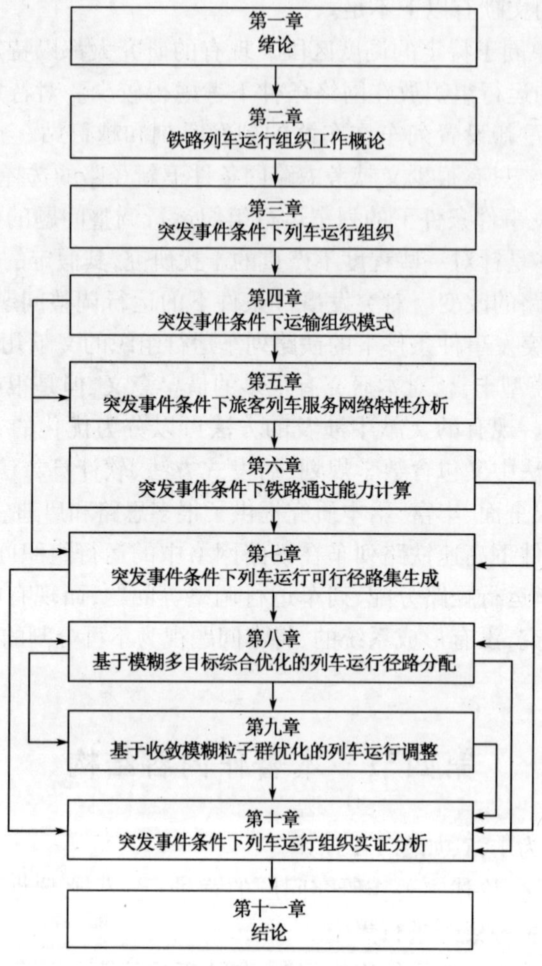

图 1-1　本著作结构

第六章研究突发事件条件下铁路区间通过能力计算问题，在分析影响铁路区间通过能力因素基础上，给出突发事件条件下铁路区间通过能力的计算方法。

第七章研究路网上列车运行径路的生成问题。以最短路算法为基础，给出了突发事件条件在路网层面上列车运行径路的生成理论与方法。

第八章建立突发事件条件下列车运行组织问题双层规划模型中的上层规划模型——列车运行径路分配模型，给出模型优化目标模糊参数处理方法，并设计该模型的求解办法与步骤。

第九章建立突发事件条件下列车运行组织问题双层规划模型中的下层规

划——径路上列车运行调整模型。深入研究粒子群算法,在目前粒子群算法研究的基础上,对该算法进行改进,利用通用的检验函数验证改进算法的效率和精确性,将算法应用于模型的求解中,给出算法步骤。

第十章给出突发事件条件下的列车运行组织实例。假设突发事件条件,根据第五章至第九章的模型与方法,对模型进行了具体化处理,并进行计算,对得到的计算结果进行分析,实证模型的有效性和算法的效率。

最后一章得出结论,总结本著作的重要的创新点。

从图 1-1 中可以看出,第四章突发事件条件下运输组织模式为第五章旅客列车服务网络特性分析及第七章列车运行可行径路集生成提供理论支持及约束,第六章突发事件条件下铁路通过能力计算为第七章列车运行可行径路集生成与第八章基于模糊多目标综合优化的列车运行径路分配问题奠定基础,第八章是第九章进行列车运行调整问题的基础,为区段上列车运行调整问题提供了径路分配方案,第十章是以第五章至第九章研究理论作为基础条件的综合实证分析。可知,本著作各章节相互支撑、相互印证、结构严谨、层次清晰,具有一定的理论意义与实用价值。

第二章 铁路列车运行组织工作概论

铁路运输是现代运输主要方式之一,也是构成陆上货物运输的基本运输方式之一。它在整个运输领域中占有重要的地位,并发挥着越来越重要的作用。铁路运输由于受气候和自然条件影响较小,且运输能力及单车装载量大大,在运输的经常性和低成本性占据了优势,再加上有多种类型的车辆,使它几乎能承运任何商品,几乎可以不受质量和容积的限制,而这些都是公路和航空运输方式所不能比拟的。铁路运输与其他运输方式相比较,具有以下主要特点。

(1)铁路运输的准确性和连续性强。铁路运输几乎不受气候影响,一年四季可以不分昼夜地进行定期的、有规律的、准确的运转。

(2)铁路运输速度比较快。铁路货运速度每昼夜可达几百公里,一般货车可达 100km/h 左右,远远高于海上运输。

(3)运输量比较大。铁路一列货物列车一般能运送 3 000 ~ 5 000t 货物,远远高于航空运输和汽车运输。

(4)铁路运输成本较低。铁路运输费用仅为汽车运输费用的几分之一到十几分之一,运输耗油约是汽车运输的 1/20。

(5)铁路运输安全可靠,风险远比海上运输小。

(6)初期投资大。铁路运输需要铺设轨道,建造桥梁和隧道,建路工程艰巨复杂;需要消耗大量钢材、木材;占用土地,其初期投资大大超过其他运输方式。

另外,铁路运输由运输、机务、车辆、工务、电务等业务部门组成,要具备较强的准确性和连贯性,各业务部门之间必须协调一致,这就要求在运输指挥方面实行统筹安排,统一领导。

铁路运输生产过程是在全国纵横交错的铁路网络上进行的。目前在我国的营运里程已经超过 10 万 km,总里程跃居世界第二。每天成千上万的客货运列车昼夜不停地运行在铁路线路上。铁路运输的作业环节多而复杂,要求各单位和各工种间密切配合,协同工作,像一架庞大的联动机环环紧扣,有节奏地工作。因此,在铁路运输组织工作中必须贯彻高度集中、统一指挥的原则。铁路运输的主要任务在于适应经济社会发展,开发有竞争力的运输产品,高效合理地组织运输生产，采取各种有力措施保证安全、迅速、经济、准确、便利地运送旅客和货物，以满足国家建设和人民生活的需要。

铁路运输生产的过程，就旅客运输而言，是根据客运需求和设备条件，在不同到发站之间为旅客提供一定数量、编成的旅客列车，满足旅客旅行过程中对购票、乘降、托运行包、候车、换乘以及其他服务的需求。

就货物运输而言，则是利用线路、机车、车辆等技术设备，将货物装入车辆，以相同的车辆组成列车，以列车方式从始发地运送到目的地。在运送过程中，必须进行装车站的发送作业、途中运送以及卸车站的终到作业。为加速货物运送和更合理地运用铁路技术设备，在运送途中有时要进行列车的改编作业。为保证装车需要，卸后空车也要及时地回送到装车站。

由于铁路运输生产具有上述特点及要求，必须有科学的生产管理办法，才能做到安全正点、多装快卸、多拉快跑、优质低耗、服务良好地完成规定的运输任务。

从上面的分析可以看出，不论是旅客运输还是货物运输，最终完成运输任务的载体是列车。列车最终将旅客和货物运送至目的地。但是，成千上万的列车在铁路线路上运行，必须遵循统一的指挥。所以，列车运行图和日常的列车行车调度是十分关键的。

为使列车的运行能彼此配合，确保行车安全，以及合理利用铁路通过能力，铁路必须编制列车运行图，规定各次列车按照一定的时刻在区间内运行及在车站到发或通过。所以，列车运行图实质上就是列车运行时刻表的图解，规定了列车与铁路区间、车站之间的时空关系。列车运行图是铁路行车组织的基础，凡与列车运行相关的各个部门，都必须正确地组织本部门的工作，以保证列车按图运行。

第一节 铁路运输组织工作

铁路运输组织工作从宏观到微观可以分为 3 个层次，如图 2-1 所示。

铁路运输组织可以划分为 3 个层次，分别是战略层、策略层以及运营层。在战略层，铁路运营的管理者在充分分析铁路客运需求、设备条件、国家运输政策的基础上，决定铁路运输组织模式，即列车种类与铁路线路的匹配模式。目前，在正常条件下，我国铁路采用的运输组织模式是高速列车可以在高速线路上运行，也可以在一些特定的区段，在普速铁路上运行，即所谓“下线运行”；而普速旅客列车和货运列车只能在普速铁路线路上运行，不可跨越至高速铁路线运行。

在策略层，铁路运营的管理者决定列车开行方案。对于旅客运输来说，所谓列车开行方案，是指决定客列车运行区段、列车种类、径路、开行对数及车底担当

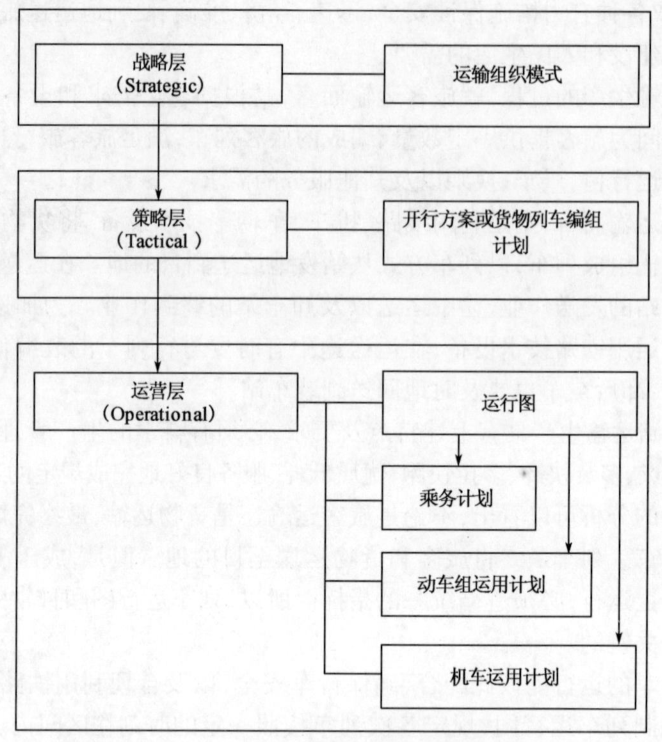

图 2-1 铁路运输组织问题层次结构

局的技术文件。直通旅客列车的开行方案由中国铁路总公司研究有关铁路局的建议后确定，管内旅客列车的开行方案，由各铁路局自行确定，报中国铁路总公司批准备案。而旅客列车开行方案制订的依据是客流需求、客运设备条件、相关车站所在城市的政治、经济地位等。对于货物运输而言，在策略层需要编制货物列车的编组计划，货物列车的编组计划是铁路行车组织工作的较长期的基础性质的技术文件，起着调理车流的作用。它把路网上交错分布的车流，按照到站的远近和运输性质分别组织到不同去向和种类的列车之中，保证货物能以最快的速度送达目的地，机车车辆能够得到最好的运用。因此，列车编组计划在铁路运输工作组织中占有十分重要的地位。列车编组计划在路网各站间合理分配列车编解任务，集中掌握并使用各站的设备和能力，规定各货运站、技术站编组列车的种类、到站和车辆编挂办法，基本上确定了各站的办理车数、改编作业等，对车站工作起决定性的作用。列车编组计划是运输计划和列车运行图之间的重要联系环节，它规定了货物列车的数量、分类、发站和到站以及定期运行的列车等，是编制列车运行图的基础。

在运营层，设计与实际运营生产相关的计划或技术文件。首先是列车运行图。不管是旅客列车还是货物列车，都必须遵照运行图执行其运输任务。列车运行图是用以表示列车在铁路区间运行及在车站到发或通过时刻的技术文件，规定各次列车占用区间的程序，列车在每个车站的到达、出发或者通过时刻，列车在区间的运行时间，列车在车站的停站时间以及机车交路、列车质量和长度等，是全路组织列车运行的基础。

列车运行图的编制是周期性的。随着铁路技术设备和运输组织工作的不断改进，以及列车牵引质量和运行速度的逐步提高，每经过一定时期，就必须要编制一次列车运行图。列车运行图的编制应在铁路总公司统一领导下，由铁路局负责做好具体工作。

铁路总公司组织运输、机务、车辆、工务、电务、计划等有关部门负责人，构成运行图编制领导小组，负责编图的组织领导工作，确定编图的原则、任务和步骤，组织有关铁路局协商拟定全路跨局的旅客列车开行方案，解决路局间列车交接的有关问题，审查各铁路局提报的编图资料和编制的列车运行图。

各铁路局也由运输、客运、机务、车辆、工务、电务等部门的有关人员组成编图小组，按照铁路总公司的统一部署，认真准备编图资料，负责完成本局运行图的编制工作。

列车运行图是全路与运输有关各单位的综合工作计划。因此，在编制运行图的过程中，要从全局出发，统筹兼顾，正确处理列车运行与技术站作业的关系，列车运行与机车交路的关系、运输与施工的关系、跨局列车与管内列车的关系、旅客列车与货物列车的关系等。要使编制出来的运行图是可行的、高质量的。

各铁路局编制完成后，由铁路总公司审查批准，并由铁路总公司确定在全路实行新运行图的日期、印制面向广大旅客的时刻表，拟定新旧运行图的交替办法，各铁路局应组织各站、段切实做好实行运行图的各项准备工作。

编制列车运行图要考虑的因素很多，而且有些要求是相互抵触的，需要综合平衡。旅客列车有较高的优先等级，因而在编制列车运行图时，通常先确定旅客列车运行线的铺画位置，在客车运行线的空当中插入货物列车运行线，完成详图铺画。在铺画旅客列车和货物列车运行线时，要处理好各方面的关系，安排好整个方向上的列车开行顺序。所以，编制列车运行图，首先要编制列车运行方案，着重解决运行图的全局问题；然后依据方案图铺画详图，即具体规定每一列车在各个车站上到、发或通过的时刻。

(1)旅客列车运行图编制时，需要考虑的问题是[101]：

①方便旅客出行。需要规定适宜的旅客列车始发、终到和通过各主要站的

时刻,缩短旅客中转换乘的等待时间,并且做到与其他交通工具配合。

②经济合理地使用机车车辆。通过合理安排列车运行图布线,在满足旅客列车车底在配属段和折返段停留时间标准、机车在基本段和折返段的停留时间标准的前提下,压缩车底、机车的使用数量。

③保证旅客列车运行与客运站技术作业过程的协调。保证在列车密集到发期间,列车的到、发间隔与车站技术作业过程和候车室及进、出站通道的能力相协调,避免造成站内拥堵。

④充分利用铁路通过能力。在运行图上旅客列车的铺画方式应保证较小的扣除系数,以提高铁路的通过能力。

⑤为货物列车运行创造良好条件。

为保证各邻接区段、各相邻铁路局间列车运行的紧密衔接,以及列车运行图与列车编组计划、车站技术作业过程、机车周转图相互协调,在旅客列车运行图编制以后,货物列车运行线的铺画也可以分两步进行,即先编制方案图,然后再根据方案图编制详图。但在运量大、区间通过能力比较紧张的单线区段,由于在编制方案图时很难对限制区间给予准确的安排,所以一般不编制方案图,而直接编制详图。

(2)在铺画详图时,应注意以下3个方面的问题。

①保证行车安全和旅客乘降安全。

a.遵守不准同时接发列车的有关规定。

b.保证各项列车间隔时间符合规定的标准。

c.避免某方向列车在禁止停车的车站上停车。

d.遵守规定的机车乘务组和车长工作、休息的时间标准。

e.列车在车站会车和越行时,同时停在车站上的列车数应与该站的到发线数相适应。

②有效地利用区间通过能力。铺画详图可从区段一端的技术站开始向另一端逐步延伸;当在运行图上铺画的列车对数达到区间通过能力利用率的80%时,为了有效地使用区间通过能力,应从限制区间开始铺画货物列车运行线。即在运行图上铺完旅客列车运行线之后,从限制区间铺画规定数量的货物列车运行线,然后再从限制区间分别向其他区间顺序铺画,如图2-2所示。

③提高货物列车旅行速度。影响旅行速度的主要因素是会车和越行次数及停站时间。因此,在铺画运行图时,应尽量减少列车的会让、越行次数和停站时间。

a.铺画在旅客列车之前的货物列车,尽可能使之通过各中间站,以避免在区段内被旅客列车越行，如图 2-3 所示，图 2-3a）为不合理的铺画方法，图 2-3b）为合理的铺画方法。

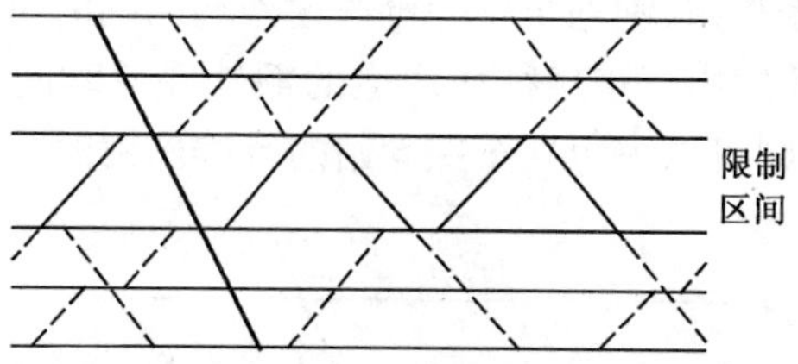

图 2-2　从限制区间开始铺画运行线

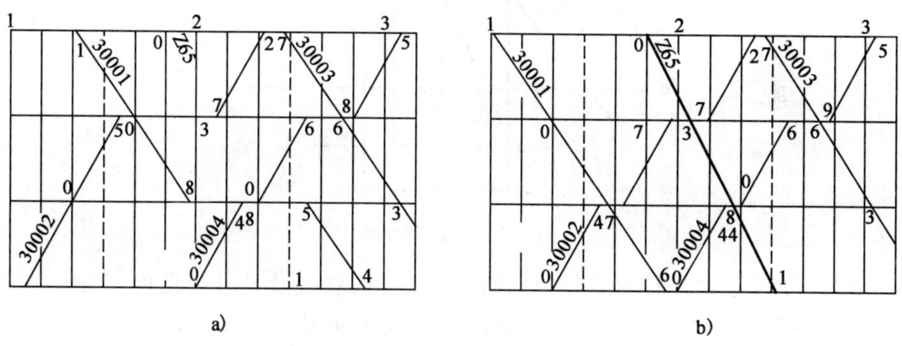

图 2-3　货物列车与旅客列车之间的合理距离

a）不合理的铺画；b）合理的铺画

b. 在旅客列车之后铺画货物列车时，尽量使客货列车之间能够铺画交会的对向货物列车，以减少会车停站时间，如图 2-4 所示，图 2-4a）为不合理的铺画方法，图 2-4b）为合理的铺画方法。

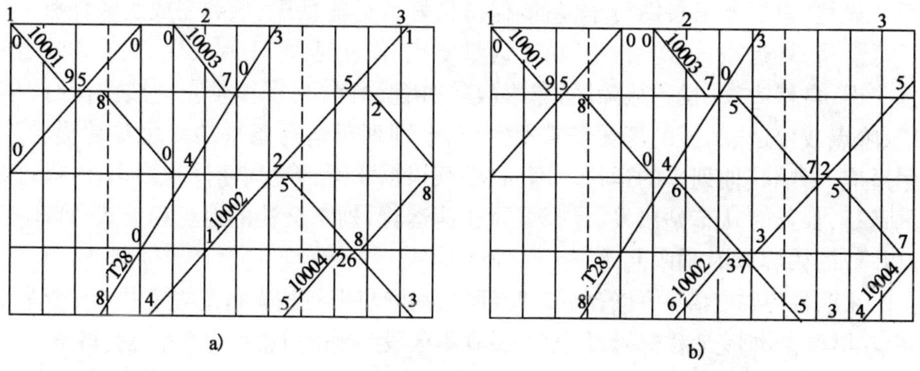

图 2-4　旅客列车与货物列车之间的合理距离

a）不合理的铺画；b）合理的铺画

c. 当在区段内不能避免越行时，尽可能将越行地点规定在有技术作业的车站上，或者规定在两相邻区间运行时分较小的车站上。如图 2-5 所示：若 b 站为上行列车技术作业停车站，则列车在待避快速列车的同时可以进行技术作业，从而可以减少以至于消除由于被越行而产生的额外停留时间；又若 b 站两相邻区间的运行时分较小，则可以缩短列车在 b 站的待避停留时间。

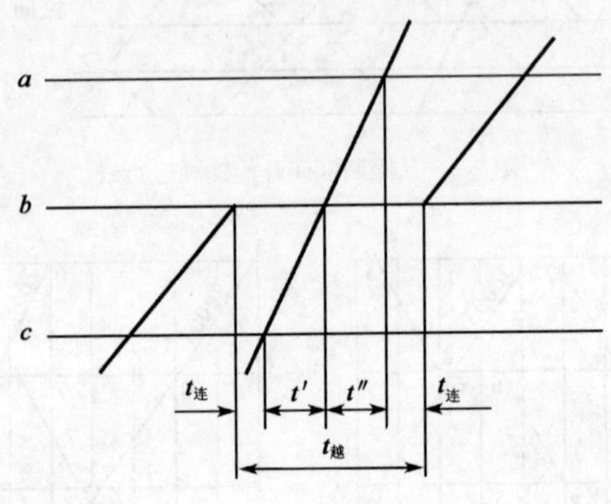

图 2-5　列车待避时间

d. 在通过能力比较紧张的单双线区段，可从双线及其邻接区间开始铺画列车运行线，使列车以较小的运行图周期在双线区间内不停车交会。

第二节　铁路区段行车调度工作

列车运行图规定了每一趟客、货列车在区段内各站发、到的时刻，从而也就规定了列车在站始发、通过、停车和停站时分、终到，以及列车间交会和越行关系。显然，只要严格按图行车，就能保持良好的运输秩序，顺利完成运输任务。

但是，在运输日常工作中，由于运量变化、作业延误、不利天气、施工影响、指挥失误、自然灾害、设备故障、行车事故等种种原因，列车很难完全按图运行，早点、晚点或停运、增开的情况经常发生，而个别列车运行条件的变化常常形成连锁反应，影响其他列车的运行。因而，必须根据实际情况周密计划列车在区段内的运行，如何时从车站出发、是否需要加速运行、列车会让的地点和方式、列车在站作业的内容和时间限制等。

采取各种调度措施，使管辖调度区段内的列车恢复按运行图规定的时分运行，正点、早点、不增晚地移交邻调度区段或在本区段终到的过程称为列车运行调整。

列车运行调整的目的在于：保持按图行车的良好运行秩序，从而提高列车旅行速度和各项运输指标，使铁路运输保持较高的整体经济效益。

一、列车调度员的基本职责和作业程序

铁路局管辖的线路依据区段长度、车站数量、列车密度和设备条件划分为调度区段,每一调度区段的行车工作由一名列车调度员管辖指挥。在蒸汽机车时代,通常调度区段与铁路区段的划分一致;随着机车长交路的实施、铁路运输管理信息化程度的提高,列车调度员已经有条件在更大的范围内实行调度指挥,调度区段有合并延长的趋势,可能包含 2 ~ 3 个区段。

铁路行车调度工作实行单一指挥的原则:一个调度区段与行车有关的一切工作只能由当班的该区段列车调度员统一指挥。列车调度员通过编制和执行阶段计划实现列车运行调整。

1. 基本职责

列车调度员负责组织本区段各站实现列车运行图、列车编组计划、运输方案和调度工作日(班)计划。其主要职责是:

(1)通过向车站下达班计划,编制和组织实现列车运行调整 3 ~ 4h 阶段计划,指挥列车运行,组织晚点列车恢复正点,保证列车接续及机车交路,掌握机车乘务员的劳动时间。

(2)及时发布行车调度命令和指示,与各工种调度员和与行车有关人员密切配合,确保完成本区段运输任务。

(3)随时注意列车在车站到发和区间运行情况,特别是重点列车的运行。接到危及行车安全的报告后,及时采取果断措施,防止事故的发生。发生行车事故时,要立即采取有效措施,会同有关人员及时处理,缩小影响,减少损失,并及时汇报。

(4)正确掌握及推算车站现车,按时提供本区段各站运用车、备用车分布情况,以及列车过表位置。

(5)及时、准确、清晰、完整地抄收和填记各种图表。

2. 作业程序

行车调度工作是关系到行车安全和运输效率的大事,必须做到周密计划、精心组织。为此,各铁路局都为行车调度员制订了相应的作业程序。行车调度员应严格遵守调度纪律,明确岗位职责,实现标准化作业。以某铁路局调度所制订的行车调度员的作业程序为例进行说明,其内容如下。

(1)19:20 ~ 19:30(7:20 ~ 7:30)

班前了解本区段列车到、开计划,机车交路,技术站、货运站作业情况,中间

站装卸、配空任务，接触网和线路施工计划及军用列车、挂有重点或超限货物列车的运行条件，邻台列车正、晚点情况等，做到对管辖区段的本班任务和现状大致心中有数。

(2)19:30~19:50(7:30~7:50)

参加接班会，听取上班工作情况概要、领导指示、有关文电、命令及重点事项，做好记录。

(3)19:50~20:00(7:50~8:00)

与交班调度员办理交接，确认核实交接项目无误后，在交接班登记簿上签字。

(4)20:00~22:00(8:00~10:00)

接班后，向有关站段核实站存车及车流接续、线路占用、机车整备、交路等情况，根据日班计划和列车运行实际检查第一阶段计划的执行情况，编制并下达第二阶段运行调整计划(21:00~0:00或9:00~12:00)。召集本区段各站电话会议，传达领导指示、有关文电、重点要求事项，布置阶段计划，如列车到开、会让，车站装卸、甩挂，设备维修、施工安排等。

(5)22:00~0:00(10:00~12:00)

监督列车运行调整计划的兑现，监督中间站装卸及配空、车辆甩挂，军运列车开行情况，及时解决出现的问题。延伸列车运行调整计划，于23:00(11:00)前下达第三阶段计划。

0:00(12:00)全呼全区段校对时钟。

(6)0:00~3:00(12:00~15:00)

监督列车运行调整计划的兑现，监督中间站装卸及配空、车辆甩挂，军运列车开行情况，及时解决出现的问题。推定6:00(18:00)各站现车、过表列车位置，向计划调度员提供车流资料。提前1h下达第四阶段计划。

6:00(18:00)全呼全区段校对时钟。

(7)3:00~6:00(15:00~18:00)

监督列车运行调整计划的兑现，监督中间站装卸及配空、车辆甩挂，军运列车开行情况，及时解决出现的问题。编制并下达下一班第一阶段计划，做好列车过表工作。

(8)6:00~8:00(18:00~20:00)

监督列车运行调整计划的兑现，监督中间站装卸及配空、车辆甩挂，军运列车开行情况，及时解决出现的问题。认真填记交接班登记簿。

(9)7:50~8:00(19:50~20:00)

与接班调度员办理交接。

(10)8:00～8:30(20:00～20:30)

参加交班会。听取值班主任的班工作总结,了解任务完成、安全生产情况,解答领导提出的问题。

二、实绩和计划列车运行线

专门印制的本区段列车运行图纸是列车调度员进行调度指挥的工具。列车调度员利用在其上铺画的列车实绩运行线和记载的列车确报,了解本区段列车的当前位置和编组内容,利用铺画的阶段计划指挥列车运行。

《铁路运输调度规则》规定所有调度图表均统一用草绿色印制,并规定了实绩列车运行线和运行整理符号的图形和颜色,计划运行线用黑铅笔线表示。

为了避免在交接班时,因接班调度员又要熟悉情况还要编制计划而造成忙乱,我国铁路通常20:00(8:00)接班。此时,该班的第一阶段计划已由交班调度员编制完毕,并已开始执行。这就给接班调度员以缓冲的余地。

1. 实绩列车运行线

当列车到达、出发和通过时,车站值班员要向列车调度员报点,列车调度员在运行图纸上标记列车在该站的到、发时刻,铺画列车运行线。依据列车在区段内各站实际到、发和通过时刻铺画的列车运行线记录了列车在区段内运行的实绩,称为实绩列车运行线。因而,通过列车实绩运行线,可以清楚地看出有哪些列车正在该区段运行,这些列车在该区段的运行轨迹以及当前位置。

2. 计划列车运行线

通常,把一个班的12h分为4个阶段,每个阶段3h。列车调度员要根据现场的实际情况和列车的当前位置用铅笔继续向前铺画出下一阶段的列车运行线,此即为列车运行调整计划。组成阶段计划的列车运行线是用于行车调度指挥、尚未实现的列车运行线,称为计划运行线。

在铺画计划运行线时,列车调度员要努力使晚点列车恢复正点,保证按图行车。因此,阶段计划是列车调度员智慧和经验的结晶,编制和执行阶段计划是列车调度员的基本职责。

当区段行车量不大,通过能力有较大宽余时,阶段计划的时间间隔可以延长至4h;而当区段行车量较大,通过能力利用已达较高程度时,时间间隔应适当缩短。因为在能力利用率较高的区段,列车之间的影响也较大,使新的情况发生时后面铺画的计划线难以实现,而需要重铺。由于列车运行调整的阶段计划一般为3～4h,所以阶段计划又称为3～4h列车运行调整计划。

阶段计划应在阶段开始前1h编制完毕,下达给中间站值班员,使中间站对下一阶段的列车运行方法(如停车还是通过,交会或越行哪趟列车,在站或区间进行什么作业)做到心中有数。精心编制的阶段计划是列车调度员回答车站值班员询问的依据。

3. 实绩运行图

随着时间的推移,铅笔做的计划运行线逐步被擦去,代之以列车实绩运行线,然后新的阶段计划又铺画出来。这样到当日的两班结束时,运行图纸上将只剩下实绩线。此时尚在本区段内运行的列车需要铺画到下一日的运行图上去,称为过表。跨两日运行的列车称为过表列车。

完成的列车运行图记录了当日两班调度员的工作,交班后送调度所分析室,进行列车运行和调度调整工作分析。

2003年以来,我国铁路运输调度已经实现了信息化,随着铁路运输调度信息系统DMIS(Didpatching Management Information System)及随后形成的运输调度控制系统TDCS(Transportation Dispatching Control System)在全路调度所投入运用,行车调度员已经告别了手工运行图和直尺、铅笔、橡皮等调度工具。系统自动采集列车到、发和通过点铺画实绩运行图,自动生成列车运行调整的阶段计划,并利用一个屏幕同时显示列车运行实绩和列车运行调整计划,中间以时间轴作为分界。如果行车调度员对于生成的阶段计划不满意,可以通过鼠标拖动修改,由系统自动调整。调度员还可以调出邻台列车实绩运行图,了解本台接入列车的正晚点情况;利用调度命令模板,填写调度命令,由系统转发。调度工作日结束时,可以打印各调度台完成的列车实绩运行图,供调度所分析室进行列车运行分析用。

三、列车始发组织工作

列车正点出发是列车正点运行和维护良好的区段行车秩序的基础。通过周密组织,列车出发正点容易实现;但如果出发晚点,恢复正点则要困难得多,并影响其他列车。因此,必须在列车出发前,做好各方面的工作,确保列车正点出发。

1. 旅客列车出发组织

旅客列车晚点,耽误了旅客的宝贵时间,严重影响铁路的声誉。同时,由于旅客列车的列车等级高,货物列车必须等会或待避旅客列车,对运输秩序造成的干扰也更大,所以一般都把旅客列车的出发和运行作为关键工作。

(1)始发旅客列车的出发组织

旅客列车的始发工作涉及客车车底的整备、检修、客运机车整备、出库,客运乘务组和运转车长出乘,行包装卸、旅客放行等方面,分别由车辆调度员、机车调度员、客运调度员、列车调度员等工种督促各有关部门按时完成各项工作,确保旅客列车出发正点。

列车调度员应做好始发旅客列车的车底取送,行包、邮件装车,机务段机车出库等工作的检查督促,及时解决临时发生的问题,保证列车正点出发。

当列车车底到达晚点,造成折返时间不足时,应及时通知和组织车站、客车车辆段、客运段等部门,加速进行各项检修和整备作业。必要时,可不送客车整备线,而直接在到发线上整备,以缩短作业时间。若晚点较多,利用原车底不能正点发车时,可考虑使用备用车底。

(2)邻区接入旅客列车的出发组织

对于由邻区接入的旅客列车,列车调度员应及时查看邻台实绩运行图,了解列车的运行情况,向客运调度员了解本区段旅客、行包作业量,做到心中有数。列车晚点到达时,应与客运调度员取得联系,加强旅客乘降和行包装卸组织,缩短在本调度区段接入站的停站时间,保证在本区段正点发车。如晚点较多,在本区段已不能正点出发,则应及时做出列车运行调整计划,尽量减少对其他列车的影响,并采取快速作业缩短停站时间、区间赶点等措施,争取交出正点,或不增晚。

2. 货物列车出发组织

列车调度员对货物列车的出发组织工作主要在于检查出发车流、督促车站按时编车、监督机务段运用车间按时派送机车出库。

发现编组站某次出发列车车流不足时,应有预见地及早组织小运转列车,将枢纽及邻近区段产生的车流及时送往编车站。

当由于到达列车晚点,机车赶不上交路时,应与车站和机车调度员联系,快速放行机车入库、组织整备或选派待班机车担当自编始发列车的牵引任务。

四、列车运行调整

在实际工作中,列车运行偏离图定时刻的现象是经常发生的。由于出发车流不足、编组延误、列车晚点从邻区段到达,客车车底检修和整备时间不足,机车整备时间不足、出库不及时等原因都可能造成列车出发晚点;由于列车途中运缓,旅客超员、行包装卸量增加使列车作业停站时间延长,受其他列车影响、机车临时故障、恶劣天气等原因,则可能造成列车运行晚点;由于运量增加,需加开在图定运行线的空当中运行的临时定点列车;因车流不足,部分列车停运;列车早点到达等。在以上情况下,都会发生列车运行偏离图定时刻,为恢复按图行车的良好运行秩序,就需要制订列车运行调整计划。

1.列车运行调整的目标

列车运行调整的目的在于安全地实现本调度区段列车工作计划规定的车流输送任务,使晚点列车尽可能恢复正点,最大限度地减少晚点和早点列车对其他列车正点出发和运行的影响,保证按图行车的良好运行秩序,提高货物列车的旅行速度。

2.列车运行调整的原则

列车运行调整关系重大,列车调度员必须严格遵守调度纪律、周密计划、精心组织、监督实施。列车运行调整必须遵循以下原则。

(1)单一指挥

为保证行车安全,进行有效的调度指挥,行车工作必须严格执行单一指挥的原则。列车调度员是一个调度区段行车的统一指挥者,有关行车人员必须执行列车调度员的命令、指示,不得违反。

(2)按图行车

列车调度员应熟悉主要行车人员和机车、车辆、线路、通信信号、桥隧等设备情况,掌握天气变化对行车工作影响的规律,组织行车有关人员协调动作,保证列车按列车运行图正点运行。

(3)下级调度必须上级调度的指挥

列车调度员应按班计划和上级命令指挥行车。相邻铁路局间在排送空车、分界站列车交接工作上应保持密切联系,对出现的问题,双方要主动协商解决,当双方意见不能一致时,应上报原铁道部调度,一经上级调度决定,有关人员必须无条件服从。

(4)按列车等级顺序调整的原则

当列车运行偏离列车运行图规定的时刻时,除特殊情况外,要按“先客后货、先跨局后管内”的原则和下列等级顺序调整。

①旅客列车(特快列车、快速旅客列车、普通旅客列车)。

②混合列车(包括货物列车中编挂乘坐旅客车辆10辆及其以上)。

③行包快运专列。

④军用列车。

⑤货物列车(五定班列、快运货物列车,直达货物列车,直通、区段货物列车,摘挂、超限货物列车,小运转列车)。

⑥单机、路用列车应根据用途按指定条件运行。开往事故现场救援、抢修、

抢救的列车应优先办理。专运和特殊指定的列车，按指定的等级运行。

这里，"单机用途"指客车单机、货车单机和小运转单机，其车次分别为50001～50998、51001～51998和52001～52998。

(5)提高列车区段速度

进行列车运行调整时，在可能的条件下，例如与停运的列车运行线交会，应尽量使货物列车不停车通过车站；列车早点到达时，可以提前发车，以提高列车旅行速度。但为不影响旅客乘车，旅客列车在有停点的车站早点到达时，不能提前开车。

(6)安全生产原则

发布调度命令必须符合现场的实际情况，符合有关规章、制度的规定，能有效解决存在的问题，确保行车安全；当收到发生危及行车安全状况的信息时，必须果断处理，正确、及时地发布调度命令至所有受令人员，组织列车安全运行。

3. 列车运行调整计划的主要内容

列车调度员要根据列车实际运行情况及时铺画和下达3～4h列车运行调整计划。其主要内容为：

(1)车站列车到、发时分和列车会让计划。

(2)列车在中间站作业计划。

(3)区段装卸车和施工计划。

(4)重点列车注意事项。

4. 列车运行调整的基本方法

列车调度员进行列车运行调整时，一般可采用如下方法。

1)组织列车赶点或早点出发

(1)组织列车赶点

为使晚点列车恢复正点，或为使列车赶到指定的车站会车，或为赶机车交路、车流接续等的需要，要求司机以不超过最高容许速度快速运行来缩短列车区间运行时分，称为列车赶点。列车调度员在组织列车赶点时，应根据列车质量、长度、机车状况、乘务员的技术水平、线路纵断面情况及允许速度、天气条件，提出加速运行的要求。

当列车晚点或需要列车赶到指定车站会车而运行时间不足时，列车调度员常组织列车赶点。如图2-6所示，10002次图定通过c站，在b站等会10003次，由于在d站出发时晚点2min，按正常区间运行时分，将造成10001次晚点2min从c站开出、10003次在b站机外停车，并将进一步影响其他列车的运行。列车调度员如能组织 10002 次在 d—c 区间和 c—b 区间分别赶点 1min，则 10002 次到达 b 站时已恢复正点，不会影响 10003 次正点通过，再组织 10001 次在 c—d 区间赶点 1min，很快就可以消除 10002 晚点的影响。

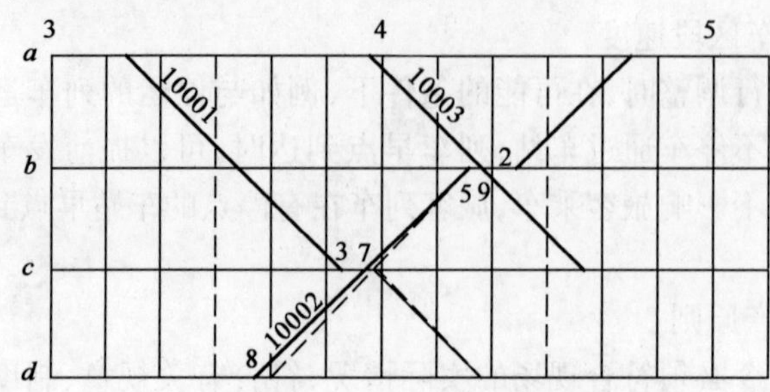

图 2-6　组织列车赶点

如图 2-7 所示，下行货物列车在 b—c 区间纯运行时分 16min，列车起动、停车附加时分分别为 2min 和 1min，列车不同时到达车站时间间隔 4min，31007 次列车图定 20:48 到达 b 站等会 T72，20:54 从 b 站出发，21:13 通过 c 站。由于 T72 次特快晚点 33min 于 21:09 通过 c 站，影响了 31007 次列车正点运行。如 31007 改为在 c 站等会 T72，到达 c 站的时间是 20:48 + 0:02 + 0:16 + 0:1 = 21:07，不满足列车的车站间隔。列车调度员在阶段计划中，令 31007 次在 a—b 和 b—c 区间分别赶点 1min，于 21:05 赶到 c 站等会 T72，21:01 从 c 站出发，保证了 31007 正点运行。

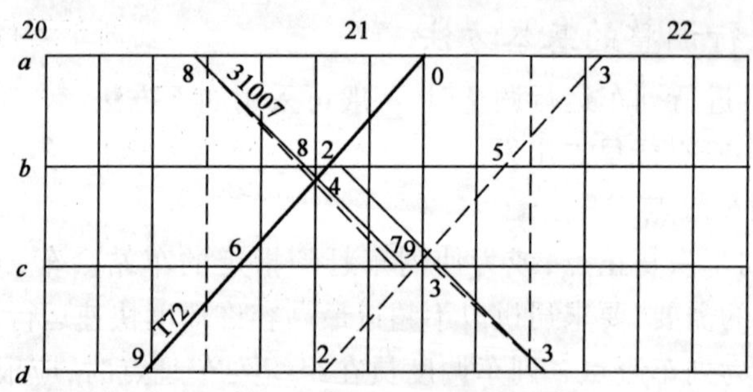

图 2-7　指示列车赶到指定车站会车

列车调度员在组织列车赶点时，应了解列车在区间的图定运行速度与线路、机车车辆允许速度的差值及司机的技术水平，对赶点的最大幅度做到心中有数，防止盲目地要求司机超速行驶，造成安全隐患。为顺利地贯彻调度意图，还必须提前通知有关的车站值班员和司机，简明、扼要地向他们说明情况、需要采取的措施及注意事项，使他们及早做好心理和技术准备。此外，在组织列车赶点时，还应周密计划,提高计划的准确性,情况发生变化时要及早通知司机,避免使司机无谓赶点,或前面赶点、后面延误,以致丧失服从调度指挥的信心。

(2)组织技术站始发或中转列车早开

列车在运行图或日班计划规定的出发时刻之前提早开出,称为列车早开。组织列车早开以赶上在指定站交会,也是列车调度员采用的运行调整方法之一。但有停点的旅客列车及混合列车不准早开。

如图2-8所示,20013次列车图定7:28从A站出发,7:48在b站停车等会12012次。当日12012次晚点19min,于8:11到达b站。如20013次仍在b站等会也将晚点,但因时间不足又不能铺画到c站。如能组织20013次提前14min从A站出发,则可于7:51赶到c站与12012会车,避免了20013次列车运行晚点。由于20013早点到达,又为调度调整提供了余地。

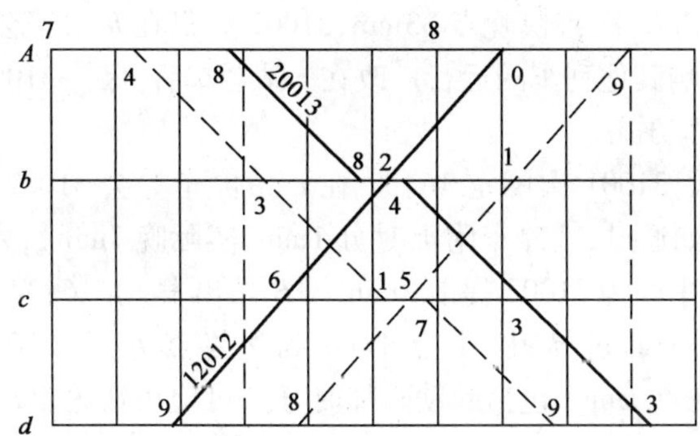

图2-8 组织始发或中转列车提前从技术站发车

(3)组织列车早点出发并赶点

如图2-9所示,40003次摘挂列车图定在b、c站均停站作业,根据当日情况,40003次b站没有作业,而在c站作业量大。为了保证列车c站有足够的作业时间,可组织40003通过b站,到c站会10002。但a—b和b—c两区间下行货物列车纯运行时间17min、15min,加、起停附加时分3min,计35min,将于7:19到达c站,与10002的间隔时间只有1min,不足不同时到达时间间隔。在b站等会10002又会因c站作业时间不足,不得不晚点出发,进而影响其他列车运行。如列车调度员有预见地组织40003次列车早点从a站出发,只有2min的余地,在a—b和b—c两区间再赶点1min,可于(6:42+0:02+0:32+0:01)-0:01=7:16赶到c站会10002,则可延长40003在c站的作业时间,避免了从c站晚点出发。

2)变更列车的会让地点和会车方式

列车调度员在组织列车运行时,应尽量减少列车等会和待避的停站时间,消除不必要的停站，提高列车的旅行速度。

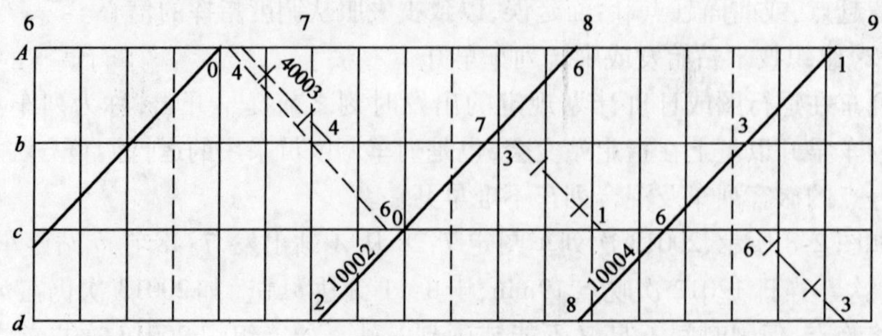

图 2-9　根据作业需要组织摘挂列车运行

（1）变更会车地点

在图 2-7 中，T72 次特快晚点 33min，31007 如仍在 b 站等会 T72，也将晚点 33min，而且会影响其他列车的运行。改在 c 站会车后，保持 31007 正点运行。

（2）变更会车方式

图 2-10 表示，31001 次图定 16:32 在 d 站停车等会 31002，由于预计晚点 8min 到达 d 站（如通过，减停车附加时分 1min，实际晚 7min），列车调度员在列车运行调整计划中改为 31002 提前 2min 从 B 站出发，于 16:34 赶到 d 站等会，让 31001 次 16:39 通过 d 站，早点 1min 到达终点 B 站，31002 次在 d 站于 16:41min出发，晚点 7imn（包括起动附加时分），可望在到达 A 站前恢复正点。

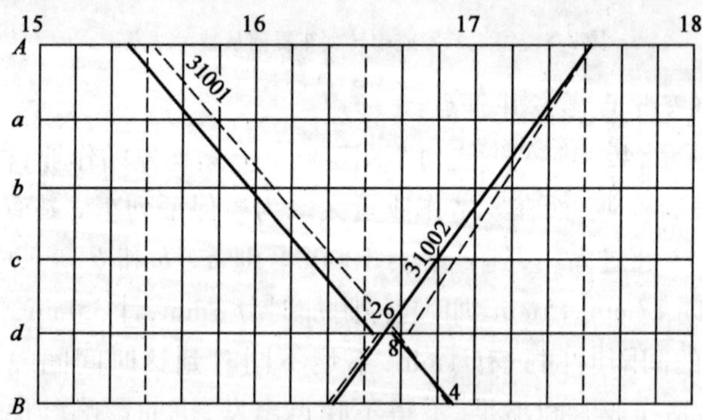

图 2-10　变更列车交会方式

当根据日（班）计划某一图定列车停运因而其对向列车因会车次数减少而早点运行时，变更列车会车地点和会车方式，往往可以使部分列车早点终到、部分列车早点运行。如图 2-11 中 11003 当日停运，列车调度员组织 31002 通过 a 站，早点 8min 到达 A 站；安排 21004 通过 b 站到 a 站等会 21005、11002 通过 c 站

在 b 站等会 21005、31004 通过 d 站到 c 站会 21005，同时安排 21005、31001 早点出发，列车早点终到，可以提高列车旅行速度，加速机车、车辆周转，及早为技术站提供出发车流；列车运行早点则可以为列车调度员提供列车运行调整的便利。

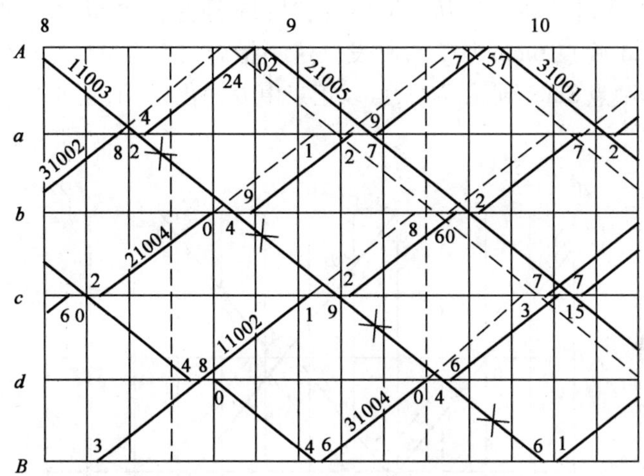

图 2-11 利用停运列车运行线提高旅速

3）组织车站快速、平行作业，缩短列车作业停站时分

列车在运行途中进行的作业，包括在技术站的中转作业，旅客列车在客运站办理旅客乘降、行包和邮件装卸、上水、进备品和餐料、卸垃圾袋，摘挂列车在中间站甩挂车辆，列车在进入长大坡道的后方站进行技术检查、下坡凉闸等。

（1）缩短停站时间

为了使晚点列车恢复正点，列车调度员应把握压缩列车区间运行时分和在站作业时间两种可能性。对于晚点列车，缩短在有作业车站的停站时间是减少晚点或恢复正点的非常有效的方法。在采用这一方法时，列车调度员应及时与车站和列车乘务组联系，组织车站提前做好准备，进行快速作业，按可能发车的最早时刻发出列车。

（2）利用列车接续的宽余时间

在运行图中，列车在站的停点，特别是在技术站，往往有一定弹性。图定停站时间的宽余部分，也是列车调度员可以利用的运行图资源。

如图 2-12 所示，直通列车在 B 站的无改编中转作业时间标准为 40min，图定 10003 次列车在 B 站的接续时间为 55min。10001 图定 20:50 通过 k 站，由于晚点 6min 造成 32002 次列车晚点至 20:58 可以从 k 站发车，并进一步影响到 10003在 j 站机外停车。考虑到 10003 在 B 站的接续时间有宽余，决定改变 j 站的列车交会方式：让32002次列车通过、10003停车等会。32001次最早可以在20:48从k站发车、21:08通过j站，但这样安排与10003间的不同时到达间隔时间不足。列车调度员令：10003在i—j区间赶点1min，于21:07到达j站等会32002；32002推迟至20:51从j站出发、21:11通过j站，可以正点到达i站；10003次21:13晚点6min从j站出发。这一措施，使32002次列车免于晚点，10003次列车晚点8min到达B站，可以正点由B站出发，消除了10001次列车晚点的影响。

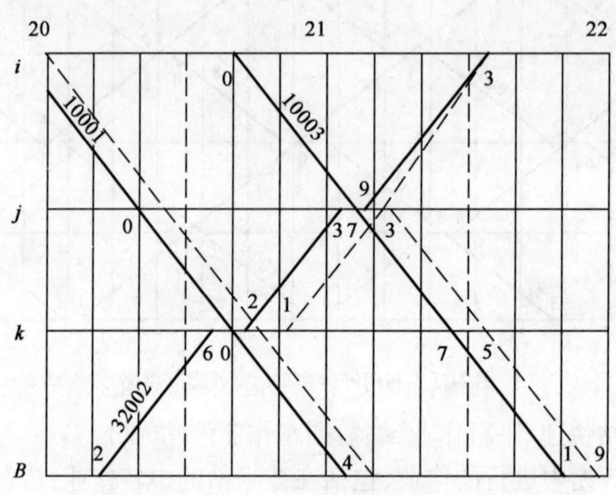

图2-12 利用图定停站时间的宽裕部分

(3)使列车停站作业与等会或待避相结合

如图2-13所示，10002图定在d站技术作业停站20min，在a站待避K76。由于邻区段接入晚点39min，列车调度员将待避地点改在d站，11:33由d站出发，12:32通过a站(停车附加时分1min)，12:51分到达A站(启动附加时分2min)，晚点16min，减少晚点23min。

在可能的条件下，将货物列车待避旅客列车的停车站选择在相邻两区间列车运行时分均较小的车站，可以减少列车停站时间。

4)组织反方向行车及列车合并运行

在双线半自动闭塞区段，也可以利用反方向线路的空闲时间放行列车。这时，列车调度员应发布调度命令，停止反方向线路基本闭塞设备的使用，改为电话闭塞、引导接车，待列车到达后再恢复基本闭塞设备的使用。

当由于运行图天窗，在施工区段的两侧有列车积压时，可以开行组合列车，以缩短恢复正常运输秩序的时间。

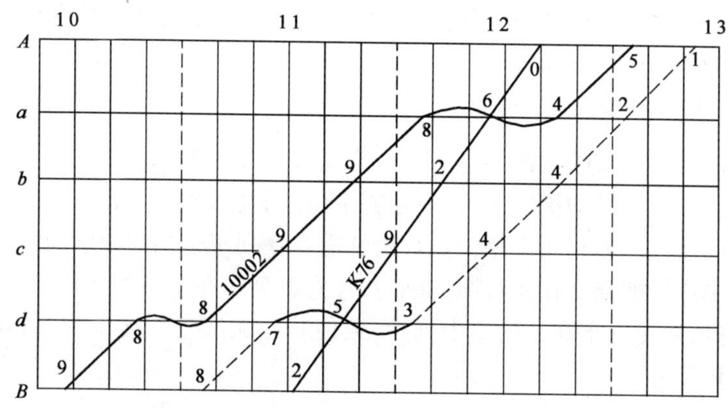

图 2-13 变更越行地点使列车技术停站与待避相结合

在实际编制列车运行调整计划时，制约因素很多，难度较大，需要综合考虑，寻求最优方案。

第三节 路网列车运行调度工作

路网行车调度工作尚处于研究阶段。路网列车行车调度是目前我国列车运行调度工作模式的趋势。目前，我国铁路正面临着重大改革，原铁道部撤并，成立中国铁路总公司，而目前 18 个铁路局也将进行进一步的深化改革。对于铁路列车行调工作而言，行车调度工作集中化也将是改革的方向。因为一方面，随着我国铁路运营里程的不断增长，我国铁路路网不断完善，从硬件方面提供了路网列车运行调度的基础条件。另一方面，随着铁路路网规模的扩大，列车数量也不断增多，传统的以铁路区段为行车调度指挥单位的工作模式面临着严峻的考验。传统的列车运行调度工作中，从临近调度区段接进本调度区段的列车是通过预确报得到的，区段与区段之间存在着大量的数据交换，使得调度工作越来越复杂。而面向路网的列车运行调度工作模式使得“分界口”变为调度区域内部的站点，避免了这种调度区间之间的数据交换，这对于列车运行调度效率的提高无疑具有十分重要的价值。

路网列车运行调度需要注意以下几个问题。

1. 调度区域的划分

与调度区段划分类似，首先应明确路网上列车运行调度中调度区域的划分。从全局着眼，根据铁路生产组织特点、路网状况等划分调度区域，并充分考虑区域调度中心的人员及设备的配备情况，设计合理的调度区域。其中最重要的一项工作即为调度区域之间分界口的选定。

2. 区域内列车分布的均衡性

区域内列车分布的均衡性是指在列车数量一定的情况下，列车在区域内的区间及车站上分布的均衡性。均衡性与列车的种类及数量、车站通过能力利用率以及区间通过能力利用率相关。均衡性需要在列车运行图铺画与日常的行车调度工作中进行加强。在运行图铺画时，注意将列车在车站的始发、终到等作业均衡地安排，避免列车在某站集中到发，致使车站无法正常接发列车，从而影响铁路的运输能力。

3. 区域内部列车运行协调

区域内部列车运行协调是指调度区域内列车在车站到发、通过的时间上的配合。列车运行过程中存在着严格的时间和空间上的约束，需要在列车运行图编制及日常调度工作中遵守。区域内部列车运行协调需要研究的子问题有以下几个。

(1)路网列车运行图的铺画。

路网列车运行图的铺画不同于区段列车运行图的铺画。对于车站来说，不是一个方向列车的到发，而是多个方向列车的到发。需要建立列车运行图铺画的三维模型，用二维数据表示铁路路网的拓扑结构，而使用第三维的数据表示时间，铺画路网区域内的列车运行图。具体而言包括以下两个子问题。

①列车在区域路网上的运行径路问题。

列车由始发站运行至终到站可以有多条径路选择。此时，需要在铺画列车运行图之前明确列车运行的径路。列车运行的径路与旅客的 OD 流数据、铁路区间通过能力利用率、车站通过能力利用率相关。

②列车在运行径路上的时刻表问题。不同于区段上列车运行组织，路网列车运行组织中，需要考虑连接多条铁路线的车站的接发列车问题，需要考虑列车到发时间的协调。

(2)列车车站进路问题。

由于路网列车运行中，一个车站可能连接多条铁路线路，列车在车站内运行的进路是一个需要考虑的问题。列车进路可分为接车进路、发车进路及通过进路，不同方向列车的接车进路、发车进路、通过进路以及车站内部调车进路可能会存在敌对情况，出现敌对进路，所以，车站内部列车进路和调车进路的合理设计是需要解决的一个十分重要的问题。

第三章　突发事件条件下列车运行组织

第一节　突发事件概述

一、突发事件概述

目前,突发事件由于其突发性、危害性等特点引起了国内外学者的广泛关注,其内涵和外延是进行相关研究的基石。国内外对于突发事件的定义不尽相同,但都强调突发事件的突发性、危害性。

国际上对突发事件有代表性的定义是欧洲人权法院对“公共紧急事件”的定义:一种特别的、迫在眉睫的危机或危险局势,影响全体公民,并对整个社会的正常生活构成威胁[102]。突发事件在美国被称为紧急事件[103],其定义可以概括为由美国总统宣布的、在任何场合、任何情景下,在美国任何地方发生的需要联邦政府介入提供补充性援助,以协助州和地方政府挽救生命、确保公共卫生、安全及财产或减轻、转移灾难所带来威胁的重大事件。英国将突发事件定义为对人们的健康、生活、财产或生存环境造成威胁的任何情形[104]。

国内也从不同角度对突发事件进行了定义。秦启文等认为突发事件是指在特殊情况下,由于系统的内部条件和外部环境发生急剧的变化,系统的稳定性和可控性遭到破坏,系统的行为出现异常情况而发生的一类无秩序的意外事件[105]。突发事件会对相关的政府组织构成威胁,重大的、涉及面广的突发事件还可能使政府处于危机状态。任生德认为突发事件是通过一定的偶然性契机诱发的,是事物内在矛盾由量变到质变的飞跃过程[106],突发事件发生的具体时间、实际规模、具体态势和影响深度等是难以完全预测的。王盛将突发事件定义为突然发生的,带有异常性质的,形成一定的规模、造成或可能造成一定的社会影响、危害社会稳定、干扰正常的社会秩序的事件[107]。袁辛奋等认为突发事件是人们对于出乎意料的事件的总称[108]。

根据我国2007年11月1日起施行的《中华人民共和国突发事件应对法》的

规定,突发事件,是指突然发生,造成或者可能造成严重社会危害,需要采取应急处置措施予以应对的自然灾害、事故灾难、公共卫生事件和社会安全事件。祁明亮等人将突发事件定义为危害人民生命、财产、社会安全与稳定的突然爆发的事件[102]。

广义的突发事件分为以下 4 大类。

(1)自然灾害。主要包括水旱灾害、气象灾害、地震灾害、地质灾害、海洋灾害、生物灾害和森林草原火灾等。

(2)事故灾难。主要包括工矿商贸等企业的各类安全事故、交通运输事故、公共设施和设备事故、环境污染和生态破坏事件等。

(3)公共卫生事件。主要包括传染病疫情、群体性不明原因疾病、食品安全和职业危害、动物疫情以及其他严重影响公众健康和生命安全的事件。

(4)社会安全事件。主要包括恐怖袭击事件、经济安全事件、涉外突发事件等。

按照各类突发公共事件的性质、严重程度、可控性和影响范围等因素,总体预案将突发公共事件分为4级,即Ⅰ级(特别重大)、Ⅱ级(重大)、Ⅲ级(较大)和Ⅳ级(一般),依次用红色、橙色、黄色和蓝色表示。

二、铁路突发事件定义及分类

以上是一般意义上的突发事件的定义及分类。本著作研究突发事件条件下的铁路列车运行组织问题,所以,首先给出铁路突发事件的定义。

王莉认为铁路突发事件是指任何导致铁路行车组织策略变化或者行车组织计划变更的事件[109]。本著作研究的突发事件是指在铁路线路区间或车站突然发生,对铁路线路区间能力与车站的接发车能力造成严重影响,甚至改变铁路路网拓扑结构,导致列车不能按照既定径路和运行计划运行,为保证列车到达既定终点站,需要重新进行列车运行径路分配(Train Paths Distributing)并进行列车运行调整(Train Rescheduling)以应对的自然灾害、铁路事故及铁路公共安全事件。

依据不同的分类标准,可将铁路突发事件进行分类。

(1)根据铁路突发事件形成原因,将铁路突发事件分为 3 类,如图 3-1 所示。

①自然灾害。本著作中,自然灾害是指由天文、地理等因素引发的,对铁路运输设备造成破坏,或者造成铁路客流异常波动,从而导致铁路无法按计划正常行车的自然现象[109]。包括气象灾害(如大雨、大雪、暴风等)、地质灾害、地震灾害等。

②铁路事故。根据中国 2007 年 9 月 1 日起实施的《铁路交通事故应急救援

和调查处理条例》,铁路事故指列车在运行过程中发生冲突、脱轨、火灾、爆炸等影响铁路正常行车的事故,包括影响铁路正常行车的相关作业过程中发生的事故;或者列车在运行过程中与行人、机动车、非机动车、牲畜及其他障碍物相撞的事故。本著作中以此定义为准。

③其他突发事件。其他突发事件是指除上述突发事件之外,对铁路正常行车造成不良影响的突然发生的事件。如铁路公共安全事件,包括破坏铁路运输设施、恐怖袭击等。

(2)根据列车运行造成的影响分类[109],将铁路突发事件分为3类。

由图3-1可知,突发事件导致的结果为铁路线路路网能力紧缺。自然灾害、铁路事故、铁路公共安全事件皆可导致铁路线路区间通过能力与车站接发车能力降低或丧失。而区间或车站能力丧失导致铁路路网拓扑发生变化。

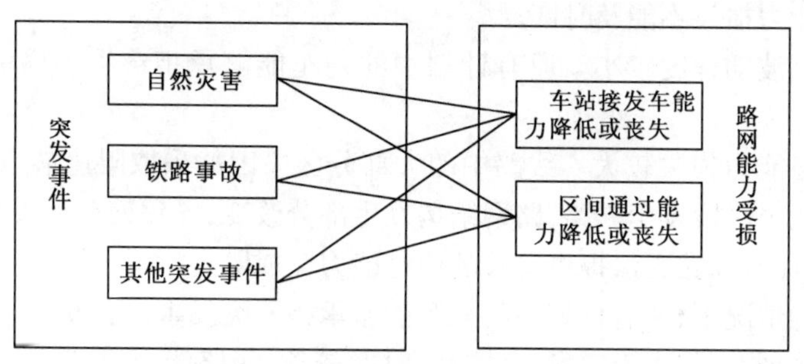

图3-1　突发事件导致结果对应关系

①一般性铁路突发事件。一般性铁路突发事件是指其对铁路运输秩序的影响可以通过对运行图的调整即可消除的突发事件,包括导致局部线路能力损失较小、客流波动程度较小和(或者)持续时间较短的自然灾害、铁路交通事故和(或者)公共安全事件。其具有如下特点。

a.持续时间较短。影响铁路线路正常行车的持续时间较短,突发事件所造成的线路能力损失能够快速恢复。

b.客流波动程度较小。原有计划中的列车能够承担突发事件引起的客流增量。根据文献[110]的数据统计,在平日正常条件下,为了提高旅客舒适度,列车席位利用率一般取0.7~0.8;在节假日客流波动较大的情况下,我国铁路席位利用率曾达到1.19。一般性铁路突发事件条件下,旅客关注的重点已经转向是否能够尽快到达目的地,而非对旅行舒适度的需求,故此时的席位利用率可适当提高。

c.线路能力损失较少。线路中的一个区段或某些区段因故采取措施,导致列车无法按图定计划运行，经调整后，原有计划中的列车均能在合理的运营时间内到达终点车站，无严重晚点情况发生。

在这种情况下，原有计划中的列车能够承担因突发事件引发的客流增量，而无须增开新的列车；由于事件持续时间短，线路能力损失较小，无需对径路上运行的列车数量进行调整，只对列车运行计划进行时间维度上的调整，即可在合理的时间内实现旅客运输任务。

②严重铁路突发事件。严重铁路突发事件是指其对铁路运输秩序的影响无法通过对运行图的调整得以消除的突发事件，包括导致局部线路能力损失较大、客流波动程度较小和（或者）持续时间较长的自然灾害、铁路交通事故和（或者）公共安全事件。其具有以下特点。

a. 持续时间较长。影响铁路线路正常行车的持续时间较长。突发事件所造成的线路能力损失不能及时恢复。

b. 客流波动程度较小。原有计划中的列车能够承担突发事件引起的客流增量。

c. 线路能力损失较大。线路中的大部分区段因故采取限速措施，或者线路中一个或几个区段发生断路，路网结构发生部分改变，导致列车无法按图定计划运行，致使原有径路无法提供足够的通过能力完成既定运输计划。

在这种情况下，原有计划中的列车能够承担因突发事件引发的客流增量，无须增开新的列车；但由于突发事件持续时间较长，线路能力损失较大，只对列车运行计划进行时间维度上的调整已不能在合理的时间内实现旅客运输任务；需采取列车迂回、列车重联等调度策略以减少原有径路上的列车数量。

（3）恶性铁路突发事件。恶性铁路突发事件是指其对铁路运输秩序的影响必须通过行车组织策略重大调整和行车组织计划的相应变更以及依靠跨行业应急联动机制才能应对的突发事件，包括导致大范围线路能力损失严重、客流波动程度大和（或者）持续时间长的自然灾害、铁路交通事故和（或者）公共安全事件。其具有以下特点。

①持续时间长。影响铁路线路正常行车的持续时间很长，突发事件所造成的线路能力损失需较长时间才能恢复。

②客流波动程度大。原有计划不足以承担突发事件引起的客流增量，已经造成或将要造成大量旅客滞留。

③线路能力损失大。一个区域内多条线路的大部分区段因故采取限速措施，或者多条线路中的多个区段发生断路，路网结构发生较大变化。

在这种情况下，运量与运能之间的矛盾显著，只调整列车行走径路已不能形成有效的行车组织方案;需依靠跨行业应急联动,改变行车组织策略,并重新编制行车组织计划,才能有效缓解运量与运能的矛盾。

一般来说,对造成路网能力受损等情况的自然灾害或铁路事故,铁路运输生产部门也具有对应的应急预案,但是,应急预案是应对突发事件,为保证迅速有效的开展应急救援行动、降低事故损失而制订的有关计划或者方案,其对行车组织的相关处置规则较少,不足以支撑突发事件条件下路网上的列车运行组织的需求。

在突发事件条件下,组织列车运行,属于运行计划调整的范畴,即本著作研究的重点。需要说明的是,本著作着重研究突发事件条件导致路网能力受损情况下的列车运行组织,对于载运工具能力降低或丧失的情况暂不讨论。

三、铁路突发事件特点

根据上述分析,铁路突发事件具有以下特点[109]。

1. 事件起因的多样性

根据上述分析,由于铁路突发事件的类型不同,其形成的诱因也不同。第一类是引发自然灾害的各类自然现象,如暴雨、暴雪、大风、地震、泥石流等可能会引起列车限速或线路中断;其次,铁路运输系统中的各类固定设备和移动设备的运行状态直接影响着列车的高效、安全运行;此外,一些人为因素,如调度员与司机等路内人员的工作效率以及路外行人、车辆的行走路径等因素也会对铁路运输系统的正常运营产生影响。

2. 事件本身的突发性

近年来,随着计算机技术、航空技术、地质学等学科的发展,人们实现了对某个时段和区域内温度、湿度及降水量等气候条件的预测,发现了一些自然灾害随季节、气候变化的规律;但是对于大多数破坏性自然灾害(如泥石流、山体滑坡、地震等)而言,要获得其发生的具体时间,详细地点和影响范围在目前阶段都是无法实现的,自然灾害本身就具有显著的突发性。此外,由于设备运行状态、使用周期不同以及铁路工作人员负责工种、技术水平、工作效率和精神状态的差异,由机器设备和人为因素引发的铁路事故更无规律可循。

3. 影响对象的多元性

根据突发事件的成因和等级不同,其造成的影响会涉及不同行业和领域的各阶层人员。首先,随着突发事件的影响范围不同,可能影响一条或多条线路上的旅客出行;此外,当突发事件造成巨大危害,需实施事故救援时,又会涉及当地驻军、警察部队、医疗卫生和其他政府部门。

4. 事件后果的危害性

铁路突发事件的发生一般都会造成较大的社会影响。从小的方面讲，可能会引起列车大面积晚点，影响大量旅客的正点出行；大的方面可能危害旅客的生命财产，造成铁路基础设施严重损毁，极大地降低人们对铁路运输安全的信心。

5. 事件处理的紧迫性

对于突发事件引起的列车晚点，调度员应及时调整列车运行图，减少晚点传播，尽量恢复按图行车。对于造成中断铁路行车的严重突发事件，铁路行车组织部门应当立即组织抢修，适当调整行车径路；必要时，可寻求当地政府部门协助，成立现场应急救援机构，启动相应的应急预案，减少事故影响。总之，无论发生何种类型和等级的突发事件，及时采取相应的措施才能有效遏止和控制事态发展，减少突发事件造成的危害和损失。

6. 事件之间的共振性

现实运营环境中，不同类型的突发事件之间往往是相互影响，同时存在的。例如大范围降雨条件下列车可能限速运行；同时降雨会在丘陵地带诱发山体滑坡或泥石流造成线路中断；此外，如果伴随雷电，还会引起铁路信号系统的故障，给调度员的工作带来不便，多种突发事件的共同影响极大地增加了突发事件条件下行车组织工作的复杂性。

7. 影响规模的扩张性

铁路运输的本质是列车通过对线路和车站资源的协调占用，在规定的时间内完成货物或旅客位移的过程。当突发事件引发一列车对线路或车站资源的非正常占用时，必然会导致后续列车的晚点；特别是在发生线路中断的情况下，需要将受影响的列车迂回到其他线路上，以充分利用路网资源，减少突发事件造成的损失。因此，一个单一的、发生在某个区段上的突发事件可能会引起一个区域内列车运行计划的改变。

8. 相关属性的不确定性

突发事件本身的发生时刻、影响范围、持续时间等属性是很难预测且用精确的数字描述的。由其导致的列车运行状态也同样体现出一定程度的模糊性和随机性。这些特点都增加了突发事件条件下行车组织工作的困难。

9. 行车组织内容的差异性

根据突发事件对铁路运输系统的影响程度不同，需要采取的处置措施也具有较大差异。当突发事件影响程度较小时，只需对列车运行计划进行时间维度上的调整，就能吸收突发事件造成的干扰，在规定的时间内完成运输任务。当突发事件影响程度较大时，仅对列车运行计划进行时间上的调整已不能形成有效的调整计划，以应对突发事件的干扰，此时需要对列车运行计划进行空间和时间两个维度上的调整，即需要对列车开行对数，停站策略、行走径路和到发时刻进行优化，这就涉及开行方案和时刻表两个层次的问题。此外，在恶劣突发事件条件下，往往需要建立应急机构组织紧急救援，并调整行车组织策略，尽快疏散滞留旅客，与前两种情况相比，行车组织的内容更加复杂。

第二节　突发事件条件下的铁路运输系统

一、铁路运输系统的系统类型

系统是以不同的形态存在的，根据系统生成的原因和反映的属性不同，可以进行各种分类。按照系统的起源分为自然系统和人造系统。按照系统的规模和结构分为简单系统和大系统。按照系统的时间特性分为动态系统和静态系统。按照系统与外界环境的关系分为开放系统和封闭系统。

闫海峰在其博士论文中指出，铁路列车运行组织方案系统是一个开放的人造系统。自然，突发事件条件下的铁路运输系统亦为开放的人造系统[111]。为适应经常变化的社会环境，人们必须对铁路运输系统的各个组成部分不断地修改、完善，这就要求铁路运输系统具有足够的灵活性和可调整性。

铁路运输系统也是一个多目标系统。铁路运输系统的总目标是实现宏观的社会效益和铁路运营部门的收益。但是具体的目标是多种多样的，要求高效、快速、经济、舒适、安全、环保，而要满足上述要求是很难办到的。这是因为该系统功能要素之间存在着非常强烈的“交替损益”或“效益背反现象”[112]。即某一功能的优化和利益发生的同时，必然会存在一个或另几个功能的利益损失，如列车直达率和铁路运输成本之间就存在着明显的效益背反现象。这样的多目标冲突的现象在铁路运输系统中普遍存在，尤其在突发事件条件下，这种现象更加明显。所以，必须在总目标下对各种要素目标进行协调，才能获得铁路运输系统总体最优效果。尤其在突发事件条件下，这种协调操作及目标的取舍或偏重，显得尤为重要。

二、系统的构成

系统的结构是系统内部各要素相互联系、相互作用的方式或秩序，即各要素之间的具体联系的作用形式,是系统保持整体性以及具有一定功能的内在依据。

铁路运输系统的元件有设备和工作人员。其中设备又分为固定设备和移动设备,固定设备包括线路和车站,移动设备包括列车和动车组。人员包括生产人员和管理人员。

铁路运输系统的系统结构中,列车与线路、站点之间的时空关系是最重要的系统关系。铁路运输组织中最核心的工作就是安排列车与线路、站点之间的关系,具体表现形式有运输组织模式、旅客列车开行方案、运行图、动车组使用计划等。

以大颗粒度将突发事件条件下的铁路运输系统进行划分,即将系统划分至工作人员、站线、设备,不同类型的铁路之间的工作人员、站线和设备之间就存在很复杂的关系,所以说,突发事件条件下铁路运输系统内部结构非常复杂。

铁路运输系统是一个大系统。我国铁路运输系统,不仅包含普速铁路站线、设备及工作人员,还包含城际铁路、高速铁路的站线、设备和工作人员,是一个涉及因素众多、规模非常庞大的系统。在突发事件条件下,铁路运输系统的元素,即各种类型的站线、设备和人员统一调配指挥,相互协调、合作,这些元素之间的关系变得极其复杂,使得铁路运输系统的结构变得很复杂。再者,突发事件条件下,铁路运输系统中的元素,即站线、设备和人员,其状态属性的变化具有很强的随机性,这就使得铁路运输系统结构也具有不确定性,所以可以得出,突发事件条件下的铁路运输系统具备大系统判别条件的所有特质,突发事件条件下的铁路运输系统是典型的大系统。

铁路运输系统构成的数学描述为:

$$S_{\text{trans}} = (S_{\text{station}}, R_{\text{rail}}, T_{\text{train}}, F_{\text{faculty}}, R) \tag{3-1}$$

式中:S_{trans}——铁路运输系统;

S_{station}——铁路运输系统中车站的集合;

R_{rail}——系统中铁路线路的集合;

T_{train}——系统中列车的集合;

F_{faculty}——系统中的生产工作人员集合;

R——系统中各组分之间的关系。

三、系统的边界

将铁路运输系统视为分析的对象,那么客运需求、自然环境条件构成了该系统的环境。系统的边界是系统中的运输组织对功能对象起作用和结束作用的状态节点。对铁路运输组织系统来说,系统的边界是铁路运输系统相对于客货流的 OD 点,即客货流的产生和消失的车站。即为铁路网中所有具有旅客或货物运输作业的车站构成的车站的集合。

突发事件条件可导致铁路运输系统中车站失效，所以，突发事件条件下的铁路运输系统的系统边界与正常条件下的铁路运输系统的边界有可能不同。即在突发事件条件下，铁路运输系统的边界可能会比正常条件下铁路运输系统的边界小。其数学描述为：

正常条件下铁路运输系统的边界为 $S_e = S_{station}$，在突发事件条件下铁路运输系统的边界为 $S_e^A = S_{station}^A$，式中，$S_e^A \subseteq S_e$，$S_{station}^A$ 为突发事件条件下铁路运输系统中具有旅客或货物运输作业的车站集合。

四、系统的功能与行为

正常条件下与突发事件条件下的铁路运输系统的功能都是实现旅客和货物的位移。铁路运输系统的功能是由构成系统的铁路站线、列车以及运输生产人员的相互关系决定的。在正常条件下，铁路运输系统在各种运输计划的指导下，实现其功能可见，运输生产计划决定了铁路运输系统的构成部分之间的关系。在突发事件条件下，系统所处的外界环境发生了变化，而这种变化导致了运输系统各组分之间的关系发生改变，使其功能受到影响，即不能完成原定运输计划。此时，需要重新调整运输计划，使其功能恢复或者逼近系统原来的功能。其数学描述如下：

铁路运输系统 $S_{trans} = (S_{station}, R_{rail}, T_{train}, F_{faculty}, R)$，$\forall R^0$，使得 S_{trans} 在环境 E^0 下具有功能 F^0。突发事件条件迫使铁路运输系统内部组分关系 R 发生变化，$R^0 \rightarrow R'$，从而，$F^0 \rightarrow F'$。寻找 A，使得 $R' \rightarrow R''$，$S_{trans} = (S_{station}, R_{rail}, T_{train}, R'')$ 的功能 F' 逼近 F^0。即突发事件通过影响铁路运输系统内部组分的变化，影响了铁路运输系统的正常的旅客和货物输送功能。需要采取措施，使得系统内部组分之间的关系再次发生变化，具体体现在列车运行组织方案中，使得突发事件条件下的铁路运输系统的功能趋近于突发事件发生之前铁路运输系统功能。

本著作研究的内容，即为在突发事件条件下，采取一定的方法，进行列车运行径路分配和列车运行调整。其实质是重新设计铁路运输系统中列车与线路之间的关系，使其输送列车的功能趋近于原来系统的功能。列车运行径路分配方案是列车与铁路线路之间空间关系的体现，而列车运行计划调整的结果是列车与铁路线路之间时空关系的体现。

五、系统的演化与重构

对于任何一个系统，系统的进化是它自身具有的一个基本属性，是不可抗拒的趋势。系统的状态、结构、行为、功能等随时间的推移而发生的变化,称为系统的演化。

对于铁路运输系统而言,随着铁路运营里程,尤其是高速铁路运营里程的不断增加,系统的边界发生了很大的变化,其边界增加了新运营线路上的车站,这样使得运输组织系统的结构更加复杂。

铁路运输系统中作为系统元素的车站、列车、线路、工作人员之间的关系,是铁路运输系统中最主要的关系。随着铁路路网规模的不断扩大,新进入铁路运输系统的车站、设备、线路、工作人员与既有铁路车站、设备、线路、工作人员之间形成了极为复杂的时空关系。铁路运输系统随着新建线路的逐步增加,其系统也处于不断演化的状态中。

系统的外界环境发生变化,影响了系统的结构,迫使铁路系统内部组分之间的关系发生改变,而系统组分之间的关系决定了系统的功能,所以系统的功能也发生了改变。重构是在不改变系统功能的情况下,对系统的内部结构进行重新调整。系统的重构可分为主动重构和被动重构。主动重构是系统为了稳定系统结构、完善系统功能而主动进行的系统内部结构调整;被动重构是在系统受到外界环境影响以后,系统结构发生变化,使得系统功能发生故障或失效时进行的被动的系统内部结构调整,以期恢复系统的功能。

正常条件下,铁路运输系统不同类型的铁路线路上的运输调度指挥工作相对独立,不同线路上工作人员、设备、站线之间没有或者很少存在关系(采用跨线组织模式时,有一定关系),其耦合程度弱。而在突发事件条件下,线路的状态受到影响,迫使铁路工作人员对列车运行组织方案重新设计,使得线路、站点、列车之间的时空关系发生改变。这些关系既包含既有线路、站点与既有列车之间的关系,既有线路、站点与既有动车组之间的关系,又包含高速线路、站点与既有列车之间的关系,高速线路、站点与动车组之间的关系。所有这些关系的改变意味着铁路运输系统的结构发生改变,其实质就是铁路运输系统的重构。

可见,突发事件条件下的列车运行组织实际是调整铁路列车和线路、车站的时空关系的铁路运输系统内部结构调整的过程,也是重构铁路运输系统的过程。其具体体现为列车在径路的分配方案与列车运行计划调整结果。

第三节　突发事件条件下铁路运输组织宏观模型

突发事件发生后,根据其严重程度及影响范围等因素,决定是否启动相应级别的应急预案。铁路应急预案会对铁路运输组织中的运输组织模式与列车开行方案进行一定的调整与约束。所以,本节首先对突发事件条件下应急处置的总体原则与方法进行论述,然后建立突发事件条件下铁路运输组织的宏观的普适模型。

一、突发事件条件下的应急处置的总体原则与方法

1. 总体原则

首先,国家建立"统一领导、综合协调、分类管理、分级负责、属地管理为主"的应急管理体制。

国务院在总理领导下研究、决定和部署特别重大突发事件的应对工作;根据实际需要,设立国家突发事件应急指挥机构,负责突发事件应对工作;必要时,国务院可以派出工作组指导有关工作。

县级以上地方各级人民政府设立由本级人民政府主要负责人、相关部门负责人、驻当地中国人民解放军和中国人民武装警察部队有关负责人组成的突发事件应急指挥机构,统一领导、协调本级人民政府各有关部门和下级人民政府开展突发事件应对工作;根据实际需要,设立相关类别突发事件应急指挥机构,组织、协调、指挥突发事件应对工作。

上级人民政府主管部门应当在各自职责范围内,指导、协助下级人民政府及其相应部门做好有关突发事件的应对工作。

2. 突发事件的处置

突发事件发生后,履行统一领导职责或者组织处置突发事件的人民政府应当针对其性质、特点和危害程度,立即组织有关部门,调动应急救援队伍和社会力量,依照本章的规定和有关法律、法规、规章的规定采取应急处置措施。

(1)自然灾害或公共卫生事件的处置

自然灾害、事故灾难或者公共卫生事件发生后,履行统一领导职责的人民政府可以采取下列一项或者多项应急处置措施。

①组织营救和救治受害人员,疏散、撤离并妥善安置受到威胁的人员以及采取其他救助措施。

②迅速控制危险源,标明危险区域,封锁危险场所,划定警戒区,实行交通管制以及其他控制措施。

③立即抢修被损坏的交通、通信、供水、排水、供电、供气、供热等公共设施,向受到危害的人员提供避难场所和生活必需品,实施医疗救护和卫生防疫以及其他保障措施。

④禁止或者限制使用有关设备、设施,关闭或者限制使用有关场所,中止人员密集的活动或者可能导致危害扩大的生产经营活动以及采取其他保护措施。

⑤启用本级人民政府设置的财政预备费和储备的应急救援物资,必要时调用其他急需物资、设备、设施、工具。

⑥组织公民参加应急救援和处置工作,要求具有特定专长的人员提供服务。

⑦保障食品、饮用水、燃料等基本生活必需品的供应。

⑧依法从严惩处囤积居奇、哄抬物价、制假售假等扰乱市场秩序的行为,稳定市场价格,维护市场秩序。

⑨依法从严惩处哄抢财物、干扰破坏应急处置工作等扰乱社会秩序的行为,维护社会治安。

⑩采取防止发生次生、衍生事件的必要措施。

(2)社会安全事件的处置

社会安全事件发生后,组织处置工作的人民政府应当立即组织有关部门并由公安机关针对事件的性质和特点,依照有关法律、行政法规和国家其他有关规定,采取下列一项或者多项应急处置措施。

①强制隔离使用器械相互对抗或者以暴力行为参与冲突的当事人,妥善解决现场纠纷和争端,控制事态发展。

②对特定区域内的建筑物、交通工具、设备、设施以及燃料、燃气、电力、水的供应进行控制。

③封锁有关场所、道路,查验现场人员的身份证件,限制有关公共场所内的活动。

④加强对易受冲击的核心机关和单位的警卫,在国家机关、军事机关、国家通讯社、广播电台、电视台、外国驻华使领馆等单位附近设置临时警戒线。

⑤法律、行政法规和国务院规定的其他必要措施。

严重危害社会治安秩序的事件发生时,公安机关应当立即依法出动警力,根据现场情况依法采取相应的强制性措施,尽快使社会秩序恢复正常。

发生突发事件,严重影响国民经济正常运行时,国务院或者国务院授权的有关主管部门可以采取保障、控制等必要的应急措施,保障人民群众的基本生活需要,最大限度地减轻突发事件的影响。

履行统一领导职责或者组织处置突发事件的人民政府,必要时可以向单位和个人征用应急救援所需设备、设施、场地、交通工具和其他物资,请求其他地方人民政府提供人力、物力、财力或者技术支援,要求生产、供应生活必需品和应急救援物资的企业组织生产、保证供给,要求提供医疗、交通等公共服务的组织提供相应的服务。

履行统一领导职责或者组织处置突发事件的人民政府,应当组织协调运输经营单位,优先运送处置突发事件所需物资、设备、工具、应急救援人员和受到突发事件危害的人员。

履行统一领导职责或者组织处置突发事件的人民政府,应当按照有关规定统一、准确、及时发布有关突发事件事态发展和应急处置工作的信息。

突发事件发生地的居民委员会、村民委员会和其他组织应当按照当地人民政府的决定、命令,进行宣传动员,组织群众开展自救和互救,协助维护社会秩序。

受到自然灾害危害或者发生事故灾难、公共卫生事件的单位,应当立即组织本单位应急救援队伍和工作人员营救受害人员,疏散、撤离、安置受到威胁的人员,控制危险源,标明危险区域,封锁危险场所,并采取其他防止危害扩大的必要措施,同时向所在地县级人民政府报告;对因本单位的问题引发的或者主体是本单位人员的社会安全事件,有关单位应当按照规定上报情况,并迅速派出负责人赶赴现场开展劝解、疏导工作。

突发事件发生地的其他单位应当服从人民政府发布的决定、命令,配合人民政府采取的应急处置措施,做好本单位的应急救援工作,并积极组织人员参加所在地的应急救援和处置工作。

突发事件发生地的公民应当服从人民政府、居民委员会、村民委员会或者所属单位的指挥和安排,配合人民政府采取的应急处置措施,积极参加应急救援工作,协助维护社会秩序。

二、突发事件条件下铁路运输组织的宏观模型

将突发事件条件下铁路运输组织的宏观模型分为 3 个层次,分别为战略层、策略层与运营层。在战略层,对应于突发事件条件下应急预案层,在最宏观的层面给列车运行组织工作以指导与约束,其要解决的问题是突发事件条件下列车运行组织模式的选择与调整;同时,应急预案中也部分规定了策略层中列车开行方案的内容。在策略层,以应急预案总体的宏观指导为约束,设计相应的应急处置措施,映射到列车运行组织工作中即为客流的疏散策略的疏散与调整、车辆调配问题、列车运行区段调整、列车运行径路的搜索与重新分配问题;同时,应急处置措施也为更微观的列车运行计划提供约束甚至直接提供方案。最微观的层次为运营层,以应急措施为指导,对行车组织来讲即为发出应急调度命令,映射到行车组织工作中就是列车运行计划的调整、机车、动车组的运用计划及乘务计划

的编制等问题。

该模型遵照自上而下的原则设计，层次分明，将应急预案、处置措施及调度命令与运输组织模式、列车开行方案、列车运行计划有机结合起来，涵盖了突发事件条件下铁路行车组织的各个方面，是一个宏观的普适模型，其结构如图3-2所示。

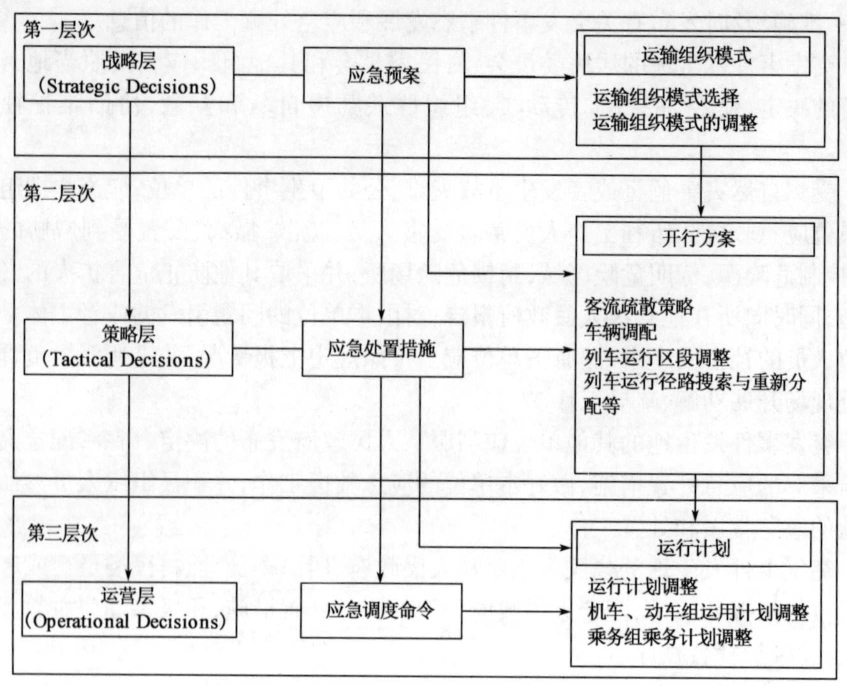

图3-2　突发事件条件下铁路行车组织宏观模型

在列车的运行过程中，不同类型和等级的突发事件经常发生，列车运行也会受到不同程度的干扰。根据干扰程度不同，铁路列车运行组织方案部门和决策者采取的应对措施不同。所以，在突发事件条件下，列车运行组织应遵循如图3-3所示的处理流程。

1. 三级响应处理

干扰对铁路列车行车工作造成的影响程度较轻，对线路的能力影响不大，列车运行受到的干扰程度也较轻，为了完成既定开行方案的开行任务，对列车运行计划进行调整。这种情况下运行组织方案问题为传统的列车运行调整问题，追求所有列车总的晚点时间最少、总的正点率最高、旅客的满意度最高等目标，研究对象为某一区段的特定时间段的所有列车。即此时列车运行组织方案问题只有运行计划调整一个层次。此时，对既定的阶段计划采用重叠式、滚动优化的方法进行调整。此时的运输组织问题就是单纯的列车运行调整问题，并不涉及开行方案设计与调整问题。其对应图3-2中的运营层。

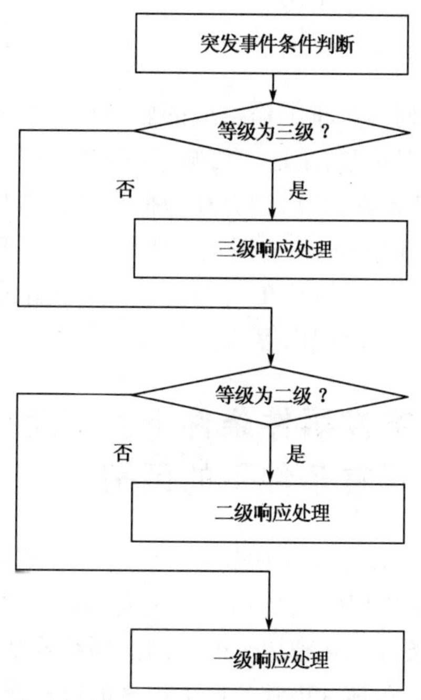

图3-3　突发事件条件下列车运行组织应急处置相应流程

2.二级响应处理

当三级响应处理不足以应对突发事件对铁路运输造成的影响时，列车调度指挥部门应当触发二级响应。此时突发事件对铁路列车行车工作造成的影响程度较重，如自然灾害、铁路事故导致的长时间的线路能力下降甚至线路中断，列车不能按照既定径路与运行计划运行，此时，还以完成原开行方案规定的列车开行数量为目标，并兼顾列车运行费用少、总晚点时间少、旅客满意度高、社会效益损失少等目标。还应获取包括开行方案主要信息，综合考虑高速线路并行的既有普速线、城际铁路等路网条件，根据各线路上能力情况，采用知识工程、数学规划及智能算法相结合的方法，重新设计某些列车运行的径路，编制一个较长时间段内综合优化的涉及多径路的列车运行阶段计划。具体包括客流疏散策略制订，车辆调配，列车运行区段调整，列车运行径路搜索，机车、动车组运用计划调整，乘务组乘务计划调整等内容。本著作研究的重点为该级别响应条件下的铁路运输组织的问题，研究的焦点集中在列车运行径路分配问题和运行调整两个问题上。而列车运行径路分配问题在正常条件下实际上是开行方案设计问题的一部分，在本著作中，认为该问题是网络上列车运行组织问题。其对应图3-2中的策略层及运营层的运输组织内容。

3. 一级响应处理

当突发事件对铁路列车行车工作造成的影响程度非常严重，预计将在一个相对较长的时间段内难以恢复，采取二级响应处理措施不奏效时，为了尽快疏散客流，考虑首先启动应急预案，然后制订相应的应急处置措施，最后重新编制或调整列车运行计划。在此过程中，遵循运输组织模式—开行方案—运行计划—动车运用计划与乘务计划自上而下的运行组织方案设计的次序进行设计。其对应图3-2中3个层次的运输组织内容。

第四节　突发事件条件下列车运行组织与正常条件下的区别

铁路运输组织工作本质上讲是协调铁路运输系统各部分之间的关系，优化系统内部结构，使其具有更好的系统功能。突发事件条件下的铁路运输组织工作，就是优化突发事件条件下被破坏了的铁路运输系统结构，使其尽可能具备系统在正常条件下的功能，即具有正常条件下旅客的输送能力。

突发事件条件下的列车的运行组织方案，实际是协调既有站线、新建高速线、普速列车、高速列车之间时空关系的方案。从专业上讲，正常条件下的铁路列车运行组织与正常条件下的列车运行组织的不同之处在于以下几个方面。

一、运输组织的追求目标不同

铁路的运输组织包括以下几个方面的工作：运输模式选择、开行方案设计、运行计划编制等。下面分析在不同的层次上所体现的突发事件条件下的运输组织与正常条件下的运输组织追求目标的不同。

1. 运输组织模式层

正常条件下运输组织模式的选择主要考虑旅客的吸引范围、运输服务的安全性、快速性、准时性、行车量以及铁路的运营成本。其运输组织模式选择的追求目标具有明显的多样性。

在国际上，法国采取高速列车下高速线的运输组织模式，延长TGV高速列车的运行距离，其运输模式选择的追求目标是拓展高速旅客列车的通达范围，减少旅客的换乘次数，扩大旅客的吸引范围。德国和日本在高速铁路的运输组织模式的选择上注重客流组织的有效性，致力于创造更多的直达条件，减少旅客的换乘次数[113]。

在国内，早在1996年胡思继教授就指出，京沪高速铁路主要有“全部运行高速列车，简称全高速”和“高中速列车共线运行”两类运输组织模式[114]。他提出了“全高速快速换乘”的运输组织模式，是基于旅客运输的安全性、快速性、准时性、舒适性考虑的，即其提出的高速铁路的运输组织模式追求的目标是安全、快速、准时、舒适。彭其渊等选择高速铁路运输组织模式时主要考虑了高速铁路的通过能力的利用，即行车量[115]。户佐安等对高速铁路运输组织模式选择追求的目标也集中在高速铁路通过能力的利用率上[116]。常慧辉选择旅客平均出行时间、旅客平均出行票价、旅客出行舒适度、旅客出行方便度、铁路运营收益、线路改造费用、机车车辆购置费、既有线剩余能力以及线路车辆的损害程度等作为影响运输组织模式选择的若干追求目标[117]。

而在突发事件条件下，运输组织模式的选择主要考虑完成列车的输送任务。突发事件发生时，应尽可能多且快地将列车输送至既定目的地，减少列车行车费用，并降低突发事件对铁路运输组织工作带来的影响，减少社会效益损失。如在2008年的我国南方雪灾与春运大客流叠加的条件下，广铁集团按照铁道部要求发布紧急调度命令，将京广线南段滞留和待开的部分客车改由京九、沪昆、三茂、焦柳线迂回运行。随着我国铁路网络不断完善，不可避免地出现类似迂回运输的组织方式，那么预先设计的“高速列车不下线”等运输组织模式势必改变，其目的也是尽快完成既定的列车输送任务。

2. 开行方案层

在正常条件下，制订列车的开行方案主要从两个方面考虑其优化目标。第一个方面就是铁路运营部门的收益。而在客票票价一定的情况下，该优化目标就转化成了列车运行成本的最小化。另一方面，从旅客角度考虑，旅客的满意度、旅客的候车时间、旅客的中转时间、旅客的总旅行时间、旅客的出行收益等常称为旅客开行方案制定的优化目标。有很多的文献，将上述两类目标进行综合，采用双层规划模型或多目标规划目标求解列车开行方案的生成问题。

汪波与杨浩将高速铁路列车运行的成本分为固定成本和变化成本。其同时考虑了铁路运输企业运营的成本支出、列车座席虚糜损失与旅客总等待时间3个目标，建立了开行方案的生成模型。其开行方案的设计目标就是运营成本最低,而将满足旅客 OD 流作为开行方案制订的依据[118]。史峰等建立了双层规划模型,将开行方案制订的优化目标分为两个层次,分别是铁路运营收益、旅客出行收益。所以其开行方案设计的目标是铁路的运营收益和旅客的出行收益最大[119]。Chang 等面对中国台湾高速铁路的运输组织也建立了开行方案制订的多目标规划模型。有两个主要目标:一是铁路运营成本最低;另一个是旅客的出行时间最短[120]。

而在突发事件条件下对开行调整体现在对列车径路重新选择上。其目的还是使列车尽快到达目的地。在突发事件条件下,自然灾害、铁路事故等突发事件往往造成铁路线路能力下降,导致列车的大面积晚点,从而使铁路的社会服务功能受到质疑,并带来严重的直接或间接的经济损失。所以,如何更快地完成列车的输送任务是突发事件条件下列车运行组织的最主要目标。快速输送列车目标与快速疏散旅客的目标是一致的。所以,突发事件条件下在开行方案层面上的决策的主要追求目标是进行合理的列车运行径路分配,尽快使列车到达目的地。

3. 运行计划层

在正常条件下,运行计划编制时主要考虑的优化目标有列车的总停留时间、晚点率、总晚点时间、旅客的满意度等。汪波等将列车的总停留时间最小作为目标函数。将安排列车运行线的问题看作周期事件安排问题,建立周期运行图网络模型。模型充分考虑了列车不同情况下的停站时间、到发安全间隔等各项周期约束[121]。

在突发事件条件下,列车运行调整有别于正常条件下运行计划编制的目标。突发事件条件下列车运行调整目标为正点率高、列车的总晚点时间少,并有较强的应对突发事件带来的继发干扰的能力。

二、突发事件导致的约束条件不同

总体上讲,突发事件条件会对铁路列车运行组织方案工作中的运输资源(移动设备、固定设备)、运输对象的出行特征产生较大程度的影响。

1. 自然灾害

自然灾害是指由于天文、地理或人类活动等因素所形成的自然条件变异而引发的破坏性和灾难性的事件。自然灾害按其成因可分为:天体灾害、气象水文灾害、海洋灾害、地质灾害、地震灾害、生物(人为)灾害等。直接危害铁路的自然灾害有洪水、崩塌、滑坡、泥石流、地震、风、沙、碱、岩溶、塌陷、冷冻等。究其原因有气象因素、地理因素、地貌因素、地质因素、人为因素等。

我国铁路自然灾害具有广泛性、频发性、多样性等特征，并且影响范围大，已经发生灾害路段占全路总运营里程的 20% 以上[1]。铁路自然灾害主要集中于路基（路基占全路总长的 90% 以上）。据统计，受害路基累计长度已超过 1 万 km、近 9 万处。此外，桥梁、涵洞、隧道、场站及其他一切附属设施也均受自然灾害的严重侵袭。我国自然灾害共可以分为 10 余个种类，且多在一种诱因下发生群发性或链发性的灾情，由自然灾害带来的铁路行车中断每年达 100 余次，累计时间达 1 000 ~ 2 000h，最高峰达到每年 211 次。

由于我国铁路主要集中于包头—兰州—昆明一线以东，故中东部地区是我国铁路自然灾害的多发地区。京沪高速等高速铁路干线就集中分布在这些地区。据统计资料显示，1973 ~ 1991 年，江苏、安徽两省发生灾害总共有 889 次，年均 46.78 次。其中沪宁、津浦两线超过 50 次，淮南线则在 100 次以上[122]。

京广线以西的铁路比重已经占到 45%，西部地区铁路灾害也很严重。据统计，成昆线、宝成线、宝天线等大型泥石沟发育密度达 0.4 ~ 1.4 处/km。包成、宝天、阳安 3 线，仅在 1981 年夏季就发生自然灾害 1366 处，受灾线路累计长度占总长的 88.13%[1]。除历次强烈地震破坏铁路设施，造成列车出轨等灾害事故外，1949 年至今，仅地质灾害就造成重大铁路事故数百起，累计中断行车数万小时。

铁路系统遭受冰雪天气影响是一个普遍存在的现象，特别是地处北半球严寒地区的国家，其运营的铁路线路在严冬季节往往会遭受冰雪自然灾害的袭击，大规模的积雪和冰冻会造成线路中断、道岔失灵、机车车辆性能下降、供电系统故障和战场设施运转困难等一系列问题，轻则发生部分线路或区段停运、列车延误或晚点等现象，重则造成铁路线大面积瘫痪、列车运行重大设备事故或人员伤亡事故。冰雪灾害对供电和通信信号系统、线路、牵引供电设备、场站设施、机车车辆都带来不同程度的影响。2008 年年初，我国南方的雪灾造成京广线南段、沪昆、焦柳、渝怀等干线多次中断，湖南省境内的电气化铁路牵引供电网垮塌，京广大动脉遭受重创。灾害影响列车运行超过 400 列，京广线上旅客列车最长晚点超过 30h，广东地区滞留旅客人数高达 63.7 万人，其中广州站滞留旅客达到 34 万人[123]。

四川汶川地震造成宝成线、成昆线、陇海线天宝段、成渝线、襄渝线、阳安线、达成线等铁路干线、支线，以及成汶、德天、广岳支线的线路、桥梁、隧道、涵洞和通信信号、牵引供电，以及站房等设施和设备不同程度受损。宝成线 109 号隧道由于山体崩塌导致一列货物列车脱线。线路的空间几何形状改变，造成线路平面线形破坏，纵断面波状起伏。局部地段严重扭曲、断裂，甚至中断行车。线路轨道发生相对位移,几何尺寸破坏,结构应力状态发生较大改变。路基设施受损严重,多处出现滑坡、崩塌落石、边坡溜坍等。桥墩墩身出现环形或十字形裂纹,梁体混凝土剥落,结构出现裂缝等现象。隧道洞口边仰坡落石,洞门结构破坏。牵引变电所主变压器出现不同程度高、低压套管错位和漏油,底部喷油和移位问题。接触网支柱断杆等。信号楼、车站站房出现墙体局部开裂和倒塌等现象。

铁路灾害的多发性、随机性、区域分布不均衡性和铁路运输要求的连续性、稳定性之间的矛盾是严重的。自然灾害发生时,往往对铁路线路、车站设备造成严重影响。其直接结果就是线路的中断或车站设备运转不正常,不能完成车站在路网中的中枢作用。对突发事件条件下的列车运行组织而言,造成其运行组织问题的约束条件是线路区间通过能力与车站的接发车能力下降,即形成能力约束。

2. 铁路事故

本著作根据文献[124]整理了自1971~2008年铁路重大事故的资料。从表3-1中可知,突发事件条件下列车运行组织的约束条件比正常条件下列车运行组织多以下几点。

(1)铁路事故造成机车车辆破坏,造成列车运输能力约束。

(2)造成线路中断运营,绝大多数的铁路事故会造成线路中断或者中断行车。

在统计表中,造成行车中断时间最少为1h14min,最多15天线路中断。对于列车运行组织而言,铁路路网的拓扑结构发生改变,造成列车不能按照既定径路运行,实际上形成了列车运行径路分配约束。

三、运行组织方案设计的次序不同

正常条件下,列车运行组织方案设计遵循自上而下的设计次序。其次序为:运输组织模式选择—开行方案设计—运行计划编制—动车组运用计划和乘务计划编制。而在突发事件条件下,列车运行组织问题层次结构划分与正常条件下运输组织问题的划分相同,但是解决问题的顺序发生变化。在突发事件条件下,列车运行组织问题首先要考虑能否只对运行计划调整而实现既定的开行方案。当通过调整运行计划失败时,考虑改变现有的开行方案(本著作定义的突发事件条件下的对开行方案修改只体现在列车运行径路改变上),甚至运输组织模式,再对运行计划求解。与正常条件下列车运行组织相同,动车组运用计划和乘务计划编制以运行计划作为参考文件。所以,突发事件条件下的列车运行组织流程与正常条件下的列车运行组织流程在切入点上有所不同。

20 世纪 70 年代以来铁路重大事故一览表

表 3-1

序号	时　间	地　点	死 伤 人 数	车 辆 损 毁	中断行车时间
1	1971 年 12 月 7 日	京广线琉璃河站	死 14 人,伤 22 人		1h40min
2	1976 年 10 月 16 日	广深线 41km 处	旅客 18 人受伤		24h59min
3	1978 年 12 月 16 日	陇海线杨庄车站	死 106 人,重伤 47 人,轻伤 171 人	客车报废 3 辆	9h30min
4	1980 年 2 月 19 日	—	1 名旅客死亡,8 名旅客受伤	客车报废 1 辆	
5	1980 年 1 月 22 日	京广线株洲车站	旅客 22 人死亡,4 人受伤	客车严重毁损 1 辆,轻微毁损 1 辆	
6	1981 年 7 月 9 日	成昆线尼至乌斯河间的利子依达铁路大桥	130 人失踪和死亡,146 人受伤	报废 2 台机车,1 辆行李车,1 辆客车	线路中断 15 天
7	1981 年 10 月 20 日	颚尔格奇和朝阳村	旅客 3 人死亡,65 人烧伤	客车严重毁损 1 辆	2h50min
8	1984 年 5 月 14 日	深山线房家和大红旗间	旅客死亡 6 人,伤 22 人	报废客车 2 辆,轻微毁损 1 辆	1h14min
9	1984 年 12 月 18 日	荣家湾至黄秀桥间	1 死 3 伤		
10	1986 年 1 月 15 日	京广线白石渡至坪石间	旅客死亡 7 人,重伤 11 人,轻伤 27 人		
11	1987 年 2 月 18 日	肇东车站	旅客 6 人重伤,7 人轻伤	严重毁损 1 辆	1 个多小时
12	1987 年 4 月 22 日	滨北线松花江大桥	12 名旅客死亡,44 人受伤	客车报废 1 辆	
13	1987 年 7 月 18 日	京广线孟庙车站	8 名旅客死亡,30 名旅客重伤和 39 名旅客轻伤	客车严重毁损 2 辆	
14	1988 年 1 月 7 日	京广线马田墟车站	旅客 34 人死亡,30 人受伤	客车严重毁损 2 辆	
15	1988 年 1 月 17 日	拉滨线背荫河车站	客和路内职工 19 人死亡,重伤 25 人,轻伤 51 人		
16	1988 年 1 月 24 日	贵昆线且午至邓家村间	死亡 88 人,重伤 62 人,轻伤 140 人		
17	1988 年 3 月 24 日	沪杭外环线匡巷车站	死亡 28 人,重伤 20 人,轻伤 79 人	机车严重毁损 2 辆,一般毁损 1 辆	23h

续上表

序号	时间	地点	死伤人数	车辆损毁	中断行车时间
18	1988年7月1日	安阳至宝莲寺间	旅客死亡6人,重伤6人,轻伤13人	客车报废1辆	
19	1989年1月5日	川黔线石门坎车站	旅客20多人受伤		
20	1989年4月30日	贵昆线小冲头停车	1人重伤,旅客20人轻伤		
21	1989年6月26日	松江和协兴间	死亡24人,重伤11人,轻伤28人		4h7min
22	1991年6月13日	津浦线新马桥至曹老集间	28人受伤		18h37min
23	1991年8月18日	京广线大瑶山隧洞	数十名旅客伤亡		
24	1992年3月21日	浙赣线五里墩车站	死亡15人,伤25人	机车报废2台,客货车报废9辆	35h
25	1993年7月10日	京广线新乡南场至七里营间	32人死亡,7人重伤,4人轻伤;旅客8人死亡,2人重伤,35人轻伤	机车一般毁损1台,客车报废3辆,轻微毁损15辆;货车报废1辆,严重毁损2辆	11h15min
26	1994年1月15日	漯宝线余官营车站	7人死亡,12人受伤	内燃机车报废1台,蒸汽机车严重毁损1台	3h9min
27	1997年4月29日	京广线荣家湾	死亡126人,重伤45人,轻伤185人		
28	1999年7月9日	衡阳北和衡阳车站间	旅客死亡9人,重伤15人,轻伤25人	客车报废5辆,严重毁损4辆,一般毁损2辆,轻微毁损1辆	
29	2006年4月11日	广铁集团管内京九下行线林寨站至东水站间	2名铁路职工当场死亡,18名旅客受伤		
30	2007年2月28日	南疆铁路珍珠泉至红山渠站间	3名旅客死亡,34伤		
31	2008年1月23日	胶济线安丘至昌邑间	18人死亡,9人受伤		
32	2008年4月28日	胶济铁路周村至王村之间	72人死亡,416人受伤		

第五节　突发事件条件下列车运行组织问题的层次结构分析

一、正常条件下运输组织问题层次结构

列车运行组织是一个逐层的、由宏观到微观、运输方案具体化的过程。一般认为,列车运行组织问题分为以下几个层次。

(1)运行组织模式层。运行组织模式是规定不同类型的列车之间、列车与路网之间最基本关系的准则。即决定某种列车是否可以在某种线路上运行。运输组织模式决定了不同种类的列车与不同种类的铁路线路之间的空间关系。

(2)开行方案层。开行方案是一段时期内铁路运营部门对列车的开行区间、开行对数、走行径路、停靠车站、天窗设置等进行规定的技术文件。开行方案的设计过程就是决定列车的开行区间、开行对数、运行径路、停靠车站和天窗位置及大小的过程。开行方案决定了运输系统中列车与线路、列车与车站之间的空间关系。该层为策略层。

(3)运行计划层。运行计划是组织列车运行的基础。它规定各次列车占用区间的顺序,列车在每个车站的到达和出发(或通过)时刻、列车在区间的运行时间、列车在车站的停站时间等。运行计划决定了运输系统中列车与线路、列车与车站之间的时间与空间关系。每一个运行计划皆可视为某一开行方案的实例化。即在开行方案所规定的列车与线路、列车与车站之间的空间关系的基础上,增加时间关系,将上述两种关系具体化。该层为运营层。

(4)动车组运用计划与乘务计划编制层。动车组运用计划是动车组周转接续和维修的综合计划,也就是根据给定的列车运行图、有关动车组检修修程的法律规定及检修基地条件等,对动车组在什么时刻、在哪个车站、担当哪次列车,在什么时间、什么地点、进行哪种类型的检修等做出具体安排的计划[125]。乘务计划是动力车乘务员(组)的综合乘务计划,也就是根据给定的列车运行图、有关乘务员乘务规程、乘务基地条件等,对乘务员(组)在什么时间、什么地点出乘,在什么时刻担当哪次列车,在什么时间、什么地点退乘等做出具体安排的计划[125]。

二、不同严重程度干扰条件下铁路列车运行组织问题的层次

在列车的运行过程中,会受到不同类型的不同程度的干扰。根据干扰程度

不同，铁路列车运行组织方案部门和决策者采取的应对措施不同。不同严重程度条件下铁路列车运行组织方案问题的层次划分有3种情况。在王莉的博士论文中，将这3种情况定义为一般突发事件条件下的列车运行组织、严重条件下的列车运行组织与恶性突发事件条件下的列车运行组织[109]，如图3-4所示。

(1)干扰对铁路列车行车工作造成的影响程度较轻，对线路的能力影响不大，列车运行受到的干扰程度也较轻，为了完成既定开行方案的开行任务，对列车运行计划进行调整。这种情况下运行组织方案问题为传统的列车运行调整问题，追求所有列车总的晚点时间最少、总的正点率最高、旅客的满意度最高等目标，研究对象为某一区段的特定时间段的所有列车。即此时列车运行组织方案问题只有运行计划调整一个层次。可对既定的阶段计划采用重叠式、滚动优化的方法进行调整[126]。此时的运输组织问题就是单纯的列车运行调整问题，并不涉及开行方案设计与调整问题。

(2)本著作研究的突发事件下的列车运行组织问题。根据第一章第二节的概念界定，本著作所指的突发事件为，对铁路列车行车工作造成的影响程度较重，如自然灾害、铁路事故导致的长时间的线路能力下降甚至线路中断，列车不能按照既定径路与运行计划运行，此时，还以完成原开行方案规定的列车开行数量为目标，并兼顾列车运行费用少、总晚点时间少、旅客满意度高、社会效益损失少等目标，获取包括开行方案主要信息，综合考虑高速线路并行的既有普速线、城际铁路等路网条件，根据各线路上能力情况，采用知识工程、数学规划及智能算法相结合的方法，重新设计某些列车运行的径路，编制一个较长时间段内综合优化的涉及多径路的列车运行阶段计划。所以，该问题包含两个子问题，即列车运行径路分配问题和运行调整问题。而列车运行径路分配问题在正常条件下实际上是开行方案设计问题的一个部分，在本著作中，认为该问题是网络上列车运行组织问题。这也是本著作研究的重点。

①此时，列车运行调整的原则具体有：

a. 尽量将晚点时间少、长途、高等级列车维持原径路运行。

b. 本线列车的等级高，迂回到其他径路上的列车等级低。

c. 迂回到其他径路上的列车可提前到站，但不可提前发车。

d. 重联的列车可提前到站，但不可提前发车。

e. 列车迂回时尽量选择跨铁路线数量较少的径路。

f. 调度策略中，根据各种策略对旅客出行造成的影响和策略实施时设备条件及技术的风险不同，列车迂回的优先权最高，列车重联次之，列车停运的优先权最低。

g. 高等级列车可越行低等级列车。

h. 低等级列车不可越行高等级列车。

i. 本线列车等级高,跨线列车等级低。

j. 正点列车等级高,严重晚点列车等级低。

k. 列车可提前到站,但不可提前发车。

l. 有特殊要求的列车可适当优先。

m. 重点考虑大型枢纽内重要站点的正点率。

n. 客运列车等级高,货运列车等级低。

o. 必要时可将货运列车停运,以减少能力占用。

p. 低等级列车在同一个车站最多可被 3 列高等级车越行。

②列车运行组织策略主要有:

a. 根据受影响线路能力损失情况和其他线路的剩余能力,列车可迂回到其他线路上,以减少对本线能力的占用。

b. 根据受影响线路能力损失情况和其他线路的剩余能力,两列短编组、停站相似、类型相同的列车可重联运行,以减少对本线能力的占用。

c. 在能力损失较大的情况下,列车迂回和列车重联之后,线路能力仍不足以生成有效的行车组织方案时,可取消某些低等级列车。

(3)干扰条件对铁路列车行车工作造成的影响程度非常严重,预计将在一个相对较长的时间段内难以恢复,采取第(2)种情况所述措施不奏效时,为了尽快疏散客流,考虑进行客流整合,重新生成开行方案[127]。然后遵循开行方案—运行计划—动车运用计划与乘务计划自上而下的运行组织方案设计的次序进行设计。该问题实际上退化为正常条件下运行组织方案设计问题,包含开行方案设计与运行计划编制两个层次。

①其行车组织原则包括以下内容。

a. 行车组织计划的制订需在应急机构统一指挥下进行。

b. 救援列车等级最高,救援物资列车次之,其他列车等级相对较低。

c. 能力计算时需考虑应急救援和救援列车开行耗费的线路能力。

d. 以快速疏散旅客为目标,不考虑经济成本。

②列车运行组织策略包含以下内容。

a. 对大型枢纽站点滞留的旅客进行疏导,提供退票服务。

b. 预测客流波动趋势,重新制订开行方案。

c. 列车可绕行到其他径路,以充分利用路网上的能力。

d. 尽量开行长编组列车,提高旅客运送能力。

e. 可重新制定列车交路,根据突发事件的类型和级别,延长或缩短列车运行区段。

总之,对列车运行的干扰程度的量变导致质变,而质变要求在运输组织上有措施上的变化。图 3-4 揭示了不同严重程度的干扰条件下列车运行组织工作的内涵(颜色深浅程度表示干扰的严重程度)。目前,多数关于列车运行调整的文献集中在干扰程度最轻条件下的运行计划调整上,即对某一线路调度区段上,某时间段通过的若干列车运行计划进行调整。而本著作所指的突发事件条件下的列车运行组织工作还鲜有文献。而干扰程度非常严重的情况下的列车运行组织工作,主要体现在一些原铁路总公司、路局的应急预案里,相关的编制理论与方法的研究也相对较少。

		客货流预测整合
		列车运行径路集生成
	列车运行径路集生成	客货流分配
	列车运行径路分配	列车开行对数等计算
运行计划调整	运行计划调整或重新编制	运行计划编制

图 3-4　不同严重程度的干扰下列车运行组织

三、突发事件条件下列车运行组织方案设计流程

突发事件条件下的列车运行组织方案设计流程是由一系列步骤构成的。首先,确定突发事件条件下运输组织模式,然后对列车服务网络的特性进行分析,在此基础上,根据突发事件条件以及因此导致的限速条件,计算突发事件影响的区间的通过能力,以此为基础,生成列车运行径路集。然后对受影响的列车进行径路选择,并将径路选择的方案作为列车运行调整的约束条件,进行列车运行调整。如果列车运行调整问题有满意解,就以此为依据,编制动车组运用计划与乘务计划;若没有满意解,重新对列车径路进行选择。上述步骤是本著作研究的重点,如图 3-5 所示。

乘务计划和动车组运用计划的编制都主要以运行计划为依据。特别是在突发事件条件下,乘务计划与动车组运用计划的编制必须参照运行计划。但是,在一些情况下,由于资源的限制,动车组的运用计划可能难以满足运行计划的需求。此时,动车组运用计划的编制反过来会影响列车的运行计划的调整甚至是新的运行计划的生成。由于时间限制,本著作并没有对这两方面的问题进行研究。

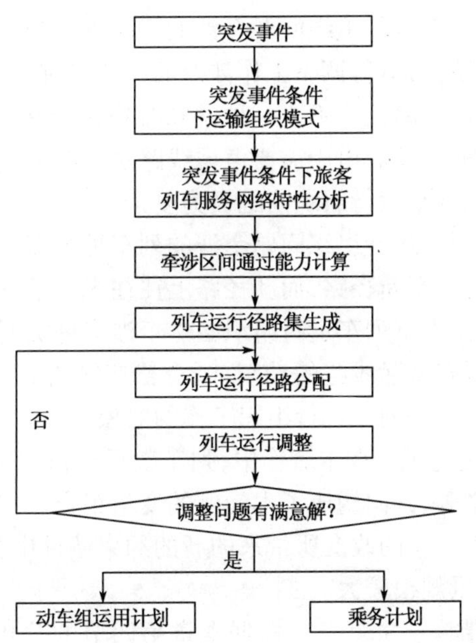

图 3-5 突发事件条件下列车运行组织问题解决流程

第六节 突发事件条件下列车运行组织问题特性分析

一、突发事件条件下列车运行组织问题复杂特性

在突发事件条件下的列车运行组织具有复杂特性，主要体现在以下几个方面。

(1)系统包含的对象更加复杂。传统列车运行组织以运行区段为单位，所以运行组织的工作即为安排某时段区段内列车与线路的时空关系的活动，如表 3-2 所示。

正常条件下与突发事件条件下列车运行组织的区别 表 3-2

项目	正常条件下	突发事件条件下
涉及路网范围	单个区段	路网(局部网络)
涉及列车种类	区段内旅客列车、货车	网络中所有类型的客车、货车
径路生成与选择决策	不需要	需要

突发事件条件下列车运行组织问题牵涉的线路种类较多。在以区段为列车运行调度指挥单位的阶段,运行调整工作涉及的线路只有一种,而突发事件条件下列车运行组织涉及的线路往往不止一种,构成路网的既有普速、既有城际以及新建高速线路都有可能涉及。由于需要考虑线路之间联络线、牵引动力、控制制式等差异,导致路网上列车运行组织问题极为复杂。

突发事件条件下列车运行组织问题牵涉的列车种类多。突发事件造成部分列车改变运行径路,跨线至新径路,而新径路上往往承担了其他类型列车的输送任务,所以,突发事件条件下列车运行组织必然牵涉多种类型不同的列车。新投入运营的高速列车、既有城际线路的动车、既有普速线路的动车、特快、快速、普速、慢速、临时列车等,都是列车运行组织工作的对象。

(2)问题涉及的变量多。在本著作中,列车数目变量、列车运行径路分配变量、列车到发时刻变量等,共同构成了本问题的变量集合。在本著作所定义的突发事件条件下,由运输环境的改变所带来的新的约束条件中变量的数目激增,使得本问题所涉及的变量规模较大。

(3)本问题内部结构层次复杂。根据本章第四节的分析,突发事件条件下的列车运行组织问题可划分为几个步骤,包括突发事件条件下铁路线路区间通过能力计算、列车运行径路集生成、列车运行径路分配、列车运行调整、动车组运用计划、乘务计划安排等,这些子问题之间的逻辑关系复杂,存在上下层次制约与反馈关系、同级问题互为约束的关系等,使得本问题的建模与求解难度较大。

(4)方案生成的计算具有动态性。突发事件条件在不断变化,导致列车运行组织问题的优化目标、约束条件等也随之变化。从而,突发事件条件下的列车运行组织方案的生成必须是滚动向前的,以适应突发事件条件的不断变化。

二、突发事件条件下列车运行组织问题整体性

突发事件条件下列车运行组织问题涉及的运输组织相关问题较多。突发事件导致列车既定运行径路能力下降甚至径路中断,迫使列车运行径路发生改变。所以突发事件条件下列车运行组织必须以路网为背景,涉及铁路线路区间通过能力计算、列车径路生成、列车运行径路分配以及列车运行调整。而列车运行径路分配又与列车径路生成问题相关,径路的生成又以铁路线路区间的通过能力计算为基础。

在突发事件条件下,列车运行组织问题涉及的铁路线路区间通过能力计算与列车径路生成、列车径路生成与列车运行径路分配之间、列车运行径路分配与列车运行调整之间存在着紧密联系。铁路线路区间通过能力计算是列车运行径

路生成的前提；列车径路生成是列车运行径路分配的基础，列车运行径路分配是列车径路生成的目的，其径路选择的结果也是径路生成质量的检验标准；列车运行径路分配是列车运行调整的基础，也是列车运行调整的约束，列车运行调整是列车运行径路分配的后续步骤，其调整结果是本著作研究的最后目标。所以，突发事件条件下的列车运行组织问题是一个由若干紧密联系的子问题耦合而成的具有明显整体性的问题。

三、突发事件条件下列车运行组织的可行性

随着我国高速铁路线网的逐渐形成，铁路线网络更为全面和复杂，初步形成由高速线路、城际线路和既有普速线路构成的多等级、多类型线路的大型网络。

在很多城市与城市之间，出现了各种等级铁路共同存在的情况，不同等级的线路在一定程度上出现功能可替换现象，铁路运输通道实际已经形成。

不同等级的铁路的轨距相同、同一城市之间不同等级铁路之间存在联络线、低等级铁路电气化改造逐渐完成等实际情况，为各种列车在不同等级的铁路上跨线提供了可能。如京沪高速铁路线在北京南、天津西、新济南、新徐州、新南京、虹桥等车站，都设置了与既有普速铁路上的北京站、天津、济南、徐州、南京、上海等车站之间的联络线，从硬件条件上满足高速列车跨线至普速线、普速列车跨线至高速铁路的需求。

在停站问题上，由于各种线路（既有城际、既有普速、新建高速）的车站一般设置在城市内或者城市附近，实际上形成了城市的“枢纽”，这里，枢纽是指在铁路各种线路交会处，具有相互功能性替代作用的车站构成的车站集合。对于旅客运输而言，同一列车在不同线路的车站上停站供旅客乘降，所达到的效果基本是一致的。所以，在突发事件条件下，列车经调整后的每个停站只要处于原停站所在城市的“枢纽”内，即视为满足列车的停站约束。

第七节　突发事件条件下列车运行组织方略

一、突发事件条件下列车运行组织的内涵

突发事件条件下路网上列车运行调整，实际是在一定的外界条件变化的情况下，重新预设列车与线路之间时空关系的操作，具体体现在列车运行径路分配方案与列车运行计划。根据突发事件条件下的铁路运行组织的特点，将问题分为如图3-6所示3个层次。

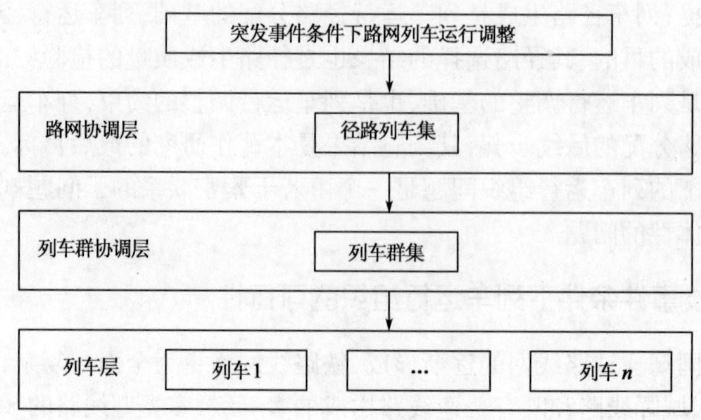

图 3-6 突发事件条件下列车运行组织问题的层次结构

第一层为路网协调层,是最高层,将列车在路网的可选径路集上进行分配,协调各径路上承担的列车数量。

突发事件条件下,径路上区间的通过能力下降甚至线路中断,线路能力不足以完成原来开行方案中所规定的列车的发送任务。此时,需要重新设计一部分列车运行径路。首先在需要进行列车运行径路分配的局部网络上,生成相关站点之间的可行径路,形成可行径路集,提供给决策者,作为列车运行调整的基础信息。然后获取所有经过此局部网络的列车信息,协调列车与路网上各区间能力利用状况,对列车运行的径路进行重新选择。进行列车运行径路分配的前提条件是在网络上有可选径路,并且径路的能力利用率尚未饱和。

在突发事件条件下,应综合考虑路网上的设备资源状况,将各种类型、等级的列车分配在不同的径路上,以期达到良好的运行调整效果。旅客列车的径路的确定,传统的做法是进行临时的径路指定,属于非正常条件下的迂回径路。但是,传统的做法具有很强的主观色彩,迂回径路的设计往往并不十分合理。本著作就突发事件条件下径路的选择重新考虑。

第二层为列车群协调层,对于不同径路上的列车,根据其等级分成不同的群组,每个群组的列车具有相同的权重,以此协调不同群组列车在运行调整中的优先次序。

列车群协调层将待调整的某径路上的列车分成具有不同调整优先级别的列车群。列车群内的各列车的优先级是相同的,而不同列车群中的列车的优先级是不同的。列车群分组的依据是具有相似的运行特征和运行要求的列车应分在同一个层次。列车群的划分是运行调整中的一个关键问题,也是整个问题解决的难点之一。

确定分组个数与每组的基本等级和列车的运行种类有关。现阶段,我国铁路上运行的列车的种类很多。从列车运送对象上来分,分为客运列车和货运列车。客运列车又根据其等级分为高速列车、特快列车、快速列车、普速列车、慢速列车、临时列车等;货运列车分为行包快运专列、五定班列、快运货物列车、煤炭直达列车、石油直达列车等。

将这些不同的列车运行种类分为不同的列车群,待调整的列车群就确定下来。将所有可能成为待调整列车的列车分为以下 7 个群组。

(1)高速列车(G 字头);

(2)城际列车(C 字头)与动车组(D 字头);

(3)直达列车(直达旅客列车,Z 字头);

(4)特快列车(T 字头);

(5)快速列车(K 字头);

(6)普速列车;

(7)其他列车。

本著作中将所有待调整的列车分为 7 个列车群,群与群之间的协调关系通过设置群的优先级别来实现。根据列车群的基本分类,按照上述列车群的分组方法和现场的实际情况,设置其优先级别由上至下调整的优先级别逐步降低,这种设置列车群优先级别的方法称为自动协调。

另外,允许运行调度指挥人员手动设置列车群的优先级别,称为人工协调。在一些突发事件条件下,列车群的优先级别可能会发生变化,如当发生地震灾害时,救援物资专列列车群就应当设置很高的优先级别。

第三层为列车层。列车层决定了同属同一级列车的运行调整的优先级别,一般也分为自动协调和人工协调。自动协调,如将晚点时间长的列车的调整优先级别降低等。人工协调,将某列车分配至其他列车群,使其获得不同于本列车群的列车运行调整的优先级,或者,人工设置其在本列车群中的优先级别。目前大部分文献中对列车运行调整研究主要集中在单条径路的区段上,很少有着眼于路网进行列车运行组织工作的文献。在成网条件下的列车运行组织,尤其在突发事件条件下,要充分考虑列车在各径路上分配的协调性、各径路上的列车群运行的相互影响关系。

所以,本著作所指的突发事件条件下的列车运行组织的内涵是:突发事件条件下,在计算受影响线路区间通过能力基础上,生成列车可行径路集并进行列车运行径路分配,在此基础上,进行列车运行调整,包括设计各径路上列车的区间运行时分、停站时分、车站到达与出发时刻。

二、突发事件条件下列车运行组织基本思路

突发事件条件下列车运行组织包含两个层面的问题,即列车运行径路分配与列车运行调整。

1. 列车运行径路分配的基本思路

根据列车运行组织的一般原则,等级高和须重点保证的列车需要首先安排在运行图中,然后安排等级低、晚点较多的列车。所以,本研究中,优先安排高等级的列车和须重点保证的列车至较优径路上,保证这些列车的总晚点时间降低到最少。所以,本著作进行突发事件条件下列车运输组织的基本思路是:高等级列车优先占用较优径路,然后依照列车等级依次安排径路,再推定到发时刻。

2. 列车运行调整的基本思路

根据列车运行组织的一般原则,尽量减少等级高和须重点保证的列车的晚点时间。将列车安排在新径路上时,与此径路上的列车在运行时刻上会发生冲突。分两种情况讨论。

(1)安排至新径路的列车的等级与该径路上图定列车的等级相同,或者等级低于该径路上图定列车等级。此时,按照优先保证列车正点运行的原则,保证原径路列车的运行线不变。然后将新安排入径路的列车进行“插空”,推定其到发时刻。

(2)安排至新径路的列车的等级高于该径路上的图定列车等级。此时,有两种策略:其一,按照(1)中措施,仍然保证图定径路列车的运行线不变。然后将新安排入径路的列车进行“插空”,推定其到发时刻。其二,按照优先安排高等级列车的原则,优先安排新进入径路的高等级列车,然后安排等级低的径路上既定列车。其实质是将新径路上既定运行计划打乱,重新编制该径路上的列车运行计划。

本著作对于新径路上列车运行调整的基本思路是:对等级不同的列车,首先将高等级列车和须重点保证的列车安排在运行图中,对于同等级列车,首先照顾正点列车,再安排晚点较多的列车。即“等级”第一,“正点”第二。这与目前多数研究成果中的原则有所区别。

三、突发事件条件下列车运行组织基本方法

总结关于列车运行组织方案编制的方法,无论从列车径路生成、列车运行径

路分配层面,还是从列车运行调整层面,都可以归纳为两类。其一为数学规划方法;其二为智能优化方法。列车径路生成是一个数学规划问题,适宜用最优化的方法求解。列车运行径路分配问题一般来讲是一个复杂的组合优化问题,可建立数学规划模型求解。列车运行调整问题是一个大规模的组合优化问题,其求解的复杂程度比列车运行径路分配要复杂得多。由于列车运行调整问题牵涉的约束条件等影响因素众多,许多约束条件难以利用数学方法描述,所以列车运行调整难以用数学规划方法进行建模求解。智能算法在可接受费用(指计算时间和空间)条件下给出待解决组合优化问题一个可行解。对于列车运行调整这类大规模问题,智能优化方法虽然不能确切地给出最优解,但是可以给出在一定程度上的满意解,在求解速度上能够满足时效性要求。已有的研究成果也证明了它的有效性。所以本研究在列车径路生成与列车运行径路分配时,采用最优化方法。而处理列车运行调整问题时采用智能优化方法。所以本研究采用数学规划与智能优化相结合的方法研究突发事件条件下的列车运行组织问题。

四、突发事件条件下列车运行组织原则与措施

突发事件条件下旅客列车径路的选择应遵循以下原则。

1. 与列车运行径路分配有关原则

(1)高等级列车优先安排较优径路。

(2)高等级列车由较高级线路跨线至低等级线路。

(3)低等级的列车不可跨线至高等级铁路线路,尤其是高速铁路。

(4)尽可能减少高等级列车跨线运行。

(5)优先满足高等级列车停站需求,即安排列车径路时,优先满足其新径路上的停站与原径路上停站保持一致的需求。

2. 与列车运行调整有关原则

(1)高等级列车优先,低等级列车后行;即使对于高等级列车为跨线至新径路的情况同样适用。

(2)相同等级列车中,正点列车绝对优先,晚点列车后行。

(3)所有相同等级列车按照最早可能出发时间排序出发。

(4)部分有特殊要求的列车,可适当优先。

(5)相同级别的列车,可以越行。

(6)高等级列车可越行低等级列车。

(7)低等级列车不可越行高等级列车。

3. 突发事件条件下列车运行组织的具体措施

(1)组织列车调整至新径路运行。

(2)组织列车赶点运行,变更列车的到站时刻。

(3)加快车站技术作业,变更列车的发车时刻。

(4)组织高等级列车在区间利用渡线越行低等级列车。

(5)组织反向行车。

(6)变更到发线使用。

(7)变更动车组交路,延长或缩短动车运行区段。

(8)变更列车的接续时间。

其中,措施(1)是本著作所定义的突发事件条件下列车运行组织的必要措施,但是由于会影响到新径路上的既定列车,实施过程较复杂。(2)(3)两种调整措施最容易实现。措施(4)(5)实施的困难较大,措施(4)需要在区间上有符合越行条件的渡线,有相关的信号设备,或者有人工行车组织条件,并且列车的运行安全受一定的影响。措施(5)组织复杂,要充分考虑列车与其反方向运行列车的敌对进路等情况,行车安全受严重影响。措施(6)与措施(5)在复杂程度和安全性方面相似。措施(7)(8)与措施(1)在复杂程度和安全性方面相似。

本章小结

本章首先论述了突发事件条件下的铁路运输系统,分析了系统的构成、边界、功能、行为、演化等。进而讨论了突发事件条件下铁路行车组织的宏观模型和处置流程,论述了列车运行组织与正常条件下的列车运行组织工作的区别与联系,给出了突发事件条件下列车运行组织问题的层次结构,分析了突发事件条件下列车运行组织方案设计流程。阐述了突发事件条件下列车运行组织的内涵,并论证了其可行性,最后给出了突发事件条件下列车运行组织的原则和方法。

第四章　突发事件条件下运输组织模式

第一节　运输组织模式概述

运输组织模式是指在各种铁路线路上开行何种列车以及如何组织列车运行。对于我国既有普速铁路,采用的运输组织模式为各种不同等级的旅客列车与货物列车混跑,而我国新建的高速铁路,则根据其修建模式不同,一般采取的运输组织模式为全开行高速旅客列车模式、高速列车下客运专线模式、客货混跑模式、中速列车上客运专线模式[113]。

一、国外高速铁路运输组织模式

迄今为止,高速铁路在世界许多国家得到发展和运用,已成为世界各国铁路发展的重要方向。但由于各国的国情不同,所采用的运输组织模式也有所不同。如法国、日本、西班牙的高速铁路均为纯高速型的客运专线,而德国、意大利则为客货混合型的高速铁路。

1. 日本新干线铁路运输组织模式

日本新干线铁路,主要有东海道新干线、山阳新干线、东北新干线、上越新干线、北陆新干线,都为自成体系的高速客运专线。其运输组织模式采取高速客运的方式进行旅客运输,可以称为"全高速—换乘"模式。高速线上只运行高速列车,无跨线列车运行,直通客流大,跨线旅客采用换乘的方式。

日本的高速铁路尽管旅客的换乘条件很好,但仍致力于创造更多的直达条件。日本国铁民营化后,划片管理,新干线和既有线归同一公司经营,为能使新干线高速列车服务范围扩展到更多的周边城市,取得更好的经济效益和社会效益,部分公司采取将新干线列车直通运行到既有线的措施,提高了旅客全程旅行速度,拓展了高速铁路的运营范围,减少了旅客换乘,节约了大量的旅行时间。

日本的新干线铁路高速列车采用动力分散型,不断降低列车轴重,全面提高了列车的性能。新干线具有列车运行密度高、旅客运输量大、安全性好、服务设施良好、换乘便利、方便旅客出行等优点。同时,为了满足输送直通长途客流和沿线客流的不同需求，在新干线上开行了不同停车方式的高速列车，从而吸引了大量的客流。

2. 法国高速铁路运输组织模式

法国 TGV 高速铁路系统运输组织模式可以归结为以下 3 种：

(1)新线客运专用；

(2)新线与既有线兼容；

(3)高密度少中转的运输组织模式。新线客运专用是指在新建的高速铁路上行驶 TGV 高速列车，即所谓的“纯高速”，最高速度从东南线的 270km/h 发展到大西洋线的 300km/h，又发展到地中海线的 350km/h。与此同时，在不中断运行的情况下，让原先在客运专线上行驶一段或全程的高速列车驶入既有线，继续以 160km/h 及以上的速度行驶。法国采用“高速列车下高速线”的方法，延长 TGV 高速列车的运行距离，拓展了其通达范围，从而减少旅客换乘，扩大了客流吸引范围，取得了明显效果。如巴黎东南线高速铁路长 454km，高速列车运行总里程达 1 500km，通达法国南部各主要城市，高速运行距离延长近 5 倍。

从整体上讲，法国高速铁路可以归结为“全高速—下线运行”的运输模式，高速铁路线上仅运行高速列车。但高速列车不仅可以在高速线上运行，而且还可以在与高速线相衔接的既有线路上运行。这样，一方面使新线运力得到最佳发挥；另一方面能充分利用既有的基础设施，尽量减少在高度都市化地区进行困难和昂贵的工程建设，列车可以方便地进入如巴黎、里昂这样的大城市。

法国高速铁路从系统的整体性角度考虑，为充分使用高速机车车辆，获得最佳经济效益，采取以下组织方法：

(1)根据运营要求合理安排线路维修天窗，高速线上高速列车一般只在白天运行。在白天，除特殊情况外，一般不进行维修，而为满足维修规则的要求，在线路上仍必须留有维修作业所需的“维修天窗”，时间至少 1.5h。

(2)充分利用 TGV 高速列车可双向运行的特性，按照折返时间要求尽量把某一方向的列车时刻表和反方向的列车时刻表衔接起来。

(3)充分利用 TGV 高速列车可联挂的特性，在一天、一周及突发的高峰时刻，实行两组列车联挂编组，以运载更多的乘客。

法国铁路的运输组织一般根据客流量大小配备相应的列车对数，在一天的不同时段内根据客流量的大小，开行不同数量的列车。取得的效果是，其运输组织模式适应了市场需求，能够保证高速铁路及整个路网的整体可靠性，列车的上座率较高，停站较少，从而使列车起停时间缩短，列车平均速度较高，获得良好的整体经济效益。但其缺点是，列车的运行间隔是不规律的，对于旅客来说，为了安排旅行,总得备有一本列车时刻表。另外,线路的利用率下降了,使投资的回收期延长。而且,为满足最大运输能力的要求,必须增加列车的数量和存车场的规模,同时沿线检修段的数量也必须相应增加,以减少列车回空空驶。对铁路经营者来说,这意味着总的投资规模增加。

3. 德国高速铁路运输组织模式

德国的高速铁路网是由改造的旧线(最高速度200km/h)和新建高速线(最高速度250~300km/h)混合组成的。德国高速铁路的建设特别强调扩大货物运输能力,改善运输质量和消除运输瓶颈地段,所以采用"客货混运"的运输方式,在高速线路的运输任务很繁忙。

德国的ICE动车组实行节拍式运输,采取基于运输能力的运输模式,这种运输模式以固定的时间间隔组织列车运行。例如,在德国的许多大城市每隔1h就发一列ICE高速列车。这种运输方式能为大多数旅客全天提供均衡的列车,节拍时间容易记忆,便于旅客选择车次;对铁路经营者来说,所需列车的数量比较少,有规律的运行使运营人员的工作井然有序,从而减少运营过程中的不规则性。此外,优化的检修程序减少了列车回空,固定发车间隔的列车运行图使得其他交通工具易于与之衔接,这样就便于旅客换乘,缩短了旅客在站停留时间。这种运输模式的缺点是:运行速度必须与列车运行图相适应,结果是平均列车运行速度降低,在间隔较小的情况下不可能客货共线运行。

此外,德国高速铁路为了方便旅客换乘,采取了在路网枢纽站组织两列车同时到达同一个站台的方式,这样旅客可以不必等候,直接从这条线的列车换乘到另一条线列车上。这种运营组织方式,必须以整个路网列车运行的可靠性和准时性为条件,因为任何原因造成的晚点都会影响旅客换乘。为了减少旅客换乘,在IC(城际)系列列车系统还采用交换运行线的做法,即两条线路的列车在每天适当的时间和适宜的停车站可交换运行方向开行,为旅客提供了无换乘的条件。在高速铁路的客流组织方面,德国尽管具备很好的旅客换乘条件,但仍致力于创造更多的直达条件,如采取了大量的ICE列车和IC系列列车下高速线的办法。

德国铁路为了适应客流变化的需要,增加客运服务的灵活性,在某些线路上采用短列运输方式,即根据需要可以两列联挂行驶,也能分解成两个短列分开运行(称分支小列车)。这种运输组织方式可以实现在繁忙线路合并运行,而在运量小的区段分开运行,既能节省运能、满足运量的需要,又能在与小汽车的竞争中占有一定的优势。

4. 意大利、西班牙等国的高速铁路运输组织模式

意大利的高速铁路是按高速旅客列车、常速旅客列车及高速货物列车客货

混运设计施工运营的，其高速铁路运输组织模式属于“混合运输”模式，主要行驶中、长途高速列车。在这些高速列车中，有些列车只在高速线上行驶，而另外一些高速列车则要下高速线，延伸到一些不在高速线上的大城市。非高速旅客列车可上高速线，一些运送鲜活、易腐货物的快速货物列车可在高速线上运行，但普通货物列车不上高速线。此外，在高速线上，白天可以开行非高速的IC列车和EC（欧洲城际）列车。西班牙的马德里—塞维利亚高速铁路也是按满足高、中速离开列车混跑的运营需要设计的，其运输组织模式与法国的高速铁路运输组织模式相似，采取客运专用的运输组织模式。

瑞典铁路的线路状态比较好，线路等级比较高。瑞典主要是通过对既有铁路线的局部改造、采用X2000型摆式列车提高运行速度到200km/h来实现缩短旅行时间的目标，其运输组织模式也采用“客货混合”的高速铁路运输组织模式。

5. 国外高速铁路运输组织模式分析

从以上的分析可以看出，世界高速铁路采用的运输组织模式大致可以归纳为以下三种：

（1）“全高速—换乘”模式：高速线上只运行高速列车，无跨线列车运行，直通客流大，跨线旅客采用换乘方式。这种模式适用于自成体系的客运专线。其优点是列车运行速度高（可达到200～300km/h以上）、列车追踪运行时间短（最小可达2～3min）、运输组织简单、便于管理和运输能力大等。但由于跨线客流要全部在衔接作业站进行一次或多次换乘，将延长旅客旅行时间，部分客流可能会转向其他交通工具，加重市内交通压力，给旅客带来不便和困难。所以旅客换乘是“全高速”模式的关键性问题。

（2）“全高速—下线运行”模式：高速线上既运行本线高速列车又运行跨线列车，跨线列车在高速线上按高速列车运行，下高速线后按普通线路允许的速度运行，这种模式适用于与普通线路相衔接的高速铁路。其优点是由于高速线上运行的高速列车速度基本相同，可按平行运行图运行、通过能力大；高速列车下线运行，可以增加高速列车的可达性，扩大了高速线路的服务范围，能更多地吸引客流，提高了高速线的利用率，减少旅客换乘，较好地解决跨线旅客运输问题。不足是需要较多的高速列车车底，并且要求高速线与既有线兼容。

（3）“混合运输”模式：高速线上不仅运行高速旅客列车，还运行速度较低的货物列车，多适用于改建既有线为高速线的线路上。其优点是线路的工程投资小，不足是线路上由于运行的客货列车速度差大（客车的速度一般为200km/h，货车的速度一般为100km/h），客车的扣除系数大，通过能力较小，列车的运行组织复杂;客车的最高速度也受到限制,一般只能达到160～200km/h,延长了旅客的旅行时间。

二、我国铁路运输组织模式

1. 我国台湾地区的高速客运专线的运输组织模式

我国台湾高速铁路线路采用高速线上只运行高速列车,无跨线列车运行,直通客流大,跨线客流采用换乘的方式,归结为“全高速—换乘”模式。

我国台湾高速铁路以新干线系统及技术为发展基础,参考日本最新的新干线700型列车作为设计基准,最高时速为300km/h,采用动力分散式动车组,全面提高列车性能,确保列车的服务水平及运营效率,提高安全、可靠、便捷、舒适的客运服务。为兼顾速度与各站旅客的方便性,吸引各方面客流,台湾高速铁路实行蛙跳式停站策略。其中台北到高雄的直达列车全程在80min内即可到达。

2. 我国大陆高速客运专线的运输组织模式

我国大陆的高速客运专线的运输组织模式,应与该线路在路网中的位置、担负的运输任务以及客流情况和相关技术设备条件相适应。因此,确定我国大陆的高速客运专线的运输组织模式的前提为:

(1)既有线与客运专线的分工。尽量组织旅客列车上高速线运行,减少既有线旅客列车开行数量,提高既有线货物列车开行能力,提高客货列车旅行速度。

(2)以人为本,方便、快捷和安全地组织旅客运输。

(3)创造条件,使高速线能吸引最大客流,降低运输成本,提高铁路运输市场竞争力,保证高速铁路建成后具有良好的企业经济效益和社会效益。

1)速度在300km/h及以上高速客运专线的运输组织模式

速度在300km/h及以上高速客运专线的运输组织模式有以下6种。

(1)客运专线只开行本线300km/h及以上的列车且不组织旅客换乘,跨线旅客列车全走既有线。

(2)客运专线只开行本线300km/h及以上的列车,组织旅客换乘,跨线旅客列车全走既有线;

(3)客运专线上开行本线300km/h及以上的列车,有条件的部分跨线列车走客运专线,采用300km/h及以上的列车方案,其余跨线列车仍走既有线。

(4)客运专线上本线列车采用300km/h及以上的列车方案,所以跨线列车均走客运专线且采用300km/h及以上的列车方案。

(5)客运专线上本线列车采用300km/h及以上的列车方案,所有跨线列车走客运专线且采用200km/h和250km/h的高速列车方案。

(6)客运专线上本线列车和跨线列车共线运行,除本线列车全部采用A类列车方案外,有条件的跨线列车也采用300km/h及以上的列车方案,其余跨线列车采用200km/h和250km/h的高速列车方案。

上述6个方案中,前4个方案为全高速列车方案,方案(5)和方案(6)为多种速度列车共线方案。从已有的客运专线运输能力研究结果看,方案(1)(2)(3)(4)对利用客运专线通过能力最有利,方案(5)和方案(6)次之。

方案(1)中,客运专线上只开行本线高速列车,客运专线所服务的客流范围较小。

方案(2)可以增加一部分客运专线行车量,但跨线客流要增加换乘。此外,由于要组织旅客换乘,必须要考虑客运专线列车与客运专线列车、客运专线列车与既有线列车之间的衔接,运输组织较复杂,而且有关车站可能要扩建站台,将增加投资。

方案(3)的特点是条件具备的跨线列车采用动车组在客运场站上以较高速度运行,在既有线上以线路的限制速度运行,条件不具备的跨线列车采用普通旅客列车的形式仍走既有线。

方案(4)的特点为跨线列车全采用动车组在客运专线上以较高速度运行,在既有线上以线路的限制速度运行,跨线客流不必换乘就可以乘坐高速列车,既改善了旅客旅行条件,又吸引了较多的高速客流。目前,发达国家一般都采用这一运输组织模式,并取得了良好的经济效益,按该方案实施,可以解决既有线能力严重不足的问题,同时也能有效提高客运专线的经济效益和社会效益。但是,采用该方案高速列车在既有线上是以线路的限制速度运行的,使得高速动车组的周转时间大大延长,增加了高速动车组的需要量。同时,高速动车组在既有线运行,由于既有线的线路条件对动车组的磨损将大于客运专线,其运营成本将增大。

方案(5)的特点为跨线旅客不必换乘就可以在客运专线上乘坐200km/h和250km/h的高速列车,扩大了客运专线客流的吸引范围,提高了客运专线的能力利用率,较好地解决了既有线能力严重不足的问题。而且跨线列车为200km/h和250km/h的高速列车,其购置费较少,在既有线上运行有较好的适应性,此方案的不足为200km/h和250km/h的高速列车在客运专线上的速度较低,降低客运专线提高能力。

方案(6)既兼备了方案(4)和方案(5)的优点,同时也弥补了前5个方案存在的不足,其主要问题是跨线列车采用何种列车,购置成本将增加,同时也增加了客运专线线路上运行的列车种类,增加了运输组织的复杂程度,对通过能力产生不利影响。但是也应看到,随着我国经济的发展和人民生活水平的提高,300km/h 及以上的列车数量和运行范围将逐步增大,最终实现客运专线的全高速列车运行。

2)速度为 200km/h 和 250km/h 的城际客运专线的运输组织模式

城际客运专线以吸引城际间客流为主,主要解决相邻发达城市之间大量、高密度、乘车时间高度灵活的始发、终到客流,是城市间公路交通的有力竞争者。其运营的特点是:客流大都是集中在白天,随到随走。

因此,其运输组织模式采用仅运行本线城际列车的方式。这种模式对与既有线的衔接问题考虑相对较少,运输组织模式相对简单。城际客运专线由于线路长,吸引范围大,为满足不同客流特性的要求,主要考虑开行的本线列车有两种:大站直达城际列车和站站停城际列车。另外,部分跨线列车可以考虑上线运行,但其上线的条件要严格界定。速度为 200km/h 和 250km/h 的城际型客运专线的运输组织模式以及上线列车的基本条件如下。

(1)客运专线上只运行本线列车,不组织换乘,跨线旅客列车全走既有线。

这种模式下,本线列车采用 200km/h 和 250km/h 的动车组,以 250km/h 的大站直达列车为主,站站停的城际列车速度不得低于 200km/h。

(2)客运专线上运行本线列车,在客运专线与既有线的衔接站组织旅客换乘,少部分跨全段的旅客列车上线运行。

第二节 突发事件条件下运输组织模式

一、调整突发事件条件下运输组织模式调整的必要性

自然灾害、铁路事故等突发事件条件下,由于线路区间受突发事件影响,可能中断,而车站受突发事件影响可能出现瘫痪的状况。若按照既定的运输组织模式规定,列车不允许列车在不同等级的线路之间转线运行,造成大面积的晚点。所以,在突发事件条件下,调整铁路运输组织模式,在一定程度上打破既定的运输组织模式,尽快疏解晚点列车,恢复列车运行秩序,是十分必要的。

二、调整突发事件条件下运输组织模式调整的可行性

1. 列车与线路匹配的可行性

设计速度为 200 ~ 250km/h 级别的客运专线,使用有砟轨道,这种条件下,

普速列车,包括普通机车,可以上客运专线,按照其最高限速运行。同时,200~250 级别的动车组,也可以在普速铁路上按照该段铁路的最高限速运行。

在设计速度为 300km/h 以上级别的客运专线,或者使用无砟轨道的客运专线上,高速动车组和 200 组别的动车组都可以上线运行。其他级别的列车,可以在更换轮对或转向架,保证不对高速铁路轨道产生破坏作用的前提下,上线运行。同样,高速动车组在更换轮对保证不对动车组的轮对产生过度磨损的前提下,转线到普速铁路线路上运行。

2. 运行控制系统方面的可行性

CTCS 是 Chinese Train Control System 的英文缩写,中文意为中国列车运行控制系统。为适应中国高速铁路、客运专线的迅速发展和保证铁路运输安全的需要,铁道部有关部门研制成功了 CTCS 系统。CTCS 系统有两个子系统,即车载子系统和地面子系统。CTCS 根据功能要求和设配置划分应用等级分,分为 0~4级。

CTCS 级间关系原则如下:

(1)符合 CTCS 规范的列车超速防护系统应能满足一套车载设备全程控制的运用要求。

(2)系统车载设备向下兼容。

(3)系统级间转换自动完成。

通过系统设计,系统级间转换可以自动完成,级间转换不影响列车正常运行,如既有线提速区段,配置 CTCS2 级车载设备的列车可以在运行过程中自动完成 CTCS0/1 级至 CTCS2 级或 CTCS2 级至 CTCS0/1 级的切换。具体要求有:

①CTCS 级间转换原则上在区间自动转换(不应在进站信号机处转换),并向司机提供相应的声光警示,由司机按压确认按钮,解除警示。自动转换失效时,司机根据 ATP 车载设备或 LKJ 的相应警示信息,手动转换。

②CTCS 级间转换应分别设置具有预告、执行功能的固定信息应答器。每个运行方向需要单独设置预告点应答器,执行点应答器可与区间固定应答器合用。

③在级间转换时,应保证控车权可靠平稳交接。控车权的交接以 ATP 车载设备为主。

④级间转换时若已出发制动,则应保持制动作用完成,司机缓解后,自动转换。

(4)系统地面、车载配置如具备条件,在系统故障条件下应允许降级使用。

(5)系统级间转换不影响列车正常运行。

（6）系统各级状态应有清晰的表示。

综上所述，列车在区间运行过程中，在一定程度上可以实现 CTCS 系统各级之间的转换，如此，保证了在突发事件条件下列车在不同种类铁路线路上的转线运行。

三、调整突发事件条件下运输组织模式比选模型

铁路运输组织模式，是规定不同类型的列车之间、列车与路网之间关系的准则。系统中元素主要是路网和动车组，那么路网和动车组之间的关系就是系统内部元素间的逻辑关系。

在突发事件条件下，运输组织的目标是快速疏散旅客。那么铁路运输组织模式的比选模型的目标函数就是旅客疏散速度最大化。

$$\mathrm{TOP}=\{\mathrm{top}_1,\mathrm{top}_2,\cdots,\mathrm{top}_n\} \tag{4-1}$$

1. 模型的优化目标

概括地讲，运输组织模式的集合可以表示为：

（1）宏观运输组织模式

$$\mathrm{TOP}=\mathrm{HD}\times\mathrm{NU} \tag{4-2}$$

其中

$$\mathrm{HD}=\{\mathrm{hd}_1,\mathrm{hd}_2\} \tag{4-3}$$

式中：hd_1——高速列车下线；

hd_2——高速列车不下线。

$$\mathrm{NU}=\{\mathrm{nu}_1,\mathrm{nu}_2\} \tag{4-4}$$

式中：nu_1——普通列车上线；

nu_2——普通列车上线。

（2）中观运输组织模式

①如果将高速列车和普通列车进行等级划分，那么：

$$\mathrm{TOP}=\prod_{i=1}^{M}\mathrm{HT}^i\times\prod_{j=1}^{N}\mathrm{NT}^j$$

总的运输组织模式共有 2^{M+N} 种，$n=2^{M+N}$。高速列车有 M 个种类，普通列车有 N 个种类。

$$\mathrm{HT}^i=\{\mathrm{ht}_1^i,\mathrm{ht}_2^i\} \tag{4-5}$$

式中：ht_1^i——第 i 类高速列车下线；

ht_2^i——第 i 类高速列车不下线。

$$\mathrm{NT}^i=\{\mathrm{nt}_1^i,\mathrm{nt}_2^i\} \tag{4-6}$$

式中：nt_1^i——第 i 类普通列车上线；

nt_2^i——第 i 类普通列车不上线。

②用另外一种方式表示，即不把列车进行高速列车和普通列车区分，统一将列车划分为 M 类，然后用列车与线路的关系来表示各种运输组织模式。

$$\mathrm{TOP} = \cup \mathrm{TRAIN} \times L \tag{4-7}$$

其中

$$\mathrm{TRAIN} = \{\mathrm{train}_1, \mathrm{train}_2, \cdots, \mathrm{train}_M\} \tag{4-8}$$

$$L = \{l_1, l_2, l_3\} \tag{4-9}$$

式中：l_1——列车只在高速线上运行；

l_2——列车只在既有线上运行；

l_3——列车既在高速线又在既有线上运行。

总的运输组织模式有 $3M$ 种，$n = 3M$。

确定运输组织模式的比选的目标函数为 $\mathrm{top} = \mathrm{optimal}\{\mathrm{top}_1, \mathrm{top}_2, \cdots, \mathrm{top}_n\}$，使得旅客的输送速度最快。即：

$$\min T_{\mathrm{waiting}} = \sum n_i^{\mathrm{original}} t_i + \sum n_i^{\mathrm{transfer}} t_i^{\mathrm{transfer}} \tag{4-10}$$

2. 满足约束条件

(1)路网既有结构，存在不存在跨线的铁路线路网和连接线：

$$N^{\mathrm{intersect}} = \mathrm{HN} \cap \mathrm{NN} \neq \varnothing \tag{4-11}$$

$$\mathrm{HV} = \{\mathrm{hv}_1, \mathrm{hv}_2, \cdots, \mathrm{hv}_N\}$$

$$\mathrm{NV} = \{\mathrm{nv}_1, \mathrm{nv}_2, \cdots, \mathrm{nv}_N\}$$

式中：HV——高速线路上的节点集合；

NV——既有线路上的节点集合。

(2)失效节点的、边的约束。失效的节点不能作为跨线点，即失效的节点结合是高速线路与既有线路交会点集的真子集。则：

$$\mathrm{HV}^{\mathrm{disabled}} \subset N^{\mathrm{intersect}} \tag{4-12}$$

本 章 小 结

本章首先论述了国内外铁路运输组织模式，进而讨论了突发事件条件下列车运输组织模式进行调整的必要性与可行性。在分析影响运输组织模式的基础上，建立了突发事件条件下运输组织模式的比选模型，为决策各种突发事件条件下的铁路运输组织模式提供了一种新的方法。

第五章　突发事件条件下旅客列车服务网络特性分析

已经有文献证明,我国列车服务网络是典型的复杂网络[128]。所以可以运用复杂网络理论研究列车服务网络的脆弱性。而脆弱性又可借助复杂网络的相继故障模型来分析。目前,复杂网络相继故障的动态分析模型主要有5类,分别是:负荷—容量模型、二值影响模型、沙堆模型、OPA模型与CASCADE模型。而其中对于分析车流网络很有价值的负荷—容量模型又分为节点动态模型、边动态模型、节点和边的混合动态模型。节点动态模型由Moreno等人提出[129],给网络中的每一个节点赋予一个满足某种统计分布的安全阈值。当节点上的负荷超过阈值时,即认为该节点发生故障,在给节点赋安全阈值时采用了Weibull分布。然后将该节点上的负荷均匀地传送给与之相连的无故障节点。Moreno等人还研究了BA无标度网络中由于边的拥塞所引发的相机故障[130]。Crucitti等人提出了负荷—容量模型是节点与边的混合动态模型[131]。该模型用无向加权图来代表一般的复杂网络。Kinney用这个模型对北美电力网络做了分析。得出网络中移去负荷最大的发电节点或输电节点是影响整个网络稳态性能的关键因素,并且与过载系数有关[132]。来学权分析了道路通运输网络脆弱性的内涵,基于交通供需随机性建立道路交通运输网络脆弱性概念模型,提出道路交通运输网络脆弱性评估方法[133]。Wu等研究了蓄意攻击、信息不完整条件下复杂网络的脆弱性,并使用仿真的方法分析了无标度网络的脆弱性[134]。本章旨在基于复杂网络的列车服务网络节点与边的混合动态模型,进而分析我国铁路列车服务网络的脆弱性。

第一节　构建列车服务网络

一、铁路地理网络

考察研究铁路及站点地理分布时,可以把各站点看成“节点”,把连接两个站点的铁路区间视为连接两个站点的边，这样构成的铁路网络称为铁路地理网络。

定义一：在铁路地理网络中，与车站节点相连接的边的数目，称为车站节点的地理连接度。

根据2011年的统计结果，全路有90%的车站的地理连接度为2，说明绝大部分的站点只有一条铁路通过，如图5-1所示。

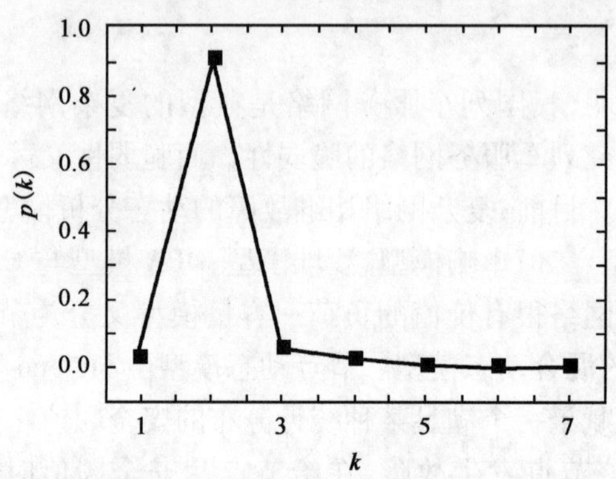

图5-1　铁路地理网络的连接度分布

铁路地理网络站点的平均聚集系数在一定的程度上表征了铁路网络的结构特性。统计显示，该网络绝大多数节点的群聚系数为零。整个网络的聚集系数也为零，所以，全路铁路网络结构中，任意3个站点通常没有直接连通的铁路使得他们形成环路，这样的铁路地理网络为树状网络。从网络结构的性质可知，树状网络的逾渗点是很低的，这意味着网络遭受突发事件而出现线路中断时，很容易造成网络瘫痪。这种结构的铁路系统，如果一个站点或一个区间瘫痪，就导致列车必须走迂回径路，甚至可能中断通行。但是由于铁路建设成本较高，世界上绝大部分国家的铁路网络都是采用这种结构。

二、铁路旅客列车服务网络

1. 铁路旅客列车服务网络基本概念

定义二：旅客列车服务网络是指把铁路线路上的站点作为网络的节点，任意两个站点之间只要有同一旅客列车在这两个站点之间经停，则认为代表这两个站点的节点之间有一条边。这样构造的网络称为列车服务网络。

显然，列车服务网络中，一个车站节点（除始发、终到站外）只要有一列旅客列车经停，那么由这列车产生的该站的度至少为 2，该站与列车的始发和终到站点之间都有一条连线。而此时始发、终到站的度至少为 1。由一列车所形成的车站的度，与这列车在运行区段的中间经停的车站数目相关。设一列车除始发和终到站之外，列车的经停站的数目为 N，那么，由该列车所形成的始发、终到站的度为：

$$k_{始发} = k_{终到} = N + 1, N \geqslant 0 \tag{5-1}$$

而中间经停的车站的度为：

$$k_{经停} = N + 1, N \geqslant 1 \tag{5-2}$$

当有 M 列车在 i 站经停时，有 L 列车在该站始发，有 H 列车在该站终到，该站作为旅客列车网络的节点的度为：

$$k_i = \sum_{m=1}^{M} k_{经停}^{m} + \sum_{l=1}^{L} k_{始发}^{l} + \sum_{h=1}^{H} k_{终到}^{h} \tag{5-3}$$

假设第 m 经停的列车的总的经停站数为 N^m，第 l 始发的列车的总的经停站数为 N^l，第 h 经停的列车的总的经停站数为 N^h，那么，该站的度为：

$$\begin{aligned} k_i &= \sum_{m=1}^{M} k_{经停}^{m} + \sum_{l=1}^{L} k_{始发}^{l} + \sum_{h=1}^{H} k_{终到}^{h} \\ &= \sum_{m=1}^{M} (N^m + 1) + \sum_{l=1}^{L} (N^l + 1) + \sum_{h=1}^{H} (N^h + 1) \end{aligned} \tag{5-4}$$

2. 我国铁路旅客列车车流网络统计特征

以全路所有车站作为网络的节点，任意两车站至少有同一列车停靠，那么将这两个车站节点之间的连线作为边所构造的网络称为列车服务网络。截至 2009 年 7 月，中国铁路客运站共有 3 361 个，每天开行旅客列车 2 334 对，在列车服务网络中共有 330 273 条边，列车服务网络是无标度网络。车站的度分布符合幂律分布 $P(k) \propto k^{-r}$。所有客运站的平均度为 196。

图 5-2 中，横轴表示车站的度，纵轴表示具有该度的车站的数量。不难发现，节点度与拥有该度的车站的数目呈幂率函数关系，说明由我国现行列车开行方案转化的列车服务网络是典型的无标度网络。

对于开行方案转化而成的车流复杂网络，当特殊运营条件发生后，产生的后果是物理网络中的车站和区间失效或者区间能力下降，这些弧段所承载的一部分车流势必将分配到其他节点之间，才能满足旅客的旅行需求，但是，区间的容量是有限的，这个限度就是理论上计算的区间通过能力，如果出现因为重新分配弧段流量而导致区间能力过载，甚至区间拥塞，则必须减少此弧段上的分配的流量，以保证此弧段继续保留在网络上。经过若干次这样的流量重新分配迭代过程之后，考察最大连通子图中的节点的个数，计算网络的平均效率来考察网络的优劣。

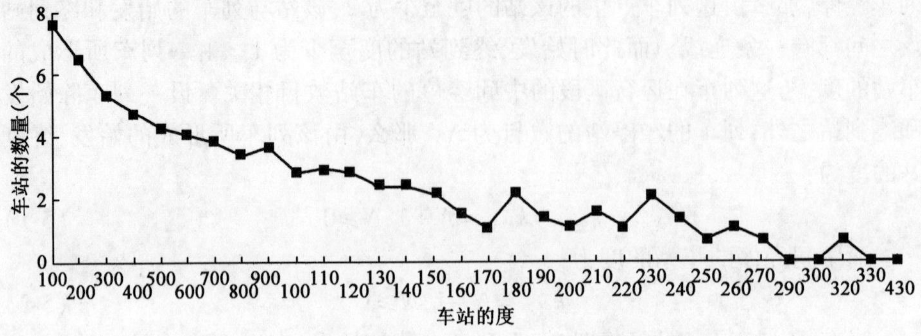

图 5-2　全路列车服务网络节点度分布

第二节　突发事件条件下旅客列车服务网络分析

一、构建旅客列车服务网络

网络中两个节点 i 和 j 之间的距离 d_{ij} 定义为连接这两个节点的最短路径上的边数。网络的平均路径长度定义为任意两个节点之间距离的平均值,即:

$$L=\frac{1}{\frac{1}{2}N(N-1)}\sum_{i\leqslant j}d_{ij} \tag{5-5}$$

式中:N——网络的节点数。

对于旅客列车车流网络而言,L 值越小,说明任意两个车站之间的连线的数目越小,相应地,旅客从一个车站到达另一个车站的换乘次数就越少。

假设网络中的一个节点 i 有 k_i 条边将它和其他节点相连,这 k_i 个节点称为节点 i 的邻居。显然,在这 k_i 个节点之间最多可能有 $k_i(k_i-1)/2$ 条边。而这 k_i 个节点之间实际存在的边数 E_i 和总的可能的边数之比就定义为节点 i 的聚类系数 C_i,即:

$$C_i=\frac{2E_i}{\frac{k_i(k_i-1)}{2}} \tag{5-6}$$

整个网络的聚类系数 C 就是所有节点 i 的聚类系数的 C_i 平均值。很明显,$0\leqslant C\leqslant 1$ 。$C=0$ 表示所有的节点均为孤立节点,即没有任何连接边;$C=1$ 表示网络是全局耦合的,即网络中任意两个节点都直接相连。

对于旅客列车车流网络而言,C 值越大,车流网络的耦合程度越高,表示旅客从一个车站到另一个车站直达的概率越大。

本算例选取 GXX1、GXX3 与 GXX9（为使表示更具一般性，采用虚拟车次并用字母代替车站名称）作为车流网络分析的目标，对全路所有车次构成的车流网络来说，分析计算的方法是一致的。

选择 3 个车次构成车流网络，如图 5-3 所示。

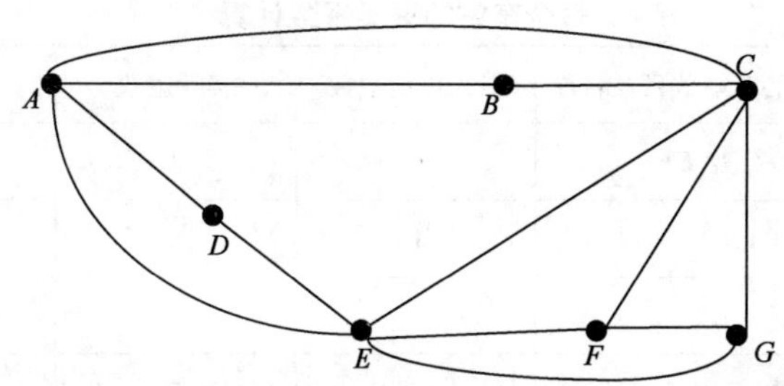

图 5-3　三个车次构成的车流网络

列车车次：

GXX1：始发站 A，终到站 C，经停站 B。

GXX3：始发站 C，终到站 E，经停站 F、G。

GXX9：始发站 A，终到站 E，经停站 D。

此时，C 站的度为：

$$k_i = \sum_{m=1}^{M} N^m + \sum_{l=1}^{L} N^l + \sum_{h=1}^{H} N^h = 0 + (1+1) + (2+1) = 5$$

3 个车次所涉及车站之间的路径长度见表 5-1。

3 个车次所涉及车站之间的路径长度　　表 5-1

O \ D	A	B	D	C	G	F	F
A	—	1	1	1	2	2	1
B		—	2	1	2	2	2
D			—	2	2	2	1
C				—	1	1	1
G					—	1	1
F						—	1
E							—

根据上述定义以及表 5-1 中的数据，此时网络的平均路径长度为：

$$\frac{1+1+1+2+2+1+2+1+2+2+2+2+2+2+1+1+1+1+1+1\ \ +1}{0.5\times7\times6}$$

$=1.4286$

也就是说旅客的平均换乘次数是0.4286次。

每个车站的聚类系数计算见表5-2。

每个车站的聚类系数计算 表5-2

车站	与该站相连的车站数目及名称	最大可能边数	实际边数	各站聚类系数
A	4(*B*、*C*、*D*、*E*)	6	3	0.5
B	2(*A*、*C*)	1	1	1
D	2(*A*、*E*)	1	1	1
C	5(*A*、*B*、*E*、*F*、*G*)	10	5	0.5
G	3(*C*、*E*、*F*)	3	3	1
F	3(*C*、*E*、*G*)	3	3	1
E	5(*A*、*C*、*D*、*F*、*G*)	10	5	0.5

根据表5-2中的数据，此车流网络的聚类系数是0.5+1+1+0.5+1+1+0.5)/7=0.7857。

二、突发事件条件下列车服务网络图

假设在*C*与*D*之间的区段发生了灾害天气，那么迫使G××1次列车的终到站改为*B*，那么*A*与*C*之间、*B*与*C*之间的边被从网络中删除。而由于G××9次列车走的线路是*A*—*D*—*E*，没有受到*C*与*D*之间的区段灾情的影响，所以G××9次列车相应的边不变。此时，车流网络如图5-4所示。

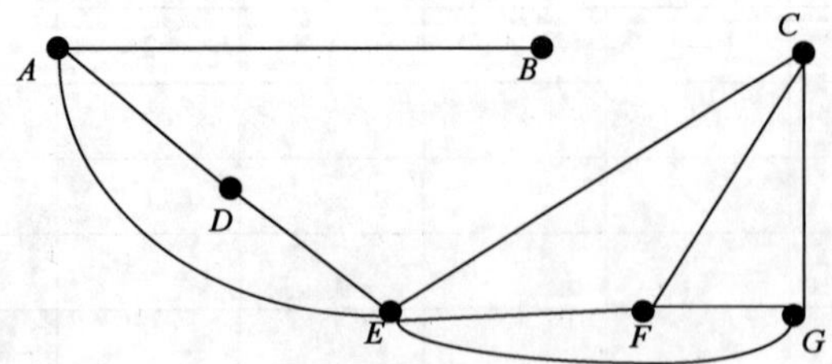

图5-4 受影响后的由3个车次构成车流网络

灾情发生后3个车次所涉及车站之间的路径长度见表5-3。

灾情发生后3个车次所涉及车站之间的路径长度　　表5-3

O \ D	A	B	D	C	G	F	E
A	—	1	1	2	2	2	1
B		—	2	3	3	3	2
D			—	2	2	2	1
C				—	1	1	1
G					—	1	1
F						—	1
E							—

根据上述定义及表5-3中的数据，此时网络的平均路径长度为：

$$\frac{1+1+2+2+2+1\ \ +2+3+3+3+2\ \ +2+2+2+1\ \ +1+1+1\ \ +1+1\ \ +1}{0.5\times7\times6}$$

$=1.6667$

也就是说旅客的平均换乘次数是1.6667次。

灾情发生后每个车站的聚类系数计算见表5-4。

灾情发生后每个车站的聚类系数计算　　表5-4

车站	与该站相连的车站数目及名称	最大可能边数	实际边数	各站聚类系数
A	3(B、D、E)	3	1	0.3333
B	1 (A)	0	0	0
D	2 (A、E)	1	1	1
C	3 (E、F、G)	3	3	1
G	3 (C、E、F)	3	3	1
F	3 (C、E、G)	3	3	1
E	5 (A、C、D、F、G)	10	4	0.4

根据表5-4中的数据，此车流网络的聚类系数是$(0.3333+0+1+1+1+1+0.4)/7=0.6762$。

灾情发生后，车流网络的平均路径长度由1.4286增加到1.6667，表明车流网络中每两点之间的距离拉大；聚类系数由0.7857减小到0.6762，说明车流网络变得松散，耦合程度降低；这两方面说明开行方案受到了较大的影响。旅客在此网络中乘坐列车由一个车站出发到达另一个车站的平均换乘次数增加了0.2381次，而在此网络上的旅客的数目很大，每天的平均值可达到几十万，而每一次换乘,都会造成旅客的旅行时间的增加,所以总的旅客的旅行时间会大大增加,在灾害天气这种特殊运营条件下,势必会给铁路旅客运输工作造成很大的负面影响。所以,根据此分析结果,应给与运输组织决策者提出立刻调整旅客列车开行方案的建议。

第三节　突发事件条件下列车服务网络的脆弱性分析

一、列车服务网络演变的容量—负荷混合动态模型

在很多实际网络中,一个或少数几个节点或边发生的故障(这种故障可能是随机发生的,也可能是由蓄意攻击造成的)会通过节点之间的耦合关系引起其他节点发生故障,这样就会产生连锁效应,最终导致相当一部分节点甚至整个网络的崩溃。这种现象称为相继故障 CF(Cascading Failure)。在车流网络中,一个或几个车站、一个区间或者几个区间,由于自然灾害或者铁路事故,出现失效的情况,那么相继故障就会出现,尤其是在车流线路比较密集的车流网络中。2008 年春节前夕发生在华南地区的大批旅客滞留的情况即由车流网络的相继故障引起。而相继故障的属性反映了列车服务网络的脆弱性。

负荷—容量模型是节点(车站)与边(区间)的混合动态模型。该模型用无向加权图来代表一般的复杂网络。每条边都赋予一个权值 e_{ij} , $e_{ij} \in [0,1]$,权值越大,这条边上信息传递的效率越高, $N \times N$ 的关联矩阵 $\{e_{ij}\}$ 就建立了节点之间边的效率值矩阵。初始状态下对于任意节点对 (i,j) , $e_{ij}=1$ 。定义 t 时刻节点 i 的负荷 $L_i(t)$,其物理含义是 t 时刻通过节点 i 的效率的最优路径的条数。将效率最优路径定义为,对节点对 (i,j) 之间的所有路径,计算整条路径的调和效率 $e^*=\sum(1/e_k)^{-1}$,其最大值 $e^*_{\max}$ 即为效率最优路径。节点负荷容许值 $C_i=\alpha \cdot L_i(0)(\alpha \geqslant 1)$, α 是一个容许参数。为了模拟在一个节点发生故障以后网络的动态变化情况,定义 e_{ij} 的演化公式如下:

$$e_{ij}(t+1)=\begin{cases} e_{ij}(0) \cdot \dfrac{C_i}{L_i(t)} & L_i(t)>C_i \\ e_{ij}(0) & L_i(t) \leqslant C_i \end{cases} \tag{5-7}$$

当某一节点由于故障被从网络中去除后,网络中的节点之间的效率最优路径将会改变,导致负荷的重新分布,从而可能导致其他节点出现过载,引发新一轮负荷重新分布,最终导致相继故障。可以用相继故障结束后整个网络的平均

效率来衡量网络破坏的程度：

$$E(G)=\frac{1}{N(N-1)}\sum_{i\neq j}e_{ij} \tag{5-8}$$

二、列车服务网络节点负荷分析

运用列车服务网络负荷—容量模型对全路列车流脆弱性分析，其重点为得到网络中节点的负荷分布，基于此，运用上述模型，计算统计列车服务网络中节点负荷分布。得到全路列车服务网络节点负荷分布图，如图5-5所示。

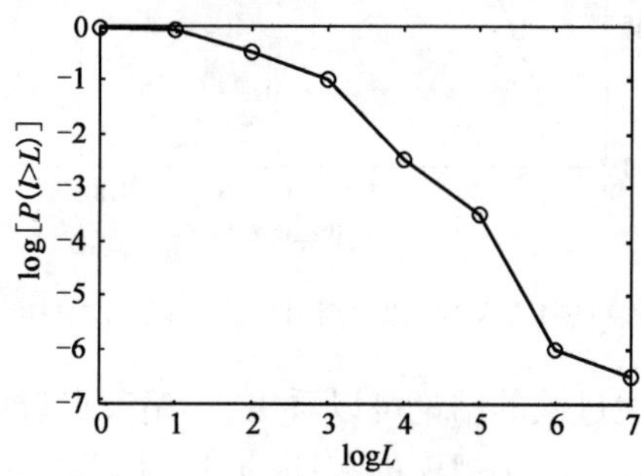

图5-5　全路列车服务网络节点负荷大于L的概率分布

由图5-5可知，全路车站节点负荷分布亦具有幂率分布形式。在正常条件下，由现行的全路旅客列车开行方案所决定的列车服务网络中，有90%的节点负荷在10以上，而节点的负荷大于10^6的车站节点占全部节点的比例不足$1/10^6$，节点的负荷大于10^7的节点几乎不存在。说明我国旅客列车开行方案考虑了全国绝大部分客运车站的旅客的出行需求，大部分客运车站都有可以乘火车直达（不需要换乘）10个及其以上的车站；并且，我国存在一定数量的负荷很大的客运车站，从这些车站出发，乘坐某车次列车，几乎可以直达全国所有客运车站，并且在绝大部分情况下，所乘列车可以有多种选择。全路列车服务网络节点负荷分布分析为进一步研究列车服务网络脆弱性打下基础。

三、列车服务网络演变算例分析

当从网络中删去负荷最大的车站节点时（模拟车站节点失效），会导致其他节点过载，网络的稳态整体性能[$E(G)$]相比于正常状态下网络的整体效率[$E(G_0)=0.043$]会有所下降，并且随着过载容许参数α的减小，效率下降越多，而只要网络容许参数α不是很小，随机删除节点对网络的效率几乎没有影响。如图5-6所示，随着容许参数的增大，整体效率的稳态值逐渐接近初始值。进一步研究发现，所有的车站节点按照其在网络中对网络效率的影响可以分为3类：度和负荷都较小的节点（占总节点数的60%）、度和负荷较大的节点以及α较小时影响较大而α较大时没有影响的节点。

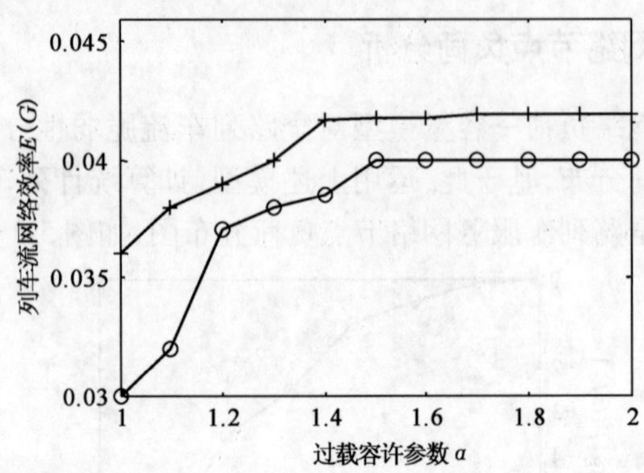

图5-6　随机删除节点和基于负荷删除节点后列车服务网络效率与过载容许参数关系曲线

比较节点过载和边过载的结论可以看出，车站节点过载的情况下，相继故障发生后网络中只有互补相的小规模的集团，而边过载的情况下仍然会有较大的节点集团。此外，如果网络增长采用随机连接方式，那么网络对于边过载具有较强的抵抗性。

本章小结

建立了列车服务网络复杂模型，并建立列车服务网络脆弱性分析的容量—负荷节点与边混合动态模型。列车服务网络尚具有一定的抵抗随机故障的能力。列车服务网络在蓄意攻击（删除负荷大的节点）时其脆弱性表现明显，其抵抗蓄意攻击的能力明显弱于抵抗随机故障的能力。全路的车流网络的负荷容许参数偏小，即当车站节点或区间遭受蓄意破坏，全路的车流网络效率降低较为明显，其物理解释是不能按照既定开行方案为旅客提供及时的运输服务。所以在制订全路旅客列车开行方案时，应适当增选负荷不大的车站为列车的停靠站，适当取消某些列车在目前负荷最大的车站节点停靠，增加列车服务网络对抗蓄意攻击及随机故障的能力。

第六章　突发事件条件下铁路通过能力计算

第一节　正常条件下铁路通过能力计算

由于普速铁路通过能力计算方面有大量的文献资料,本著作中不再赘述,而介绍高速铁路通过能力在正常条件下与突发事件条件下的计算。

高速铁路的能力计算不同于常规铁路。

首先,常规铁路以一昼夜可通过的列车最大数量作为理论能力的标准值,在高速铁路有了“长线”和“短线”能力之分后,已经不存在一个确定的数值,由于“长线”和“短线”能力之间一般不具有可比性,不同运程的列车数不能简单进行数值累加而得出一个固定的通过能力计算值,所以只能区别不同种类和不同运程的列车,分别累计而构成各种不同列车及其数量集合,以组合能力的概念和方法反映高速铁路的能力构成特点。

其次,常规铁路通过能力以各区间能力计算为基础,以区段内通过能力最小的区间即限制区间能力作为该区段的通过能力,而以方向上通过能力最小的区段即限制区段能力作为该方向的通过能力,这种自下而上的推算逻辑已不适用于高速铁路。反之,高速铁路的能力计算必须首先以方向上的高速列车运程可达的最大客流区段为基础,从大到小确定其所包含的各个客流区段可能的各种长线和短线能力,因此将形成满足不同客流需求、各具特色的长、短线能力组合方案。

如上所述,高速铁路能力计算具有一定的复杂性和某种不确定性。目前主要有两种计算方法。

一、扣除系数法

扣除系数法[135]是沿袭传统的非平行运行图通过能力计算方法,以一种列车占用能力为标准,确定其他列车与该标准列车在能力占用上的当量关系,即所谓扣除系数,从而将不同列车的能力占用归一化为标准列车的数量,确定出通过能力的理论计算值。与传统方法不同的是,高速客运专线一般以速度最高的区段直通旅客列车为标准列车,确定所有低速列车对高速列车的能力扣除,同时又考虑到高速铁路长短线能力的区别,所以不同列车的扣除系数是按照各个客流区段分别确定,并仅限于行程等于而不包含行程小于该区段长度的各种列车。据此计算的各客流区段通过能力只对各该客流区段有独立的估算意义。以我国京沪高速铁路通过能力为例,估算步骤为:第一步,估算高速平行运行图通过能力;第二步,估算高速非平行运行图通过能力;第三步,估算高、中速旅客列车混合运行的非平行运行图通过能力。

1. 高速旅客列车平行运行图通过能力

平行运行图通过能力 $N_{高平}$ 主要根据高速列车追踪间隔时间 $I_{高}$ 和天窗影响时间 $I_{影响}$ 确定,即:

$$N_{高平}=\frac{1\,440-I_{影响}}{I_{高}} \tag{6-1}$$

影响追踪间隔时间 $I_{高}$ 的主要因素有:机车车辆(高速动车组)的制动距离,线路平、纵断面条件,以及列车控制系统所能保持的追踪列车的最小安全距离等。经研究确定,$I_{高}$ 一般可取 3~4min。

天窗影响时间 $I_{影响}$ 则主要有养路维修作业的效率所决定,国外一般为 4~6h。我国的研究表明,$I_{影响}$ 不能低于 4h,一般可取 5h。

2. 高速旅客列车非平行运行图通过能力

高速旅客列车在区段内有停站与不停站等不同情况,停站(包括不同停站次数)与不停站高速列车旅行速度之差将产生高速列车本身的扣除系数 $\varepsilon_{高}$。

$$\varepsilon_{高}=\frac{T}{n_{高}\,I_{高}} \tag{6-2}$$

式中:T——运行图周期,min;

$n_{高}$——该周期内的高速列车数列。

在高速列车追踪间隔时间及停站时间一定的条件下,高速列车扣除系数随停站列车比例的增加而增大,且扣除系数的大小主要取决于区段内停站次数最多的那个车站的铺图结构。此时,高速列车通过能力为:

$$N'_{高1}=\frac{N_{高1}}{\varepsilon_{高}} \tag{6-3}$$

式中:$N_{高1}$——高速列车相互间无扣除时的通过能力,列。

3. 高、中速旅客列车混合运行非平行运行图通过能力

高、中速旅客列车混合运行图的扣除系数是在全部高速列车非平行运行图

的扣除系数基础上确定的。

在区段内不被高速列车越行的中速列车（图 6-1），其扣除系数 $\varepsilon_{中}$ 可估算为：

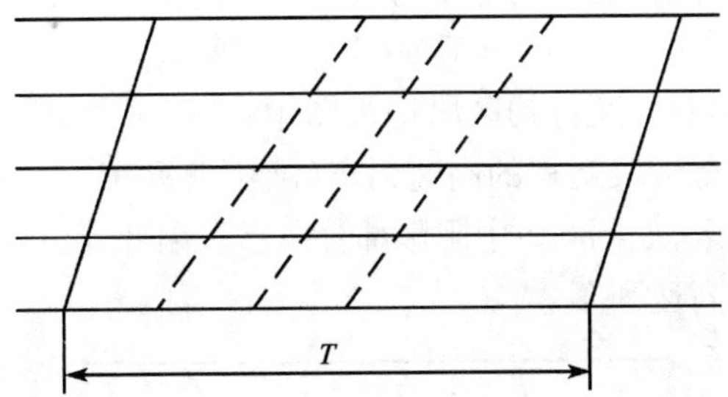

图 6-1　中速列车在区段内不被越行示意图

$$\varepsilon_{中} = \frac{T - I_{高}}{n_{中} I_{高}} \tag{6-4}$$

式中：$n_{中}$——该运行图周期内的中速列车数。

中速列车在区段内被高速列车越行时，其扣除系数 $\varepsilon_{中}$ 可估算为：

$$\varepsilon_{中} = \frac{T - nI_{高}}{n_{中} I_{高}} \tag{6-5}$$

式中：n——该运行图周期内的高速列车追踪间隔时间次数。

如图 6-1 中在 T 内有 3 列高速列车，则有 $n = 3 - 1 = 2$。

在计算出各种情况下的扣除系数后，即可估算出各种情况下的非平行运行图通过能力。

（1）当中速列车行车量 $N_{中1}$ 一定时，高速列车的通过能力 $N_{高1}$ 为：

$$N_{高1} = \frac{N_{高平}}{1 + \alpha_{储}} - N_{中1} \times \varepsilon_{中} \tag{6-6}$$

式中：$\alpha_{储}$——通过能力储备系数。

则高、中速客车混合运行的非平行运行图通过能力为：

$$N_{非高1} = N_{中1} + N_{高1}(或 N'_{高1}) \tag{6-7}$$

（2）当两种列车的行车量按比例变化时，高速列车的通过能力为：

$$N_{高2} = \frac{N_{高平}}{1 + \alpha_{储}} \times \frac{1}{\varepsilon_{高} + \beta \times \varepsilon_{中}} \tag{6-8}$$

式中：β——高、中速列车的行车量之比。

当高速列车相互间有扣除系数时，高速列车通过能力为：

$$N'_{高2} = \frac{N_{高平}}{1 + \alpha_{储}} \times \frac{1}{\varepsilon_{高} + \beta \times \alpha_{中}} \tag{6-9}$$

中速列车的通过能力为：

$$N_{中2}=\beta \times N_{高2}\text{（或 }N'_{高2}\text{）} \tag{6-10}$$

则高、中速客车混合运行的非平行运行图通过能力为：

$$N_{非高2}=N_{中2}+N_{高2}\text{（或 }N'_{高2}\text{）} \tag{6-11}$$

在高、中速列车混合运行的区段运行图中，由于成组开行的一个周期内，存在一个不能再开行全区段运程的高速列车（或中速列车），但可以开行短程高速或中速列车的三角区，如图6-2中阴影部分所示。因此，还可以利用这个三角区开行短程高速或中高速列车。

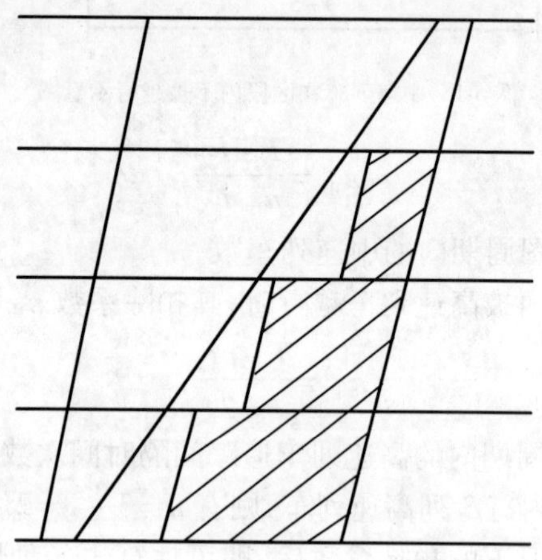

图6-2　可以开行短程高速旅客列车的时间带示意图

二、计算机模拟法

计算机模拟法[136]是由计算机模拟人工铺图，严格按图铺图标尺，通过紧密铺画高、中速列车运行线，进而精确确定高速铁路区段或全线通过能力的方法。如前所述，由于高速列车之间的扣除及高、中速列车之间的能力扣除难以精确确定，更由于各种不同运程的列车难以简单相加。因此，计算机模拟确定区段或全线通过能力，都是在某种特定条件下进行的，都是根据某种原则，在固定某些种类列车数量（当然这些列车可能有不同的铺画方案）的前提下，通过计算机模拟人工铺画满表运行图，确定其他种类的列车数量。例如，一般可在按设计能力确定各种高速列车数量需求的前提下，首先铺画满足需求数量的各种高速列车运行线，然后在剩余时空域内，从长线到短线尽可能铺画各种中速列车运行线，从而获得某种高速列车方案下（即不同行程高速列车数量集合下），由不同行程的中速列车数量构成的一个通过能力集合（简称中速能力集合），不改变不同行程高速列车的数量和比例关系，而只变换高速列车的铺画方案，重复上述过程，可以获得多种不同的中速能力集合，对足够多的中速能力集合考察其需求发展和其他质量指标，可以从中选择并确定出适合需求而质量较优的中速能力集合。

用计算机模拟法确定高速铁路区段或全线通过能力的计算方法框架图如图6-3所示，步骤②、③、④、⑤是关键环节，高速列车运行线铺画方案的生成、中速列车运行线的满表铺画以及图形结构合理性判断、铺画方案调整等问题，由于满足铺图标尺约束条件的可行方案数量巨大，因此方案的比选和优化算法相当复杂。此类问题属于非结构化或半结构化问题，一般只能应用专家系统方法或借助人机对话方式进行，寻求问题的近似最优解或满意解。

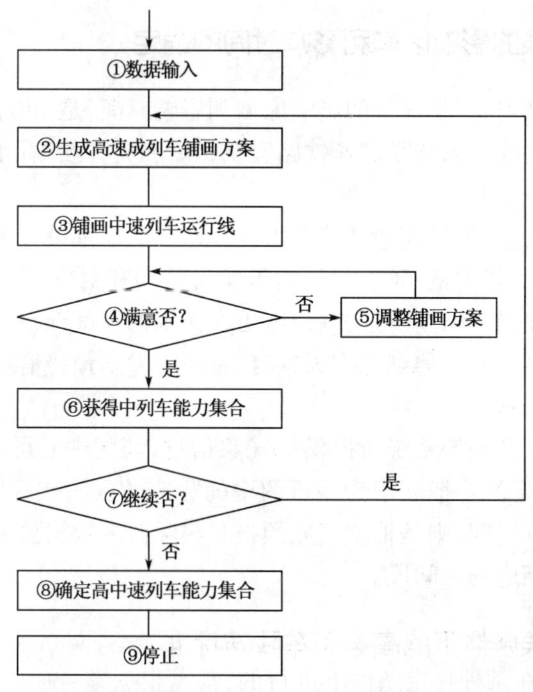

图6-3　计算机模拟法确定高速铁路通过能力算法框图

第二节　突发事件恶劣气候的影响分析

铁路运输系统是一个地域纵深、自然环境不断变化的开放系统。其中，气候条件的变化对行车组织将产生一定的影响。所谓恶劣的气候条件，一般是指发生暴雨、台风、大雪、冰雹等情况。暴雨可能改变线路的黏着条件和稳定性，形成暴雨径流并产生滑坡、泥石流；大雪容易造成道岔冻结和线路障碍，暴雨可能恶化供电接触网的受流条件，造成供电及通信信号设备故障，也会对列车运行产生意外的破坏力。这一切都将影响列车的正常运行，甚至危及行车安全。恶劣气候条件下的行车组织，是高速铁路行车组织的一个专门课题，其列车运行的调整，比一般条件下更为复杂和困难。

恶劣气候条件对高速铁路行车组织的影响，主要是，高速列车可能需要在其影响的区域和时间内，降低运行速度甚至被迫停车。因此，在恶劣气候条件下，列车运行调整的任务包括：确定恶劣气候的影响区域和影响时间；确定并采用相应的高速列车降速运行标准；制订并实施相应的列车运行调整方案。

一、恶劣气候的影响区域和影响时间的确定

在国外高速铁路，恶劣气候的影响区域和影响时间，是由专门的气象监测和预警系统来确定的。该系统是高速铁路安全保障和灾害预测预防系统的一个子系统。

为保证行车安全，国外高速铁路在沿线车站和区间都设有气象监测设备，不仅专门进行降雨量、降雪量、风力和风向等实时监测和报告，而且还和沿线地区的气象预测部门联网，随时获得周围地区更大范围的天气预报信息，这些信息被实时地传输到调度中心。遇到恶劣天气时，系统将发出预警信息，提醒调度中心采取必要的安全措施。

根据气候监测和预警系统所提供的气象信息，调度中心可以确定出恶劣气候的影响区域，该区域一般表示为运行图中的相应的区间或区段。而恶劣气候在该区域内的延续时间，则是根据气象预报和实际监测数据预测出来的，一般也表示为运行图中相应的时间段。

二、恶劣气候条件下的高速列车降速标准

在恶劣气候条件下，为保证行车安全，高速列车将被迫降速运行。各种恶劣气候条件下的降速标准一般是根据运行经验、实际事故的教训和实验室模拟数据分析（如风洞模拟、轮轨相互作用模拟和弓网相互作用模拟等）来确定的。而且标准的形成和发展是一个从无到有、逐步完善的长期过程。

1. 暴风条件下的列车限速标准

日本新干线的风速和列车限速规定如表 6-1 所示。

风速和列车限速规定 表 6-1

风速(m/s)	列车限制速度(km/h)
<20	不限
20~25	45
>30	停止运行

当风速分别超过 20m/s、25m/s、30m/s 时,指示注意、警告和危险信号,同时在控制中心发出音响告警,通过 ATC 发出限速 160km/h、70km/h 或停车信号,并通知列车司机(表 6-2)。

桥上风速和列车限速规定 表 6-2

风速(m/s)	列车限制速度(km/h)
20~25	160
25~30	70
>30	停止运行

考虑到位于江河及山谷间的桥梁最易受强风影响且产生的破坏力最大,日本铁路还规定了表 6-2 所示的桥上风速对列车速度的限制。

2. 降雨条件下的列车限速标准

日本新干线规定了在不同降雨量下的列车限速标准如表 6-3 所示。

地区降雨量和列车限速规定 表 6-3

<table>
<tr><th colspan="2">地点</th><th>170km/h 缓行</th><th>70km/h 缓行</th><th>停 止 运 行</th></tr>
<tr><td>冈山</td><td>A</td><td>连续降雨+每小时降雨 170mm+30mm
每小时雨量 45mm</td><td></td><td>连续降雨+每小时降雨
190mm+40mm
每小时雨量 55mm
连续降雨+每小时降雨
250mm+20mm
连续雨量 350mm</td></tr>
<tr><td rowspan="2">广岛</td><td>A</td><td>连续降雨+每小时
降雨 160mm+30mm
每小时雨量 40mm</td><td></td><td rowspan="2">连续降雨+每小时降雨
190mm+40mm
每小时雨量 55mm
连续降雨+每小时雨
250mm+20mm
连续雨量 350mm</td></tr>
<tr><td>B</td><td>连续降雨+每小时降雨
135mm+25mm
每小时雨量 35mm</td><td>连续降雨+每小时降雨
160mm+30mm
每小时雨量 40mm</td></tr>
</table>

续上表

地点		170km/h 缓行	70km/h 缓行	停止运行
九州	A	连续降雨 + 每小时降雨 170mm + 30mm 每小时雨量 40mm		连续降雨 + 每小时降雨 190mm + 40mm 每小时雨量 55mm
	B	连续降雨 + 每小时降雨 135mm + 25mm 每小时雨量 35mm	连续降雨 + 每小时降雨 170mm + 30mm 每小时雨量 40mm	连续降雨 + 每小时降雨 250mm + 20mm 连续雨量 350mm

3. 降雪条件下的列车限速标准

日本新干线规定了在不同降雪天气状况和积雪状况下的列车限速标准，如表 6-4所示。

降雪和列车限速规定(单位:km/h)　　表 6-4

积雪状况 / 天气状况	融雪	积雪	雨夹雪	小雪	雪
线路上能见到雪粒	无限制			170	120
能看到枕木凹凸不平	170			120	
积雪高于铁轨	170	120		70	

此外，日本还特别规定了伴随地震发生时的列车运行规则。

第三节　突发事件条件下铁路区间通过能力的分析计算

铁路通过能力是指在采用一定类型的机车车辆和一定的组织方法条件下，铁路区段的各种固定设备，在单位时间内(一昼夜或一小时)所能通过的最大行车量(列车列数或列车对数)。按一个铁路区段确定的通过能力称为铁路区段通过能力，按铁路全线确定的通过能力称为全线通过能力。

铁路通过能力的大小同该线路的固定设备、机车车辆类型以及行车组织的方式和方法或列车运行图的类型等因素有关。铁路区段通过能力直接或间接地受到与行车有关的各种技术设备的限制，如受到线路区段的设备、车站的设备、机务段的设备，以及供电设备、供水设备等因素的限制。这些因素中最薄弱的环节就是确定区段通过能力的限制因素。这个薄弱环节所能提供的最大通过能力称为区段最终通过能力，而最薄弱区段的最终通过能力即为全线的最终通过能力。由于机车车辆等活动设备投入相对较低，决定运输能力的往往是线路和技术站。

通过能力概念还包括设计通过能力、实现通过能力两种。设计通过能力指预计新线修建以后或现有铁路技术改造以后,铁路区段固定设备所能达到的能力;实现通过能力指在现有固定设备、现行的行车组织方法和现有的运输组织水平的条件下,铁路区段可能达到的能力。

在突发事件条件下,由于线路区间设备、区间设备、机务段设备、动车组等受到突发事件条件的影响,不能发挥其正常的运输功能,线路(区间)的通过能力就会受到影响。这种影响具体体现在行车调度指挥部门遵守行车规则,对列车在突发事件条件出现的区间进行限速,从而导致区间能力下降。即实现通过能力将受到不同程度的影响,而这是进行列车运行径路分配和运行调整的基础。

目前,对铁路区间通过能力的计算方法主要有两种。一种是模拟方法,即通过计算机仿真线路区间的各种设备情况以及线路区间的状态,使尽可能多的列车在相关的线路和区间上进行运行模拟,从而发现线路区间的通过能力。另外一种方法通过公式进行计算,即在明确线路区间运行的各种列车的比例条件下,通过计算扣除系数,从而计算单位时间内线路区间的通过能力。赵丽珍与朱家荷研究高速铁路高、中速列车混跑模式下,利用区间渡线和反向线路组织不同速度等级列车待避或越行对线路区间通过能力的影响。定量分析了3种不同越行方式对高速铁路本线通过能力和反向线路通过能力的影响程度,得出了增设区间渡线组织列车越行对高速铁路通过能力的影响程度随高速铁路站间距离、中高速列车速差、列车最小追踪间隔、列车越行方式以及运行图结构不同而变化的规律[137]。李洪波对现行的铁路区间通过能力的计算方法进行了改进,重新设置了扣除系数,并对非平行运行图的通过能力计算公式进行了修正[138]。赵丽珍采用理论分析与图解相结合的方式,计算高速铁路区间通过能力。对有停站高速列车相对于无停站高速列车的扣除系数和中速列车相对于有停站与无停站高速列车的扣除系数进行了理论分析,并得出了三者的关系;利用计算机编制高速铁路列车运行图软件铺画满表列车运行图,分别图解出有停站高速列车扣除系数及不同中速列车数量条件下的中速列车相对于无停站高速列车和有停站高速列车的扣除系数,在此基础上,计算高速铁路高、中速混跑条件下,不同中速列车数量时的区间通过能力,并分析了区间通过能力随中速列车数量变化而变化的趋势。得出高速列车平均扣除系数为1.49。中速列车数量为10~60列时,中速列车扣除系数变化范围为5.73~1.66[139]。杨肇夏与杨宇东从技术可行性角度出发,提出了京沪高速铁路区间通过能力计算参数,并通过铺画实验运行图,得出了不同列车运行组织方案下通过能力及列车扣除系数的计算结果[140]。

纪加伦与杨肇夏从行车组织角度对我国铁路在采用移动闭塞制度时的运行组织方式和区间通过能力的计算方法进行了初步探讨，提出了列车追踪运行的区间与车站间隔时间的计算公式以及列车实际追踪运行速度实行三级控制的跟驰模型，通过计算机辅助铺画区段最大列车运行图来完成区间通过能力的计算[141]。

胡思继指出，没有缓冲时间的小时通过能力是指区间紧张阶段，不考虑列车等级顺序和列车运行质量要求的条件下，按列车追踪关系紧密行车，在1h内所能放行的列车数。对于能力紧张时区间通过能力的计算，追踪间隔按照"运行图不相干"法进行计算，并且在能力紧张时段，直接用时间除以追踪间隔时间，与运行图中列车的等级种类无关。这种方法适合计算突发事件条件下区间的通过能力[142]。

由于在突发事件条件下，制订新的运行计划之时，采取的运输组织模式、各种等级列车的比例等相关信息并不明确，所以并不能计算铁路区段的实现通过能力，只能在根据铁路区段固定设备的工作性能计算理论上的铁路区段通过能力。

在突发事件条件下，运输生产指挥部门根据突发事件条件的严重程度给出区间行车的速度限制，从而导致区间通过能力下降。在突发事件条件下，铁路区间的通过能力主要受到该种条件下的发车间隔的影响，所以，在计算突发事件条件下计算铁路区间通过能力时，在基础部分，采用平行运行图的通过能力的计算办法。

一般来说，传统的平行运行图单方向通过能力（列/日）计算公式如下。

$$N = \frac{1\,440 \times 60 - (T_{\text{skylight}} + T_{\text{waste}})}{I} \tag{6-12}$$

式中：N——区间通过能力，列；

T_{skylight}——综合维修天窗时间（包括线路维修、电网维修、维修车辆占用时间），s；

T_{waste}——维修天窗产生的额外损失时间，s；

I——列车追踪运行时间间隔，s。

在突发事件条件下，列车在区间的追踪间隔 I 受到突发事件条件下调度规则的影响，下面详细讨论在突发事件条件下区间通过能力的计算。本著作重点讨论的是由于限速状态的改变而导致的能力值的变化，并对一个阶段的能力值进行换算。在列车运行组织方案设计过程中，由于运行图没有确定，所以不依文献[137]~[141]所介绍的方法计算，而是采用文献[142]介绍的方法计算。

一、突发事件条件下区间通过能力的计算策略

在一个时间段内,突发事件条件的严重程度是随机变化的。其导致的结果即为区间的限速值在这个时间阶段内区间的通过能力发生变化,本著作称之为突发事件条件状态改变。为了更准确地进行列车运行径路分配,必须计算该时间段内的通过能力。

在这个时间阶段内,易知突发事件条件的状态改变过程是一个典型的马尔可夫过程。下面设计突发事件条件下的区间通过能力的计算模型。

如图 6-4 所示,将计算时段分成 n 个分时段,由于每个分时段的应急等级不同,那么其区间的限速要求不同,导致各分时段区间通过能力不同。$ac^{(i)}$ 表示在第 i 个分时段的区间通过能力的实际值,令 $\Delta t^{(i)} = t_i - t_{i-1}$,$i = 1、2、\cdots、N$,则整个时段的区间通过能力为:

$$c^{\text{convert}} = \sum_{i=1}^{N} ac^{(i)} \tag{6-13}$$

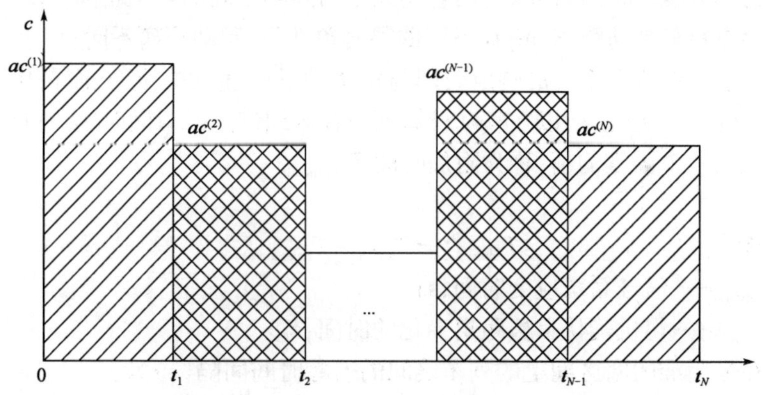

图 6-4 突发事件条件下区间通过能力变化过程示意

下面讨论式(6-13)中各分时段能力的计算方法。

需要指出的是,每一个分时段的时间跨度并不一定是相等的,其时间长度随着现场的实际情况与突发事件的状态演变发生变化。为计算方便,本著作认为可以通过将突发事件影响的时间段等分的方法得到分时间段的长度。

二、突发事件条件下区间通过能力的计算方法

1. 移动闭塞与准移动闭塞模式下的列车追踪间隔时间

(1)正常条件下列车追踪时间间隔的确定

我国高速铁路采用准移动闭塞或移动闭塞列控系统,例如武广高速铁路采用无线列控中心发布行车许可的 CTCS-3 系统,其为准移动闭塞方式。目标距离控制模式根据目标距离、目标速度及列车本身的性能曲线确定列车制动曲线,不设定闭塞分区速度等级,采用一次制动方式。其目标距离如图 6-5 所示。

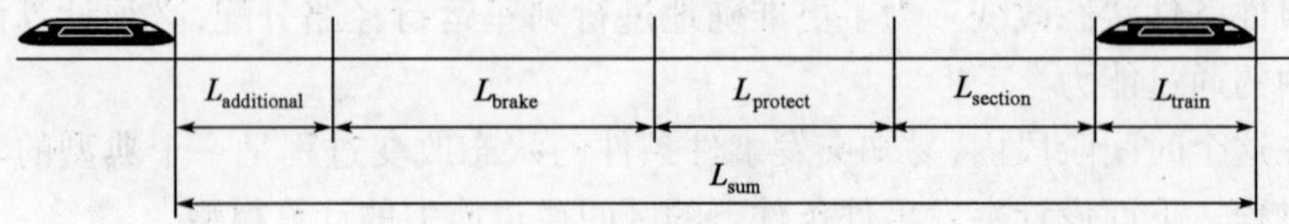

图 6-5 目标距离控制模式

其中:

L_{train} 为列车的长度,m;

$L_{section}$ 为前行列车占用的闭塞分区长度,m;

$L_{protect}$ 为保证后方列车不进入前方列车占用闭塞分区的安全距离,m;

L_{sum} 为移动闭塞或者准移动闭塞模式下两列车之间的安全距离,m;

L_{brake} 为列车制动距离,m;在不同的限速条件下,制动距离不同;

$L_{additional}$ 是由信号系统的响应时间与司机的反应速度决定的,而司机的反应速度具有强的主观性,所以在实际计算列车在区间的追踪时间时,应直接在追踪时间上加入一个固定的值,称为附加时间 $T_{additional}$。

令

$$T_{additional} = T_{action} + T_{recognize} \tag{6-14}$$

式中:T_{action}——信号系统应变时间,s;

$T_{recognize}$——司机确认目标距离变化的时间,s。

又在采用准闭塞区间上的列车之间的追踪时间间隔(s)为:

$$I = \frac{L_{train} + L_{section} + L_{protect} + L_{brake}}{v \times 1000} \times 3600 + T_{action} + T_{recognize} \tag{6-15}$$

式中:v——列车平均运行速度,km/h。

所以

$$I = \frac{L_{train} + L_{section} + L_{protect} + L_{brake}}{v} \times 3.6 + T_{additional} \tag{6-16}$$

(2)突发事件条件下区间限速要求与列车追踪时间间隔

不同类型及级别的突发事件导致的铁路区间的限制速度不同。而区间的通过能力与区间的限速有直接的关系。假设不同的应急状态下限速要求有 M 种,相应的限速值为 $v_1, v_2, \cdots, v_M$,则对应的列车追踪时间(s)I_i 分别为:

$$I_i = \frac{L_{train} + L_{section} + L_{protect} + L_{i,brake}}{v_i} \times 3.6 + T_{additional} \quad i = 1,2,\cdots,N \tag{6-17}$$

式中：$L_{i,brake}$ ——在限速 v_i 时列车的制动距离。

在不同的限速条件下，列车的制动距离是不同的。

2. 自动闭塞模式下的列车追踪间隔时间

(1)在使用三显示的自动闭塞区段，追踪列车之间的间隔，通常情况下需相隔 3 个闭塞分区[143]，如图 6-6 所示。

$$I = \frac{L_{train} + L'_{subsection} + L''_{subsection} + L'''_{subsection}}{v} \times 3.6 \tag{6-18}$$

式中：L_{train} ——列车的长度，m；

$L'_{subsection}$、$L''_{subsection}$、$L'''_{subsection}$ ——分别为 3 个闭塞分区的区间长度，m；

v ——列车平均运行速度，km/h。

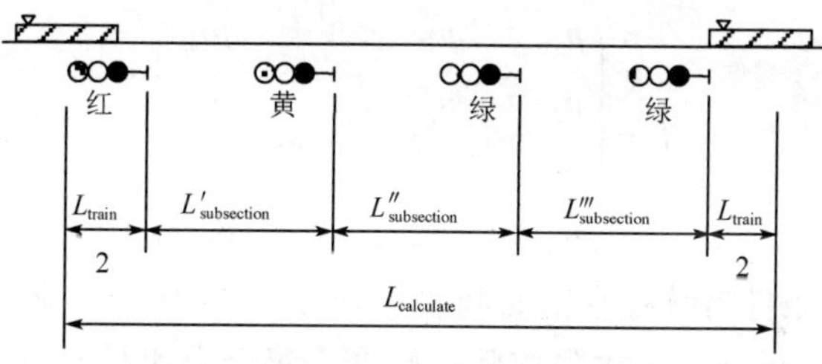

图 6-6　三显示自动闭塞区段列车追踪间隔

同样，在突发事件条件下，限速为 v_i 时，三显示自动闭塞区段的列车追踪间隔时间(s)是：

$$I_i = \frac{L_{train} + L'_{subsection} + L''_{subsection} + L'''_{subsection}}{v_i} \times 3.6 \tag{6-19}$$

(2)如图 6-7 所示，在四显示自动闭塞区间，列车追踪运行至少保证有 5 个

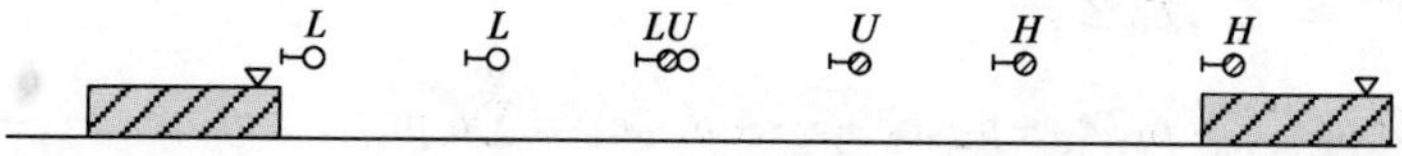

L　L　LU　U　H　H

闭塞分区性质	提醒区	第一制动区	第二制动区	第三制动区	防护区	占用区
信息种类	提醒注意	预告	预告	停车		

图 6-7　四显示自动闭塞区段列车追踪间隔

闭塞分区的间隔。其中防护区用于保护区间，要求列车停车；提醒区用于提醒司

机,列车将进入减速地段。所以,在四显示自动闭塞条件下,在区间内运行的追踪列车间隔时间(s)可按照下式计算。

$$I = \frac{5L_{\text{sunsection}} + L_{\text{train}}}{v} \times 3.6 \tag{6-20}$$

同样,在突发事件条件下,限速为 v_i 时,四显示自动闭塞区段的列车追踪间隔时间(s)是:

$$I_i = \frac{5L_{\text{sunsection}} + L_{\text{train}}}{v_i} \times 3.6 \tag{6-21}$$

3. 分时段区间通过能力值计算

假设突发事件条件下的限速要求有 M 种,则对应的区间的通过能力也有 M 种情况,记为 $c_1, c_2, \cdots, c_M$,且 $c_1 < c_2 < \cdots < c_M$,其构成各状态能力值集合 C ,限速状态转换矩阵为

$$P = \begin{pmatrix} p_{11} & p_{12} & \cdots & p_{1M} \\ p_{21} & p_{22} & \cdots & p_{2M} \\ \vdots & & \ddots & \vdots \\ p_{M1} & p_{M2} & & p_{MM} \end{pmatrix} \tag{6-22}$$

将突发事件条件持续存在的时间段 T 划分为 N 个分时段,每个分时段对应一个限速状态,进行 $N-1$ 次限速状态转变。每个限速状态对应的区间的能力值为: $ac^{(1)}, ac^{(2)}, \cdots, ac^{(N)}$, $ac^{(1)}, ac^{(2)}, \cdots, ac^{(N)}$,其值均取自集合 C 。$ac^{(1)}$ 为在时间段 T 内首次限速时对应的区间通过能力值,设 $ac^{(1)} = c_i$, $1 \leqslant i \leqslant M$ 。

则有:

$$E(ac^{(2)}) = p_{i,1}c_1 + p_{i,2}c_2 + \cdots + p_{i,M}c_M = \sum_{j=1}^{M} c_j p_{i,j} \tag{6-23}$$

推广到一般情况,假设第 l 阶段的前一个阶段的能力值是 $c_h, h = 1, 2, \cdots, M$, 即 $ac^{(l-1)} = c_h$,那么:

$$E(ac^{(l)}) = p_{h,1}c_1 + p_{h,2}c_2 + \cdots + p_{h,M}c_M = \sum_{j=1}^{M} c_h p_{h,j} \quad l = 2, 3, \cdots, N \tag{6-24}$$

实际上,在除突发事件条件的首次限速状态外,在时间段 T 内的其余 $N-1$ 个状态的期望能力值都是如此,区别在于 i 有所不同。即,第 $i+1$ 个限速状态的区间通过能力的期望值只取决于其前一个分时段 i 的状态,而与 i 分时段之前的状态无关。可知突发事件条件存在的时间段 T 内,区间能力的变化过程是一个典型的马尔可夫过程。

而每个分时段的通过能力值必须是一个确定的值,而非期望值。铁路运营

部门必然会在各分时段的开始时刻根据现场的实际状态给出限速命令,所以该时段的区间通过能力是确定的。每一个阶段的能力值必定是取自集合 C 。而每个分时段的能力值 $ac^{(l)}$ 由下面的步骤确定。

在集合 C 中必然存在两个元素 c_i 与 c_{i+1} ,使得 $c_i \leqslant E(ac^{(l)}) \leqslant c_{i+1}$,那么 $ac^{(l)}$ 必然在 c_i 与 c_{i+1} 中选择,涉及能力计算中两种策略。

策略 1:悲观策略

令 $ac^{(l)} = c_i$ 。考虑到现场的实际情况,为确保运行计划适应突发事件条件下线路区间的通过能力,在计算线路区间的能力的换算值时,取所有状态通过能力值"左趋近"线路区间能力期望值的能力状态值,这是由现场的限速值决定的。

策略 2:模糊策略

由于在突发事件条件下线路区间的通过能力具有模糊性,可通过模糊取值的策略计算。设计 $ac^{(l)}$ 分别趋向于 c_i 与 c_{i+1} 的模糊隶属度函数。一种可能的趋向于 c_i 的隶属度函数为:

$$r_1 = \begin{cases} 0 & E(ac^{(l)}) = c_{i+1} \\ \dfrac{c_{i+1} - E(ac^{(l)})}{c_{i+1} - c_i} & c_i < E(ac^{(l)}) < c_{i+1} \\ 1 & E(ac^{(l)}) = c_i \end{cases} \tag{6-25}$$

可得:

$$r_1 = \frac{c_{i+1} - E(ac^{(l)})}{c_{i+1} - c_i} \tag{6-26}$$

同理,趋向于 c_i 的隶属度函数为:

$$r_2 = \frac{E(ac^{(l)}) - c_i}{c_{i+1} - c_i} \tag{6-27}$$

那么:

$$ac^{(l)} = \begin{cases} c_i & r_1 \geqslant r_2 \\ c_{i+1} & r_1 < r_2 \end{cases} \tag{6-28}$$

显然,此处采用了三角模糊隶属度函数作为突发事件条件下通过能力计算的函数,其实质是一种"就近原则"。当然,根据实际情况,可以设计其他隶属度函数代替三角模糊隶属度函数,如梯形隶属度函数、高斯隶属度函数、Bell 函数及 Sigmoid 函数等。

求解时间段 T 内的区间能力值的步骤如下：

第一步：获取第 1 分时段的能力值 $ac^{(1)}$，设置计算次数 temp = 1；

第二步：根据状态通过能力集合 C 与状态转换矩阵 P，计算下一分时段的区间通过能力期望值 $E(ac)^{(2)}$；

第三步：根据 $E(ac^{(2)})$ 的值，在集合 C 中查找 c_i 与 c_{i+1}；

第四步：计算 $ac^{(2)}$ 分别取值 c_i 与 c_{i+1} 的隶属度函数；

第五步：根据隶属度函数的值，确定 $ac^{(2)}$；计算次数加 1，即temp = temp + 1；

第六步：重复步骤二至步骤五，分别计算 $ac^{(3)}$、$ac^{(4)}$、…、$ac^{(N)}$，直至 temp $= N$；

第七步：对 $ac^{(1)}$、$ac^{(2)}$、…、$ac^{(N)}$ 求和得时间段 T 内的区间能力值。

本章小结

本章阐述了正常条件下铁路通过能力的计算方法，详细描述了扣除系数法与计算机模拟的方法。然后，对一类突发事件——恶劣天气气候对铁路通过能力的影响，设计了突发事件条件下铁路区间通过能力的计算策略，给出了利用马尔可夫链基于分时段区间通过能力的计算方法，为突发事件条件下铁路区间通过能力的计算提供了一种崭新的方法。

第七章　突发事件条件下列车运行可行径路集生成

在突发事件条件下，路网能力严重不足，在路网上组织列车运行，需要有一个必备前提条件，即存在对突发事件影响区段有替代作用的径路。这样的径路构成径路集，其在运行调整的时间段内能够分流突发事件影响区段的列车。所以，在进行列车运行调整之前，需要在确定突发事件影响区段的基础上，确定其可行径路集。

为了明确在调整时间段内列车能够在可行径路集上完全分配，需要对径路上的各区间的能力进行计算。本著作研究了新建高速铁路在突发事件条件下区间通过能力的计算方法。对既有普速线路和既有城际线路的区间能力，采取直接查定的方法。

第一节　最短径路生成研究现状

关于最短径路生成的基础理论研究的文献很多。Dijkstra 提出了 Dijkstra 算法，奠定了网络上最短径路生成算法的理论基础[144]。另外，还有许多最短路算法，如启发式搜索 A＊算法、Bell_Ford 算法和 Floyd_Washall 算法等。近年来，随着智能算法的研究逐渐深入，产生了许多基于智能技术的最短径路生成算法，如孙宝林等采用遗传算法解决最短径路问题[145]。程世娟等、张学敏与张航分别提出了用蚁群算法来解决网络最短路径问题的新方法[146,147]。由最短路算法衍生出的 *K*-最短路生成方法也得到了广泛的研究。柴登峰与张登荣基于 Dijstra 算法设计了 *K*-最短路算法。这些关于网络上最短径路生成的算法为我国铁路运输调度指挥问题的研究提供了有利的基础理论支持[148]。

我国目前有各类车站 6 000 多个，通车里程达到 7 万多公里。形成了完整的铁路运输网络。随着近几年高速铁路建设全面铺开，我国的铁路网络日趋完善，关于径路生成的相关研究，可以广泛应用到铁路列车的径路的生成中。

第二节　突发事件对路网拓扑结构的影响

一、路网描述

以车站为节点，以车站之间的区间为弧段，建立全国的路网图。在本著作中，建立路网图时，将同在一个城市的不同线路上的车站视为同一个节点。在枢纽内部，如果存在不同线路车站之间的联络线，说明其具备为不同的列车提供跨线运行的能力。

如此，本著作所建的路网模型中的节点有两类：一类是单个车站构成的节点，此类节点是只与同类铁路线路构成的弧段的连接点，其与其他某一节点连接的弧段的数量为 1，如图 7-1a）所示，v_a、v_b、v_c 均为第一类节点。另一类节点是由存在联络线的两个或者以上的车站构成的枢纽，与此类节点相连的节点集合中，至少存在一个节点与之通过两条及其以上的弧段相连，如图 7-1b）所示，v'_a、v'_b、v'_c 均为此类节点。根据其节点内不同车站是否存在联络线，可以将其分为跨线节点与非跨线节点。

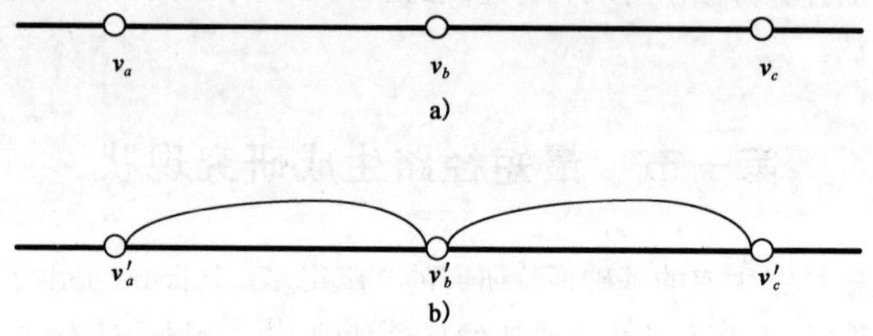

图 7-1　路网模型中两类节点

a）第一类节点；b）第二类节点

所以，路网模型描述为：

$$G(V,E)\ ,\ V = V^0 \cup V' \tag{7-1}$$

式中：V^0 ——上述第一类节点的集合；

V' ——上述第二类节点的集合；

E ——线路弧段集合。

二、突发事件对路网拓扑结构的影响

突发事件对路网拓扑结构的影响作用体现在两个方面。其一，突发事件对路网上的节点造成影响，即降低车站或枢纽的接发车能力，严重情态下，甚至导

致节点完全在路网中失效，那么与其相连的所有弧段都将失效，此时，路网拓扑会发生较大变化。如图 7-2a）所述的路网图中，当突发事件发生在节点 v_b 并导致其失效时［图 7-2b）］，导致与 v_b 相连的弧段 $v_a—v_b$，$v_b—v_c$，$v_b—v_d$ 在路网中失效。其二，当突发事件影响发生在弧段上时，会导致相应线路区间通过能力下降，严重时导致线路区间限速值为零，即禁止通过，此时弧段失效，如图 7-2c）所示。

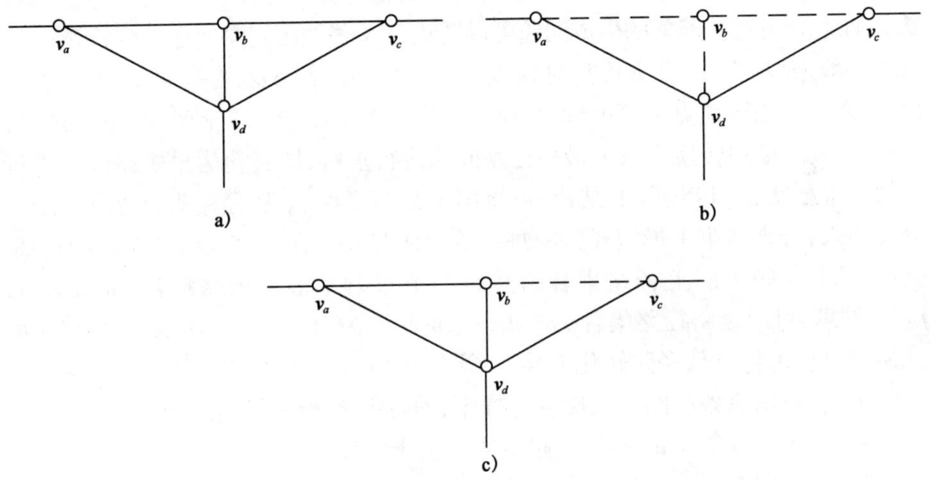

图 7-2　突发事件对路网拓扑结构影响示意

a）突发事件发生前路网拓扑；b）突发事件发生在节点后路网拓扑；c）突发事件发生在弧段后路网拓扑

第三节　径路生成模型与算法

一、K-最短路算法

设有图 $G(V,E)$，给定两个节点 v_i、v_j，p 为 v_i 与 v_j 之间的一条径路，其长度记为 $d(p)$，由 v_i 与 v_j 之间所有互不相同的径路组成的集合 $R(G,v_i,v_j)$ 称为 G 上 v_i 与 v_j 之间的径路集合。即：

$$R(G,v_i,v_j) = \{p \mid p \text{ 为 } v_i \text{ 与 } v_j \text{ 之间的径路}\} \tag{7-2}$$

若存在 $R' \subseteq R$，R' 中每一条径路的长度均小于一个阈值 ξ，即：

$$R'(G,v_i,v_j) = \{p \mid d(p) \leqslant \xi\} \tag{7-3}$$

则称 R' 为 ξ-可行径路集。将 $R(G,v_i,v_j)$ 中元素以径路长度由小到大的顺

序进行排列,得:

$$R(G,v_i,v_j)=\{p_1,p_2,\cdots,p_N \mid d(p_1)\leqslant d(p_2)\leqslant\cdots\leqslant d(p_N)\} \tag{7-4}$$

其中 p_K 为 v_i 与 v_j 之间第 K 最短径路,则 K-最短径路集为:

$$R(G,v_i,v_j)=\{p_1,p_2,\cdots,p_K \mid d(p_1)\leqslant d(p_2)\leqslant\cdots\leqslant d(p_K)\} \tag{7-5}$$

即:

$$R(G,v_i,v_j)=\{p_l \mid l\leqslant K\} \tag{7-6}$$

若式(7-4)中有 $d(p_M)\leqslant\xi$,则 ξ-可行径路集可表示为 $R'(G,v_i,v_j)=\{p_l \mid l\leqslant M\}$,如此,$\xi$-可行径路集的生成问题可以转化为 K-最短径路集问题进行处理。

一般来说,图 $G(V,E)$ 上两顶点间的任一径路都必然是它的某一子图 $G'(V,E')$ 上相同顶点的第1最短径路,可将一个图 $G(V,E)$ 上两顶点间的第2,3,…,K 最短径路转换为第1最短径路问题进行求解,即转化为最短路问题进行求解。根据文献[148]等的结论,可将第1最短径路 p_1 从径路集合 $R(G,v_i,v_j)$ 分离出来,分别将第1最短径路的每一条边从图 $G(V,E)$ 上分离出来,得到一系列的子图,这些子图上径路集合的并集等于非第1最短径路集合 $\{p_2,p_3,\cdots,p_N\}$,同理,可继续将径路集合 $\{p_2,p_3,\cdots,p_N\}$ 分为第1和非第1最短径路。如此递归进行可将全部径路转化为某一子图上的第1最短径路。然后将所有径路全部求出,根据每条径路的长度进行排序,即可得 K-最短径路问题的解。

基于 Dijkstra 算法的 K-最短路生成算法步骤如下[149]。

第一步:用 Dijkstra 算法求出最短径路,并对最短径路、各点的最短径路长度及最短径路长度分别存入数组 Paths, Dists 与 MinDis。

第二步:求出最短径路数组里存放的径路的邻点,存入数组 Neirs。

第三步:计算经过 n 次短路经邻近点 v_t 的径路 v_s—v_t—v_j—v_e 的距离,并存入数组 TempDists 中,v_j 是邻近点相邻的 n 次短径路上的结点。

第四步:将数组 TempDists 中的距离值进行排序,计算出其中距离最小的相对应的径路并存入数组 Paths 中。最短路的数目加上1。

第五步:如果最短路的数目达到 K,则停止计算,否则转第二步。

二、针对突发事件条件下径路生成的算法改进

1. 突发事件条件下径路生成起讫点的确定

(1)突发事件条件径路生成需要根据事件发生的地点确定径路生成的起讫点。此时,径路生成主要涉及以下几个问题。

①由于事故条件导致失效或者能力降低的节点或边,并不一定具备跨线能力,所以在进行径路搜索时,需要注意车站的性质,即不同种类的线路之间在某

枢纽是否有联络线。

②可行径路集中可能会包含若干条迂回径路,迂回径路的径路长度设置需要有一定的限制条件。一方面使径路的生成更加迅速有效,另一方面,可以尽量避免对突发事件未影响的区段造成影响。

③跨线列车应该在可能的情况下尽早恢复既定线路运行,即径路的起讫点确定应以满足各类列车返回其既定径路为原则。

(2)鉴于以上问题的分析,本著作针对事故条件下列车跨线运行可行径路集的生成做以下规定。

①当突发事件发生点出现在枢纽,该枢纽内部不同种类的线路之间存在联络线,则设置该节点和下一可跨线节点作为径路设置的起点和终点。

②若突发事件发生点所在位置出现在弧段上或者不具备与其他线路连接的联络线的客运站上,则以事故发生点的前一、后一可跨线节点作为径路设置的起点和终点。

(3)径路搜索起始点的确定必须考虑突发事件条件影响的节点及边。搜索过程如下。

①通过事故数据判断事故发生地,并判断受突发事件影响的是边还是节点,如果是边失效,则转第②步,如果是节点失效或受损,则转第③步。

②如图7-3a)所示,弧段 e_i 由于突发事件而失效, v_i , v_{i+1} 为弧段 e_i 的两端节点,执行节点条件判断过程,若 v_i , v_{i+1} 均为可跨线节点时,则 $v_i = P$, $v_{i+1} = Q$;若 v_i , v_{i+1} 中至少有一点为不可跨线节点时,则分别向 v_i , v_{i+1} 两端搜索到距离 v_i, v_{i+1} 最近的可跨线的节点 v_{i-1} , v_{i+2} ,则 $v_{i-1} = P$, $v_{i+2} = Q$ 。

③如图7-3b)所示,节点 v_{i+1} 为受事故影响节点。根据节点判断条件,搜索到与节点 v_{i+1} 距离最近的可跨线节点 v_i , v_{i+2} 。则 $v_i = P$, $v_{i+2} = Q$ 。

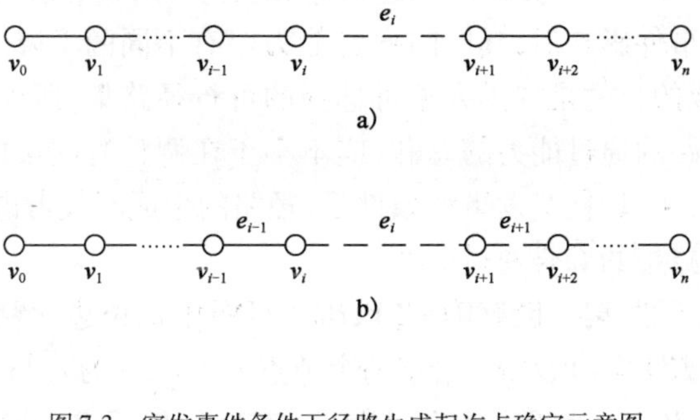

e_i

v_0 v_1 v_{i-1} v_i v_{i+1} v_{i+2} v_n

a)

e_{i-1} e_i e_{i+1}

v_0 v_1 v_{i-1} v_i v_{i+1} v_{i+2} v_n

b)

图7-3 突发事件条件下径路生成起讫点确定示意图

a)区间失效;b)节点失效

2. 方法改进

方案一：基于限制里程的 K-最短径路算法[150]

对第三节一中的算法进行改进。在突发事件条件下，对于列车运行径路的生成依照的第一原则即为里程最短原则，所以采取 K-最短路算法求解。而在实际生产中，决策者往往难以明确需要生成的径路的条数，即，K-最短路算法中的 K 难以确定，使得这种算法难以奏效。

设计最大容忍延展系数，限制新生成径路与原径路的里程的最大比值，去除里程过长的新生成径路，避免进行列车运行径路分配导致列车绕行的距离过长，造成严重晚点。

具体做法为：以两站之间既定径路为基础，乘以最大容忍延展系数后得到新径路限制里程，作为 K-最短径路生成的结束条件。

则 K-最短径路计算的计算步骤如下。

第一步：参数初始化，包括既定径路里程及延展系数，计算限制里程值。

第二步：用 Dijkstra 算法求出最短径路，并对最短径路、各点的最短径路长度及最短径路长度分别存入数组 Paths，Dists 与 MinDis。

第三步：求出最短径路数组里存放的径路的邻点，存入数组 Neirs。

第四步：计算经过 n 次短路经邻近点 v_t 的径路 $v_s—v_t—v_j—v_e$ 的距离，并存入数组 TempDists 中，v_j 是邻近点相邻的 n 次短径路上的结点。

第五步：将数组 TempDists 中的距离值进行排序，计算出其中距离最小的相对应的径路，判断其里程是否超出限制里程值，若是，结束计算；否则，将最短径路存入数组 Paths 中。最短路的数目加上 1；转第二步。

方案二：基于能力充足的径路生成算法改进

在新的铁路网络中，存在既有高速铁路、既有城际，又有既有普速铁路，而每种铁路受到突发事件影响后，其区间通过能力会有不同的下降。而在突发事件条件下，径路生成的目的是提供列车可选择的可行径路集，所以，在起点站和终点站之间所有径路的通过能力的总和，应不小于在调整时间段内需要通过该区段的列车的数量，所以，在突发事件条件下，径路的生成不仅考虑径路长度，还要充分考虑新的径路集的综合通过能力。

定义：C-充足径路集。设有图 $G(V,E)$，将图中每条边 e 赋予广义费用 w，弧段变为 e'，形成图 $G'(V,E')$，给定两个节点 v_i、v_j，p 为 v_i 与 v_j 之间的一条径路，其长度记为 $gd(p)$，其通过能力记为 c_p，若存在 $R' \subseteq R$，使得 $\sum_{p\in R'} c_p \geqslant N$，$N$ 为设定的目标能力值，称 R' 为 C-充足径路集。

在突发事件条件下，寻找 C-充足径路集仍按照 K-最短路的方法和步骤进行。但是其循环条件有所变化。K-最短径路集搜索循环停止的条件是，当径路的数量达到所要求的 K 时；而在突发事件条件下，径路搜索循环停止的条件是，生成的径路的通过能力的剩余总和已经达到或超过所要径路分配的列车的数量。这种搜索循环停止的条件，保证了生成的列车运行径路集能够满足突发事件条件下列车运行径路分配的需要。

径路集合生成的过程中，会出现后生成的径路与既有的径路共用区段的现象，这时，后生成的径路的能力可能恰好是共用弧段的剩余通过能力（径路的能力是组成径路的所有弧段中通过能力最小的弧段的通过能力）。那么，径路集合的综合的通过能力就不是各径路能力的简单的加和，而是小于或等于各径路的通过能力的总和。所以，在循环生成径路，进而生成 C-充足径路集的过程中，必须考虑这个问题。

所以，设计 C-充足径路集的生成步骤如下。

第一步：参数初始化，包括 C-充足值 N。

第二步：用 Dijkstra 算法求出最短径路，并对最短径路、各点的最短径路长度及最短径路长度分别存入数组 Paths，Dists 与 MinDis。

第三步：求出最短径路数组里存放的径路的邻点，存入数组 Neirs。

第四步：计算经过 n 次短路经邻近点 v_t 的径路 $v_s—v_t—v_j—v_e$ 的距离，并存入数组 TempDists 中，v_j 是邻近点相邻的 n 次短径路上的结点。

第五步：将数组 TempDists 中的距离值进行排序，计算出其中距离最小的相对应的径路 p 并存入数组 Paths 中。

第六步：计算径路 p 的通过能力。取组成径路 p 的各区间的剩余通过能力（区间通过能力计算办法见第六章，剩余能力为区间通过能力减去径路上已有的列车数）中最小的弧段，并将该弧段的的剩余通过能力作为径路 p 的通过能力，加至径路集合的综合通过能力 C_{sum}。

第七步：如果最短路集合的综合通过能力达到了 N，则停止计算，否则转第三步。

本 章 小 结

本章首先对突发事件条件下区间能力的随机特性进行了分析。充分研究了突发事件对线路区间能力的影响。发现线路区间能力状态的变化是一个齐次马尔可夫过程，运用概率统计原理，计算了调整时间段内的线路区间的期望能力。

研究了 K-最短径路算法，并根据突发事件条件对该算法进行了针对性的改进，使其适应在突发事件条件下路网上列车运行径路生成需求，给出了利用该 K-最短路算法生成可行径路集的计算方法及步骤。

第八章　突发事件条件下列车运行径路分配

根据第三章的分析，本著作所定义的突发事件条件下的列车运行组织明显区别于传统的列车运行调整。在目前大量的研究文献中，运行调整的研究对象是某区段上调整时间段内运行的列车。而在突发事件条件下，由于线路区间能力受到严重影响，要对列车的径路进行重新设计，所以，路网上列车运行组织问题可以设计为两个层次：列车运行径路分配与列车在站到发时刻的调整。本著作设计网络上列车运行调整的双层规划模型。

双层规划是具有上下两个层次系统的规划问题。很多决策问题具有上下层次的可分性。不同层次的决策既存在相互影响的关系，又相对独立。其本质是上层决策主体通过决策去指引下层决策主体的决策行为，不直接参与下层的决策；而下层决策主体把上层的决策作为约束，它可以在其可能范围内自由决策。当组成这种上下层关系的决策系统再以上下层次形式进行耦合时，就形成了多层决策系统。如果只有一个上、下层关系时，通常称为双层规划问题。显然，双层规划问题是多层决策系统的特殊形式，也是最基本的形式。

多层规划的概念首先由 Candler 和 Norton 在他们的研究报告中提出[151]。之后文献 Candler 与 Townsley、Bialas 与 Karwan、Bard 等先后提出了一般的二层规划或多层规划的数学模型[152-155]。其中，双层规划模型的普适数学表达为(P1)：

$$(\mathrm{UP1})\min_{x} F(\boldsymbol{x},\boldsymbol{y}) \tag{8-1}$$

$$\text{s.t.}\quad \boldsymbol{G}(\boldsymbol{x},\boldsymbol{y}) \leqslant 0 \tag{8-2}$$

其中 $\boldsymbol{y} = \boldsymbol{y}(\boldsymbol{x})$ 由下述规划求得：

$$(\mathrm{LP1})\min_{y} f(\boldsymbol{x},\boldsymbol{y}) \tag{8-3}$$

$$\text{s.t.}\quad \boldsymbol{g}(\boldsymbol{x},\boldsymbol{y}) \leqslant 0 \tag{8-4}$$

如上所示，双层规划模型(P1)是由上层模型(UP1)和下层模型(LP1)组成。上层规划问题的解 $\boldsymbol{x}$ 作为下层规划的输入，限制了下层决策的可行约束集，上层决策通过下层决策的目标函数与下层决策相互作用。值得指出的是,下层决策变量 $\boldsymbol{y}$ 是上层决策变量 $\boldsymbol{x}$ 的函数,即 $\boldsymbol{y}=\boldsymbol{y}(\boldsymbol{x})$,这个函数一般被称为反应函数。

一般来说,双层规划中上、下层决策之间的耦合关系具有相对性,体现在上层决策者所控制的双层规划变量的程度不同。有两种极端的情况如下:

(1)如果上层决策者控制所有的决策变量,则双层问题变为(P2):

$$\min_{x,y} F(\boldsymbol{x},\boldsymbol{y}) \tag{8-5}$$

$$\text{s.t.} \quad \boldsymbol{G}(\boldsymbol{x},\boldsymbol{y}) \leqslant 0 \tag{8-6}$$

$$\boldsymbol{g}(\boldsymbol{x},\boldsymbol{y}) \leqslant 0 \tag{8-7}$$

显然,此时双层规划问题已经变为单层规划问题。

(2)如果上层决策者和下层决策者分别独立地控制各自的决策变量,则双层问题变为(P3):

$$\min_{x} F(\boldsymbol{x},\boldsymbol{y}) \tag{8-8}$$

$$\text{s.t.} \quad \boldsymbol{G}(\boldsymbol{x},\boldsymbol{y}) \leqslant 0 \tag{8-9}$$

其中

$$\min_{y} f(\boldsymbol{x},\boldsymbol{y}) \tag{8-10}$$

$$\text{s.t.} \quad \boldsymbol{g}(\boldsymbol{x},\boldsymbol{y}) \leqslant 0 \tag{8-11}$$

在问题(P3)中,下层决策变量 $\boldsymbol{y}$ 不再是上层决策变量 $\boldsymbol{x}$ 的函数。易知,此时双层规划问题亦变为单层规划问题。

近年来,多层次规划模型在铁路运输组织研究中得到了广泛应用。史峰等建立了基于弹性需求的旅客列车开行方案优化模型[156]。漆昕与熊坚对旅客列车在客运专线和既有线间的跨线优化组织进行研究,建立了有时间约束和运能约束的跨线组织优化的 0-1 规划模型[157]。史峰等将列车开行方案与旅客换乘方案结合起来,以客流在铁路换乘网络上的分配作为下层规划,建立旅客列车开行方案的双层规划模型[158]。何宇强等以列车开行的最大收益和旅客的最大方便度为目标,同时考虑基于旅客最小出行费用的不同列车配流问题,建立列车开行方案的多目标双层规划模型[159]。这些文献对铁路上旅客列车的开行方案展开了广泛的研究,目标定位在提供高质量列车开行方案的生成和优化。

本著作针对网络上列车运行调整的特点,用两章篇幅描述突发事件条件下列车运行组织问题模型,采用双层规划的优化方法进行解决突发事件条件下列车运行组织问题。其结构如图 8-1 所示。

1. 上层规划(列车运行径路分配)问题

上层规划问题是在考虑高速铁路、既有城际、既有普速等线路在突发事件条件下能力的前提下，使列车的跨线费用最小、满足的列车运行需求的数量最大、旅客满意度最高，而进行的列车运行径路分配方案的优化问题。该层次优化问题以降低总列车运行费用为目标，选择列车径路，输出结果为列车在各条径路上的分配方案。

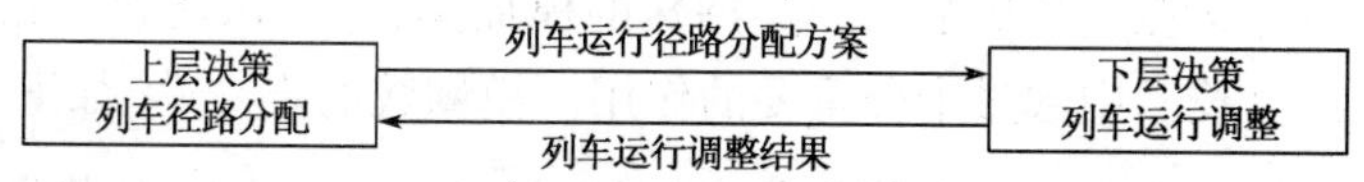

图 8-1　网络列车运行调整双层规划模型结构

上层决策模型的输入信息主要内容有：

（1）高速铁路、既有城际、既有普速线路构成的铁路网络基本信息，包括线路区间里程、不同线路之间联络线信息等。

（2）突发事件条件造成的影响，包括受影响线路区间通过能力、车站的接发车能力等。

（3）从突发事件发生时刻起，调度指挥人员确定的时间段内，受影响线路区间及波及范围内的列车信息，包括车次、原定径路等。

2. 下层规划（列车运行调整）问题

以上层（列车运行径路分配）规划所确定的列车运行径路分配方案约束条件为基础，考虑各类列车在区间的运行限速、追踪间隔、到达站等价性等，使得所有列车的广义的总晚点时间最小，而寻求各类列车在各车站的到发时刻的优化问题，是本著作所指的下层规划问题。下层决策的目标是调整列车的停站时间和区间运行时间，压缩列车总晚点时间，优化列车运行计划的稳定性，提高决策者满意度。输出结果是各列车在其径路上各站的到发时刻。

下层模型主要的输入信息有：

（1）各列车在原径路上各站的到发时刻。

（2）突发事件限速条件下，列车在各区间的最小的运行时间。

（3）各列车在原径路上的停站设置，包括车站名称和停站时分。

（4）上层规划的求解结果，即各种列车在各径路上的分配数量。

第一节　模糊线性规划

自从 1970 年，Bellman 与 Zadeh 提出模糊决策[160]的概念之后，模糊优化一直是一个引人注目的研究领域。在这个领域中模糊线性规划是一个发展较为成熟的领域,特别是用以求解模糊线性规划的容差法(Tolerance Approach),不仅理论上比较完备,也在实际模糊决策中获得了广泛应用。

一、模糊数

模糊数是定义在实数域上的一类特殊的模糊集,它在模糊数学和模糊优化的理论以及计算技术中起过十分重要的作用。模糊数的定义[161]如下:

若 $\tilde{I}$ 是实数域 R 上的正常模糊集,且对于任意 $0 \leqslant \alpha \leqslant 1$,其截集 I_α 是一个闭区间,则称 $\tilde{I}$ 是一个模糊数。

由以上定义可以看出,模糊数是实数轴上的一个闭的区间数。由于在实际的工程与社会经济的系统中,许多因素不能用确定的数量来描述,但人们却知道这些量的范围及属于该范围的程度。模糊数为这些因素的描述提供了一个有效的数学工具。

二、模糊线性规划

传统的目标—资源型线性规划问题,可以用如下标准形式描述:

$$\max \quad \boldsymbol{c}^{\mathrm{T}} x \tag{8-12}$$

$$\text{s. t.} \quad \boldsymbol{A}x \leqslant \boldsymbol{b} \tag{8-13}$$

$$x \geqslant 0 \tag{8-14}$$

式中:$\boldsymbol{A} \in \boldsymbol{R}^{m\times n}$、$\boldsymbol{b} \in \boldsymbol{R}^{\mathrm{m}}$、$\boldsymbol{c} \in \boldsymbol{R}^{n}$——分别为资源约束矩阵、资源拥有向量和系数向量。

所谓目标—资源问题是要在满足资源约束的前提下极大化某个目标函数。这个目标函数可能是在某个系统的产值,利润或其他类似的指标。以上模型中,式(8-12)即为希望极大化的目标函数,式(8-13)为资源约束,而式(8-14)中的 x 即为决策变量。模糊线性规划可以分为3种类型,分别为清晰系数型、模糊系数型及非精确系数型[161]。

(1)清晰系数型

在清晰系数型的模糊线性规划中,所有系数向量和矩阵都是清晰的,但是资源约束不等式或要求达到的目标却是模糊的。清晰系数型又有两种子类型。

①模糊资源型。仅资源约束是模糊的,这类问题可表述为:

$$\max \quad \boldsymbol{c}^{\mathrm{T}} x \tag{8-15}$$

$$\text{s. t.} \quad \boldsymbol{A}x \leqslant \boldsymbol{b} \tag{8-16}$$

$$x \geqslant 0 \tag{8-17}$$

值得注意的是,以上模型中资源约束的不等式是模糊的,即在资源约束中有一个可接受的容差(tolerance)。

②模糊目标—资源型,除资源约束是模糊的外,还要求目标函数模糊地达到一个指定的目标值,这类问题可表述为:

$$\max \quad \boldsymbol{c}^{\mathrm{T}}x \qquad \leftarrow \boldsymbol{c}^{\mathrm{T}}x \underset{\sim}{>} z_0 \tag{8-18}$$

$$\text{s.t.} \quad \boldsymbol{A}x \underset{\sim}{\leqslant} \boldsymbol{b} \tag{8-19}$$

$$x \geqslant 0 \tag{8-20}$$

式中:z_0——希望达到的目标值,与 z_0 相关的是模糊大于号。

(2)模糊系数型

在模糊系数型模糊线性规划中,不等式关系是清晰的,但系数矩阵和向量部分或全部是模糊的。

①端项系数模糊型。资源拥有量是模糊数,这类问题可表述为:

$$\max \quad \boldsymbol{c}^{\mathrm{T}}x \tag{8-21}$$

$$\text{s.t.} \quad \boldsymbol{A}x \leqslant \tilde{\boldsymbol{b}} \tag{8-22}$$

$$x \geqslant 0 \tag{8-23}$$

式中:$\tilde{\boldsymbol{b}}$——资源模糊数向量。

②目标函数系数模糊型。这类问题可用以下模型表示:

$$\max \quad \tilde{\boldsymbol{c}}^{\mathrm{T}}x \tag{8-24}$$

$$\text{s.t.} \quad \boldsymbol{A}x \leqslant \boldsymbol{b} \tag{8-25}$$

$$x \geqslant 0 \tag{8-26}$$

式中:$\tilde{\boldsymbol{c}}$——目标函数中的模糊系数向量。

③资源约束模糊型。资源约束矩阵和资源拥有量都是模糊的,这类问题可表述为:

$$\max \quad \boldsymbol{c}^{\mathrm{T}}x \tag{8-27}$$

$$\text{s.t.} \quad \tilde{\boldsymbol{A}}x \leqslant \tilde{\boldsymbol{b}} \tag{8-28}$$

$$x \geqslant 0 \tag{8-29}$$

式中:$\tilde{\boldsymbol{A}}$ 和 $\tilde{\boldsymbol{b}}$ 都是模糊的。

④系数全模糊型。此类问题中所有系数矩阵和向量都是模糊的,问题可表述为:

$$\max \quad \tilde{\boldsymbol{c}}^{\mathrm{T}}x \tag{8-30}$$

$$\text{s.t.} \quad \tilde{\boldsymbol{A}}x \leqslant \tilde{\boldsymbol{b}} \tag{8-31}$$

$$x \geqslant 0 \tag{8-32}$$

式中：$\tilde{A}$、$\tilde{b}$ 和 $\tilde{c}$ 都是模糊的。

(3)非精确系数型

这类模糊线性规划中，系数矩阵和向量不仅是模糊的，同时还是随机的，即系数矩阵向量满足一定的概率分布，本著作中不做探讨。

本著作将分析列车运行径路分配模型的特点，根据上述模糊线性规划模型分类，确定列车运行径路分配模型类别，并有针对性地选择求解方法。

第二节　突发事件条件下列车运行径路分配模型基础

在考虑高速铁路、既有城际、既有普速等线路在突发事件条件下区间通过能力的前提下，使列车的跨线费用最小、社会效益惩罚值最小，而优化列车分配方案的优化问题。该层次优化问题以降低总列车运行费用及社会效益惩罚为优化目标，对列车径路分配方案进行优化，输出结果为各类列车在各条径路上的分配方案。

一、列车运行径路分配的影响因素分析

现行列车径路常分最短径路、特定径路和迂回径路 3 种。最短径路为基本径路，特定径路为补充径路，两者构成列车输送的正常径路；迂回径路是在日常调度指挥工作中列车运行组织时临时指定的经由线路，属非正常径路。

(1)选择列车运行径路的主要因素有：

①列车经由线路的运输距离。

②列车经由线路运输所需的时间。

③各区段通过能力、车站接发车能力以及能力利用率。

④列车经由径路所需总费用。

突发事件条件下列车运行径路的选择，是进行突发事件条件下列车运行组织的关键。本问题的界限是新建高速、既有城际与既有普速铁路构成的铁路网络，本问题产生的条件是突发事件影响了路网上一种或几种线路上某些区间的区间通过能力和车站的接发车作业能力。

(2)在突发事件条件下，影响列车运行径路分配的主要因素有：

①突发事件条件下路网的拓扑结构。在突发事件条件下，区间通过能力会受到不同程度的影响，甚至有些区间中断，使路网的拓扑结构发生改变。而新的路网的拓扑结构是进行径路重新选择的物理基础。

②突发事件条件下各区间通过能力和车站接发车作业能力。在突发事件条件下,要求对区间上运行的列车进行限速,线路区间的通过能力和车站的接发车作业能力会有不同程度的下降,造成原来计划中的列车运行计划不能实现。

③既有开行方案的列车径路。突发事件条件下列车运行组织方案的制订的一个重要任务是确定新的列车运行径路,而新径路的生成是在既有径路的基础上制订的。

④铁路线路上径路上列车的数量。线路上列车的数量是列车运行组织方案的基础数据,是决定新的列车径路生成的至关重要的因素。

⑤线路列车运行图和相关线路列车运行图。各线路上的列车运行图是突发事件条件下对列车的运行组织方案重构的基础。

二、条件假设

(1)人力资源假设:假设管理人员、生产人员等人力资源都能满足运行组织的需求,即人力资源条件能够满足列车运行计划调整后的要求。

(2)线路可用性假设:在本模型中,假设各种列车在不同的线路之间能够跨线运行。

三、路网描述

设由各种线路构成的网络 $G=(V,E)$,V 为网络中节点集合,E 为网络中弧段集合,即列车运行区间集合。在路网条件下,集合 V 和集合 E 的构成都相对复杂。在集合 V 中,包含新建高速铁路的车站,也包含既有城际铁路与既有普速线路的车站;在集合 E 中,有各种铁路线路的线路区间所构成的弧段,也有不同种类线路之间的联络线。

四、可行径路集

根据突发事件条件下径路生成的搜索算法,生成可行列车径路集合 P,$P=\{p_i \mid i=1,2,\cdots,M\}$ 中含有 M 条径路,每条径路 p 由若干相连的弧段(区间)构成,表示为 $p=v_s—v_a—\cdots—v_b—v_t$,其弧段数目记为 SN_{p_i}。$e_t^s \in E$ 表示从节点 s 至 t 的弧段。p 中所包含各区间可能同属于同一种线路,也可能包含不同种类线路区间。值得注意的是,两点之间的径路可以有多条,这些径路也可能共用相同的弧段。如图 8-2 所示。

图 8-2 中,自节点 1 至节点 3 存在以下径路:

(1) $v_1—v_2—v_3$。

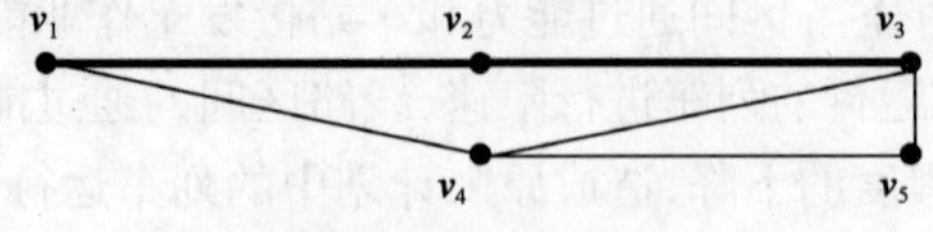

图 8-2 列车径路集示意

(2) v_1—v_4—v_3。

(3) v_1—v_4—v_5—v_3。

其中径路(2)和径路(3)就共用弧段 v_1—v_4。这种特点决定了在做列车运行径路分配时,必须考虑构成径路的线路区间的通过能力约束。

五、相关参数分析

列车在径路上运行,必然产生的费用为列车运行消耗的费用。以 ξ_m^k 表示第 k 种列车在区间 e_m 上的单位里程的消耗,目前,这项费用是可以精确计算的;当安排列车在新的径路上运行时,径路中可能包含不同种类的铁路线路区段,所以可能产生列车在不同的线路区间的跨线费用与社会效益惩罚费用,用 δ_t^s 表示径路上列车跨线时,由站 v_s 运行至 v_t 的费用系数,称为跨线费用系数。λ_p^k 为第 k 类列车选择第 p 条径路时带来的社会效益惩罚值系数。通常, v_s 与 v_t 分属不同类型的线路,但是同属一个枢纽,即在地理上同属于同一城市或地区,在客货运输功能上有一定的相互替代作用。

列车跨线费用由因跨线而特别要求的设备成本、技术作业成本、磨损消耗费用组成[162]。其中设备成本与磨损消耗费用难以精确计算,技术作业成本与铁路运营部门的收益、技术作业量等相关。跨线费用还取决于线路等级、列车种类、是否需要摆渡机车等因素,对于具备提供跨线运行能力的"枢纽"来说,很难明确列车跨线作业的费用。但是,可以在一定程度上给出其取值范围。铁路的社会效益表现在对社会经济发展、人民生活质量、社会形态进步等方面,在计算时,也难以给出精确的数据,同样可以给出一定的范围。根据第一节一的关于模糊数的定义,本研究将跨线费用系数与跨线社会效益惩罚系数设计为模糊数。

在现场的生产实际中,尤其在突发事件条件下,这些费用具有更强的模糊性。而这些费用的系数可以表征为模糊数,可用某种性质的模糊函数来表示,如三角模糊隶属度函数、梯形模糊隶属度函数等。所有这些优化目标都允许一定程度的妥协,只要各优化目标值进入满意区间,就认为优化操作是成功的。基于此,将各目标进行综合考虑,处理其存在的模糊性。

第三节　突发事件条件下列车运行径路分配模型描述

一、列车运行径路分配模型决策变量

n_p^k 为第 k 种列车被分配至径路 p 的数量；n_t^s 为径路上列车由车站 v_s 跨线至车站 v_t 的列车数量；$N_{s,t}^k$ 为经过区间 v_s—v_t 的第 k 种列车的数量。而变量 n_t^s 与 $N_{s,t}^k$ 都可以根据径路数据由 n_p^k 推导出来。

则有：

$n_t^s = \sum_{p \in P} n_p^k, v_t, v_s$ 不在同一种铁路线路上，e_t^s 在径路 p 上；

$N_{s,t}^k = \sum_{p \in P} n_p^k, e_t^s$ 在径路 p 上。

所以，决策变量实际为 n_p^k 。

二、列车运行径路分配模型目标函数设计

1. 列车跨线费用

$$Z_{\text{overline}} = \sum_{p \in P} \sum_{e_t^s \in p} \delta_t^s n_t^s \tag{8-33}$$

式中：δ_t^s ——径路上一列车由车站 v_s 跨线至车站 v_t 的费用。

2. 列车径路运行费用

$$Z_{\text{run}} = \sum_{k=1}^{L} N_{s,t}^k \left(\sum_{e_t^s \in p} \xi^k d_t^s \right) \tag{8-34}$$

式中：L ——列车的种类数；

ξ^k ——第 k 种列车在区间 e_t^s 上的单位里程的运行费用；

d_t^s ——区间 e_t^s 的里程。

3. 列车跨线社会效益惩罚费用

$$Z_{\text{social}} = \sum_{p \in P} \left(\sum_{k=1}^{L} \lambda_p^k n_p^k \right) \tag{8-35}$$

式中：L ——列车的种类数；

λ_p^k ——第 k 种列车被分配至 p 条径路时所造成的社会效益惩罚值。

λ_p^k 体现了不同等级列车改变运行径路导致的旅客满意度的降低及社会效益损失，通过 λ_p^k 将社会效益惩罚费用量化，与列车跨线费用、列车径路运行费用

的计量单位统一。

如此,将列车运行径路分配问题涉及的3个优化目标进行了归一化处理,即将三者设计为列车分配至径路后产生的费用,而且通过增加费用系数的方式将三目标的量刚进行统一,为设计综合优化目标打下基础。

三、列车运行径路分配模型约束条件

1. 线路区间能力约束

所有经过区间 e_t^s 的列车总数不超过该区间的通过能力,所以对于每个线路区间,有:

$$C_t^s \geqslant \sum_{p \in P} \sum_{k=1}^{L} n_p^k \tag{8-36}$$

式中:C_t^s ——区间 e_t^s 的通过能力。

$e_t^s \in p$,对路网上的所有区间 e_t^s。

2. 车站节点能力约束

对于路网中任何车站,车站的接发车能力应大于或等于经过该站的列车数量,所以,对每一个车站有:

$$B_s \geqslant \sum_{p \in P} \sum_{k=1}^{L} n_p^k \tag{8-37}$$

式中:B_s —— v_s 车站的接发车能力(v_s 在径路 p 上);

3. 旅客的乘降地点约束

$$S_i = \{s_{i,1}, s_{i,2}, \cdots, s_{i,U}\} = \{s_{i,q} | q = 1,2,\cdots,U\} \tag{8-38}$$

S_i 原计划中列车 i 的停站集合;车站 $s_{i,q}$ 所在的枢纽为 $j_{i,q}$,则列车 i 所经过的枢纽的集合为:

$$O_i = \{o_{i,1}, o_{i,2}, \cdots, o_{i,U}\} = \{o_{i,a} | a = 1,2,\cdots,U\} \tag{8-39}$$

列车的运行径路改变后,为满足旅客的乘降需求,在新的径路上的停站设置应尽量与既定停站设置相同;若由于列车运行径路改变导致列车不能在既定车站停靠,那么必须在既定停靠站所在的"枢纽"的其他车站进行停靠。

所以,新的停靠站的集合若为:

$$S'_i = \{s'_{i,1}, s'_{i,2}, \cdots, s'_{i,U}\} = \{s'_{i,q} | q = 1,2,\cdots,U\} \tag{8-40}$$

车站 $s'_{i,q}$ 所在的枢纽为 $o'_{i,j}$,根据旅客的乘降需求,对任意 $o'_{i,j}$,有 $o'_{i,j} \in O_i$,则有约束:

$$O'_i \supseteq O_i, i = 1, 2, \cdots, N \quad (8\text{-}41)$$

式中：N——跨线列车的总数。

4. 列车数量非负整数约束

$$n_p^k \in N+ \text{或} n_p^k = 0 \quad (8\text{-}42)$$

式中：$N+$——正整数集合。

由此可知，此模型是一种线性整数规划模型。

第四节　突发事件条件下列车运行径路分配模型分析与求解策略

一、列车运行径路分配模型目标函数分析

根据第二节五对列车跨线费用和列车跨线社会效益惩罚费用的分析，突发事件条件下列车运行径路分配模型中其目标函数系数是模糊的。而根据第三节三论述，其约束条件是明确的。所以，根据第一节二的描述，本著作中突发事件条件下列车运行径路分配模型是一种典型的目标函数系数模糊型决策模型。

模糊多目标决策可以使决策者建立与问题属性信息状态吻合的模型，但是目前尚未有现成的算法可以利用，需要将其转化为确定的数学规划问题后求解。关于求解带模糊系数的多目标决策问题的算法已经有很多。有模糊算法［对称处理法[163,164]、相对右移法[165]、优先可能法[166]、(α, β)满意法[167]］、交互式算法(M－α－Pareto 方法[168]、比较指标交互法[169]、乐观悲观指标法[170])等。

二、列车运行径路分配模型模糊综合优化目标的设计

对于多目标优化问题，传统的多目标求解方法通常将多目标转化为单目标优化问题处理，这种方法一般要求对问题本身有很强的先验认识，并在构造单目标函数时受到决策者的主观经验的影响。常见的方法有线性加权法[171]、约束法[171]、目标规划法[172]、目标满意法[173]、最小最大法[174]等。

本著作中，优化目标为列车跨线费用、列车的运行费用以及社会效益惩罚三项。列车跨线费用、列车运行费用、社会效益惩罚皆以最小化为目标，根据第三节二分析，三目标已经通过设计参数的方式统一了量纲，所以设计该模型的综合优化目标为：

$$\min Z_1 = Z_{\text{overline}} + Z_{\text{run}} + Z_{\text{social}} \quad (8\text{-}43)$$

即

$$\min Z_1 = \sum_{p \in P} \sum_{e_t^s \in p} \delta_t^s n_t^s + \sum_{k=1}^{L} N^k \left(\sum_{e_t^s \in p} \xi^k d_t^s \right) + \sum_{p \in P} \left(\sum_{k=1}^{NT} \lambda_p^k n_p^k \right) \tag{8-44}$$

其实质是将三目标函数进行了线性加权,权重一致。将模糊多目标优化问题转化为单目标优化问题。而综合目标中具体每一种费用的计算,与本著作式(8-33)、式(8-35)中所定义的优化目标函数中的模糊系数 δ_t^s、λ_p^k 相关。但是由于其非常强的不确定性,其取值的上下限也并不一定确定,而具有模糊性。为了处理其模糊性,本著作引入可变域模糊集处理方法。

三、列车运行径路分配模型求解方法设计

(1)传统的求解方法

根据第四节一的分析,该模型为目标函数系数模糊规划模型,其传统的处理办法[161]如下。

令 $\vec{c} = [\delta_2^1, \delta_3^2, \cdots, \delta_t^s, \lambda_1^1, \lambda_2^1, \cdots, \lambda_p^k]^{\mathrm{T}}$ 为目标函数系数的模糊向量,对应向量 $\vec{c} = [\delta_2^1, \delta_3^2, \cdots, \delta_t^s, \lambda_1^1, \lambda_2^1, \cdots, \lambda_p^k]^{\mathrm{T}}$,定义其隶属度函数为:

$$\mu(\vec{c}) = [\mu_1(\delta_2^1), \mu_2(\delta_3^2), \cdots, \mu_m(\delta_t^s), \mu_{m+1}(\lambda_1^1), \mu_{m+2}(\lambda_2^1), \cdots, \mu_{m+n}(\lambda_p^k)]^{\mathrm{T}} \tag{8-45}$$

为了方便表述,令:

$$\vec{c} = [\delta_2^1, \delta_3^2, \cdots, \delta_t^s, \lambda_1^1, \lambda_2^1, \cdots, \lambda_p^k]^{\mathrm{T}} = [\vec{c}_1, \vec{c}_2, \cdots, \vec{c}_{m+n}] \tag{8-46}$$

设 c_i 是 $\vec{c}$ 第 i 个模糊分量 $\vec{c}_i$ 之集中的一点,则:

$$\mu(c) = [\mu_1(c_1), \mu_2(c_2), \cdots, \mu_{m+n}(c_{m+n})]^{\mathrm{T}} \tag{8-47}$$

那么,对原来的模型增加新的约束如下:

对于任意 $\alpha \in [0,1]$,满足:

$$\mu_j(c_j) \geqslant 1 - \alpha \quad j = 1, 2, \cdots, m+n \tag{8-48}$$

如图 8-3 所示,c_j 应该在 $\vec{c}_j$ 的 $1-\alpha$ 截集中。

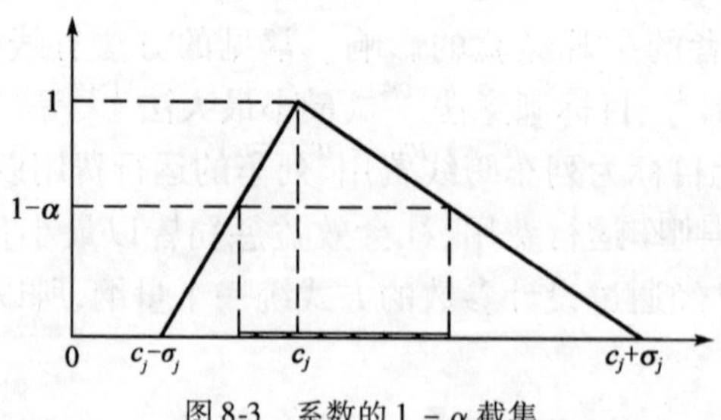

图 8-3 系数的 $1-\alpha$ 截集

而约束式(8-48)等价于约束:

$$\{\mu_j^{-1}(1-\alpha)\}_L \leqslant c_j \leqslant \{\mu_j^{-1}(1-\alpha)\}_R \tag{8-49}$$

由于模糊系数是待定的参数,所以本规划问题实际已经被转化为二次规划问题[161]。其解的隶属度函数值为 $1-\alpha$。

又由于决策变量皆为大于或等于零的整数,取 $1-\alpha$ 截集的下界能取得更小的目标函数值,所以,一般情况下,将本问题的目标函数转化为:

$$\min \{\mu_j^{-1}(1-\alpha)\}_L \left[\sum_{p\in P}\sum_{e_t^s\in p}\delta_t^s n_t^s + \sum_{k=1}^{L} N^k\left(\sum_{e_t^s\in p}\xi^k d_t^s\right) + \sum_{p\in P}\left(\sum_{k=1}^{NT}\lambda_p^k n_p^k\right)\right] \tag{8-50}$$

保持原来的约束条件不变。如此,对于 $\alpha\in[0,1]$ 解 α 的参数规划时,即可获得最优解集。

需要指出的是,由于在求解上述规划模型时,只考虑 $1-\alpha$ 截集的下界,三角模糊数 c_j ,$j=1,2,\cdots,m+n$ 的右边部分不起作用,如图 8-4 所示。其物理的解释为没有必要去寻找目标函数值和隶属度都不优的解。

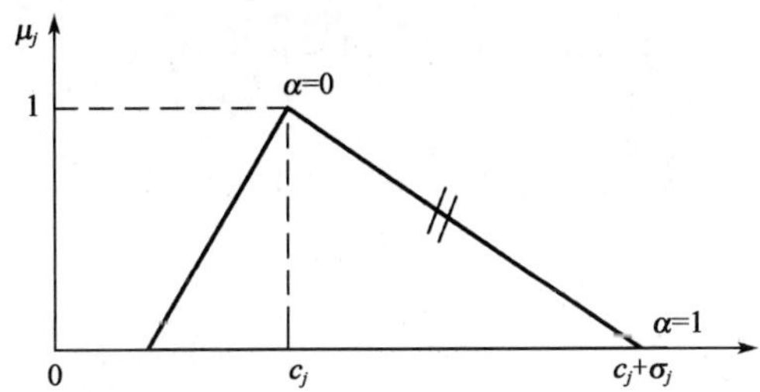

图 8-4 系数为三角数时右边解必然非优示意图

(2)基于均值的模糊规划求解方法

本著作根据本模型的特点,基于梁志贞与施鹏飞提出的将三角模糊系数的线性规划转化为常规线性规划的方法[175],针对列车运行径路分配问题,设计一种实用的列车运行径路分配模型的求解方法,将带模糊系数的模糊多目标决策问题转化为确定的线性规划问题。

设计模糊目标函数为:

$$Z = w_1\vec{c}^{\,p}\Gamma + w_2\vec{c}^{\,o}\Gamma + w_3\vec{c}^{\,m}\Gamma \tag{8-51}$$

$$w_1 + w_2 + w_3 = 1$$

式中:$\vec{c}^{\,o}$ ——乐观值向量;

$\vec{c}^{\,p}$ ——悲观值向量;

$\vec{c}^{\,m}$ ——可能值向量;

Γ——决策变量向量。

对于本问题,$\vec{c}^{\,p}=[(\delta_t^s)^p]$,$s\in V,t\in V,s\neq t$,$\vec{c}^{\,m}=[(\delta_t^s)^m]$,$s\in V,t\in$

$V, s \neq t$, $\vec{c}^p = [(\delta_t^s)^p]$, $s \in V, t \in T, s \neq t$, s 与 t 同属于一个具备跨线能力的"枢纽"。

设：

$$Z = w_1 c_i^p + w_2 c_i^o + w_3 c_i^m = w_1 c_i^p + w_2 c_i^o + (1 - w_1 - w_2) c_i^m \tag{8-52}$$

根据三角模糊数性质，易知：

$$c_i^p \leqslant w_1 c_i^p + w_2 c_i^o + (1 - w_1 - w_2) c_i^m \tag{8-53}$$

得：

$$w_1 (c_i^m - c_i^p) \leqslant w_2 (c_i^o - c_i^m) + c_i^m - c_i^p \tag{8-54}$$

那么：

$$w_1 \leqslant \frac{w_2 (c^o - c^m)}{(c^m - c^p) + 1} \tag{8-55}$$

又：

$$c_i^o \geqslant w_1 c_i^p + w_2 c_i^o + (1 - w_1 - w_2) c_i^m \tag{8-56}$$

得：

$$w_1 (c_i^m - c_i^p) \geqslant (c_i^o - c_i^m)(w_2 - 1) \tag{8-57}$$

$$w_1 \geqslant \frac{(c_i^o - c_i^m)(w_2 - 1)}{(c_i^m - c_i^p)} \tag{8-58}$$

令：

$$\Delta_i^1 \geqslant (c_i^m - c_i^p), \ \Delta_i^2 \geqslant (c_i^o - c_i^m) \tag{8-59}$$

则有：

$$w_1 \leqslant \frac{w_2 \Delta_i^2}{\Delta_i^1 + 1} \tag{8-60}$$

$$w_1 \geqslant \frac{(w_2 - 1)\Delta_i^2}{\Delta_i^1} \tag{8-61}$$

显然，当 $0 \leqslant w_2 \leqslant 1$ 时存在下面条件：

$$\left[\frac{(w_2 - 1)\Delta_1^2}{\Delta_1^1}, \frac{w_2 \Delta_1^2}{\Delta_1^1 + 1}\right] \cap \left[\frac{(w_2 - 1)\Delta_2^2}{\Delta_2^1}, \frac{w_2 \Delta_2^2}{\Delta_2^1} + 1\right] \cap \ldots \cap \left[\frac{(w_2 - 1)\Delta_n^2}{\Delta_n^1}, \frac{w_2 \Delta_n^2}{\Delta_n^1 + 1}\right] \neq \phi \tag{8-62}$$

令：

$$M_L = \max\left\{\frac{(w_2 - 1)\Delta_i^2}{\Delta_i^1} \middle| i = 1, 2, \cdots, n\right\} \tag{8-63}$$

$$M_U = \max\left\{\frac{w_2\Delta_i^2}{\Delta_i^1 + 1} \middle| i = 1, 2, \cdots, n\right\} \tag{8-64}$$

那么 w_1 的取值范围为：

$$M_L \leqslant w_1 \leqslant M_U \tag{8-65}$$

如此，对于每一个满足式(8-62)的 w_2 的取值，w_1 在式(8-65)所示值域有若干取值，对应每个 w_1，可将原来的模糊线性规划问题转化为一个确定的线性规划问题，进行求解。对于每一个线性规划问题，比较其对应的目标函数中的模糊数的隶属度总和，在满足决策者要求的范围内进行常规线性规划。其详细步骤见第五节。

四、列车运行径路分配模型中模糊系数取值可变域设计

某些情况下，即使模糊系数的悲观值与乐观值也难以确定，尤其在突发事件条件下，列车跨线费用、社会效益惩罚费用系数的乐观值与悲观值也很难确定，此时，引入可变域概念加以处理。

设模糊变量 $E_B \leqslant \delta \leqslant E_T$，$E_B \geqslant 0, E_T \geqslant 0$，$\bar{\delta}$ 为 δ 的平均值。如图 8-5a)所示，$(E_B + E_T)/2$ 是 δ 的平均值。令：

$$x = \delta - \frac{E_B + E_T}{2} \tag{8-66}$$

x 的取值范围在平移 y 轴后求得，如图 8-5b)所示。得：

$$\frac{-(E_T - E_B)}{2} \leqslant x \leqslant \frac{E_T - E_B}{2} \tag{8-67}$$

所以，x 关于 y 轴对称，如图 8-5c)所示。

设计取值范围伸缩因子 $Q(x)$，则如图 8-5d)所示。得：

$$-Q(x)\frac{E_T - E_B}{2} \leqslant x \leqslant Q(x)\frac{E_T - E_B}{2} \tag{8-68}$$

$$0 \leqslant Q(x)\frac{E_T - E_B}{2} \leqslant C\,\frac{E_T - E_B}{2} \tag{8-69}$$

那么：

$$-Q(x)\frac{E_T - E_B}{2} + \frac{E_B + E_T}{2} \leqslant \delta \leqslant Q(x)\frac{E_T - E_B}{2} + \frac{E_B + E_T}{2} \tag{8-70}$$

即：

$$-Q(\delta - \frac{E_B + E_T}{2})\frac{E_T - E_B}{2} + \frac{E_B + E_T}{2} \leqslant \delta \leqslant Q(\delta - \frac{E_B + E_T}{2})\frac{E_T - E_B}{2} + \frac{E_B + E_T}{2} \tag{8-71}$$

所以,对模糊变量的取值范围进行变域处理后,其取值范围为:

$$\left[-Q\left(\delta-\frac{E_B+E_T}{2}\right)\frac{E_T-E_B}{2}+\frac{E_B+E_T}{2},Q\left(\delta-\frac{E_B+E_T}{2}\right)\frac{E_T-E_B}{2}+\frac{E_B+E_T}{2}\right] \tag{8-72}$$

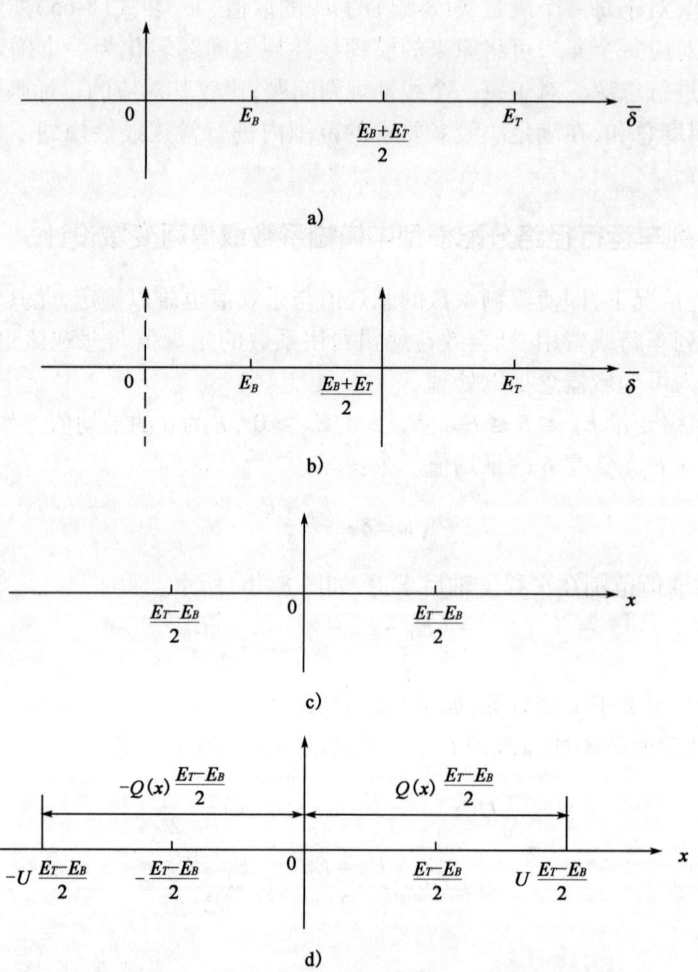

图 8-5 模糊变量取值范围的变域设计

a)模糊变量取值原域;b)纵轴右移;c)纵轴右移后取值原域;d)模糊变量取值范围的变域

一种可能的伸缩因子函数为:

$$Q(x)=U-U\exp(-kx^2),\ U>0,\ k>0 \tag{8-73}$$

式中：U 、k ——常数。

U、k 取值需要根据实际问题中各参数变量具体取值学习得到。伸缩因子函数 $Q(x)$ 的具体设计与分析本著作中不做深入探讨。

模糊变量 λ 也做同样的处理。

如此，将模糊变量的取值范围进行了变域处理。其取值范围与原固定的取值的上下限、取值的平均值相关。这种处理，提供了更灵活的描述目标函数中模糊系数的方法，使得模糊系数的取值最大限度地贴近实际值成为可能。

第五节　突发事件条件下列车运行径路分配模型求解

一、突发事件条件下列车运行径路分配模型求解步骤

设计该列车运行径路分配模型的计算步骤如下。

第一步：参数初始化。包括模糊隶属度值 $1-\alpha$ 。

第二步：根据突发事件条件的等级和类别，确定调整的时间起始点和调整的时间跨度。

第三步：根据突发事件条件的等级和类别，计算各受影响区间的通过能力。

第四步：判断各区间通过能力是否满足列车通过需求，若是，结束计算，否则转第五步。

第五步：按照第七章第三节阐述的方法生成新径路（两种方案）。

第六步：对所有牵涉的列车进行径路分配。

其中，第六步的列车运行径路分配模型的求解过程如下。

（1）取任意一个满足条件式（8-62）的 w_2 值，由式（8-63）、式（8-64）计算出 M_L, M_U 。

（2）在式（8-65）所示的区间内取 w_1 值。一般地，将式（8-65）所示区间分成 C 个子区间，子区间的分界点作为 w_1 的取值点。w_1 有 $C+1$ 个取值。

（3）w_1 的每一个取值与 w_2 对应，并根据每个变量系数的乐观值、悲观值，求每一个 w_1 与 w_2 组合下的线性规划问题。

（4）求解上述线性规划问题，并比较其对应的目标函数中的模糊数的隶属度综合。根据 $C+1$ 计算结果选取模型的最优解。

在求解模糊系数的线性规划时，有时并不需要目标函数对应的模糊系数的隶属度的综合最大，只要求对应的模糊数的隶属度综合满足一定的条件，那么，

这对于决策者来说，提供了更充足的选择空间。

二、突发事件条件下列车运行径路分配原则于求解中的体现

针对列车运行径路分配的原则，在求解该模型时，采取增加约束条件的方法，体现突发事件条件下列车运行径路分配的原则。此处举例说明在变量设计时体现径路选择原则的方法。

由对列车种类的划分，可知变量 n_p^k 中，$k = 1,2,3,4,5,6,7$ 。而径路的数量未知，$p = 1,2,\cdots,N$ 。假设径路 1 由高速线路区段构成，径路 2 由高速线路区段与既有普速线路区段构成，径路 3 由既有普速线路区段构成。那么将列车运行径路分配模型进行具体化处理时，令 $n_1^2 = n_1^3 = n_1^4 = n_1^5 = n_1^6 = n_1^7 = 0$ ，$n_2^2 = n_2^3 = n_2^4 = n_2^5 = n_2^6 = n_2^7 = 0$ ，或者，在具体模型中，不设计变量 $n_1^2,n_1^3,n_1^4,n_1^5,n_1^6$；$n_1^7,n_2^2,n_2^3,n_2^4,n_2^5,n_2^6,n_2^7$ ，便遵照“低等级的列车不可跨线至高等级铁路线路，尤其是高速铁路”的原则。其他变量不限定取值，体现“高等级列车由较高级线路跨线至低等级线路”的原则。至于“高等级列车优先安排较优径路”“尽可能减少高等级列车跨线运行”“优先满足高等级列车停站需求”等原则，其采取的原则与最终追求的目标相关，一并作为优化目标考虑，在变量设计方面单独进行限定。

本 章 小 结

本章设计了网络上列车运行径路分配模型，为突发事件条件下路网上列车运行组织工作提供了理论与方法基础。模型综合考虑了列车的跨线费用、列车运行费用、列车跨线社会效益惩罚费用等，尽量做到贴近现场实际。对于列车运行径路分配所带来的社会效益惩罚费用，采取增加模糊系数的方式进行统一量纲化处理，与列车跨线费用、列车运行费用共同构成列车运行径路分配模型的优化目标。对突发事件条件下列车运行径路分配目标系数的模糊性进行处理。对于双层优化模型的上层优化目标，在充分分析其优化目标的模糊性的基础上，设计了决策变量的模糊系数隶属度函数，并针对列车运行径路分配费用系数取值上下限不确定问题，设计了模糊变量取值的可变域。最后，将带系数的模糊多目标决策模型转化为确定的线性规划模型，并对该模型给出了求解方法和步骤。

第九章　基于收敛模糊粒子群优化的列车运行调整

第一节　突发事件条件下列车运行调整模型设计

一、列车运行调整模型基础

运行调整问题的研究对象是不同等级的列车。不同等级的列车在运行调整组织过程中,具有不同的优先级,将具有相同优先级的列车视为列车群。在实际生产中,优先安排优先级别高的列车群运行。而列车群内部的列车,因为其具有相同的优先级别,应根据实际情况,对列车运行计划进行调整。

二、列车运行调整决策变量

本著作中列车运行调整是指调整各列车在各站的到达时刻和出发时刻,所以其决策变量为所有列车在其指定径路上各站的到达和出发时刻变量。定义为 $a_j^{p,i}$, $d_j^{p,i}$,分别是径路 p 上第 i 列在车站 v_j 的到达时刻和出发时刻,而既定运行计划中其值分别为 $(a_j^{p,i})^0$ 、$(d_j^{p,i})^0$ 。$v_j \in S^p$, S^p 为径路 p 所经过的车站的集合。$x_p^{k,i}$ 为 0 ~ 1 变量,当 $x_p^{k,i}=1$ 时,表示给第 k 种列车的第 i 列车指定的径路是 p , $p \in P$, P 为可行径路集。

三、列车运行调整约束条件

1. 列车到达时间间隔与出发时间间隔约束

若前后两列车皆在径路 p 上的第 j 个站经停,则满足约束:

$$|a_{i,j}^p - a_{l,j}^p| > I_{a-a} \quad l \neq i, l = 1, 2, \cdots, NS_p \tag{9-1}$$

$$|a_{i,j}^p - a_{l,j}^q| > I_{a-a} \quad p \neq q, l = 1, 2, \cdots, NS_q \tag{9-2}$$

$$|d_{i,j}^p - d_{l,j}^p| > I_{d-d} \quad l \neq i, l = 1, 2, \cdots, NS_p \tag{9-3}$$

$$|d_{i,j}^p - d_{l,j}^q| > I_{d-d} \quad p \neq q, l = 1, 2, \cdots, NS_q \tag{9-4}$$

式中：I_{a-a}——同方向列车在站经停的停站最小到达时间间隔；

I_{d-d}——同方向列车连发间隔时间。

同方向列车停站最小时间间隔与连发间隔如图 9-1 所示。

若紧邻两列车中皆不停车通过径路 p 上的第 j 个站，则满足约束：

$$|a_{i,j}^{p}-a_{l,j}^{p}|>I_{t-t}\quad l\neq i,l=1,2,\cdots,NS_{p} \tag{9-5}$$

$$|a_{i,j}^{p}-a_{l,j}^{q}|>I_{t-t}\quad p\neq q,l=1,2,\cdots,NS_{q} \tag{9-6}$$

式中：I_{t-t}——两列车通过车站的最小时间间隔。

同方向列车不停车通过车站最小时间间隔如图 9-2 所示。

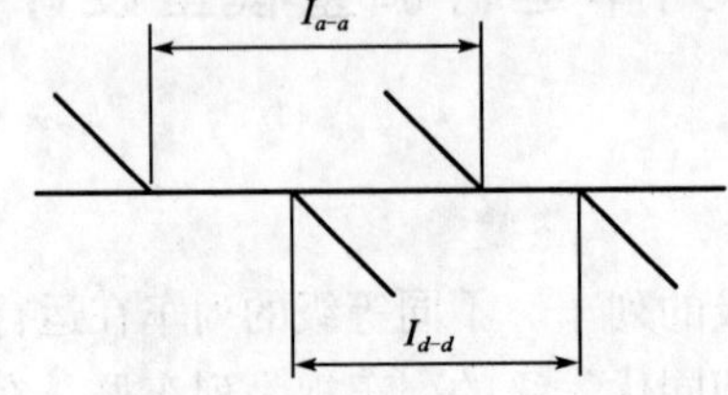

图 9-1　同方向列车停站最小时间间隔与连发间隔

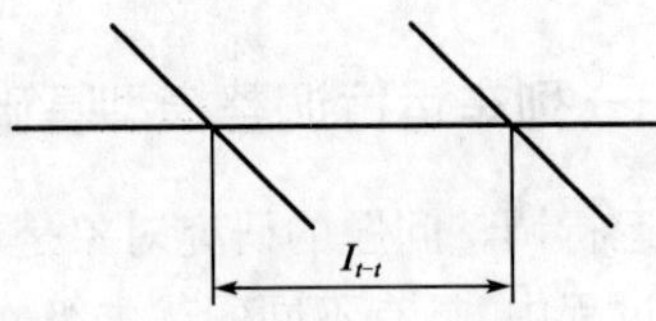

图 9-2　同方向列车不停车通过车站最小时间间隔

若紧邻两列车中有且只有一列在径路 p 上的第 j 个站经停，则满足约束：

$$|a_{i,j}^{p}-a_{l,j}^{p}|>I_{a-t}\quad l\neq i,l=1,2,\cdots,NS_{p} \tag{9-7}$$

$$|a_{i,j}^{p}-a_{l,j}^{q}|>I_{a-t}\quad p\neq q,l=1,2,\cdots,NS_{q} \tag{9-8}$$

$$|d_{i,j}^{p}-d_{l,j}^{p}|>I_{t-d}\quad l\neq i,l=1,2,\cdots,NS_{p} \tag{9-9}$$

$$|d_{i,j}^{p}-d_{l,j}^{q}|>I_{t-d}\quad p\neq q,l=1,2,\cdots,NS_{q} \tag{9-10}$$

式中：I_{a-t}——一列车先到达，另一列车不停车通过该站的最小时间间隔；

I_{t-d}——一列车先不停站通过，另一列车后出发的最小时间间隔。

同方向列车不同时到发间隔时间和不同时发到间隔时间如图 9-3 所示。

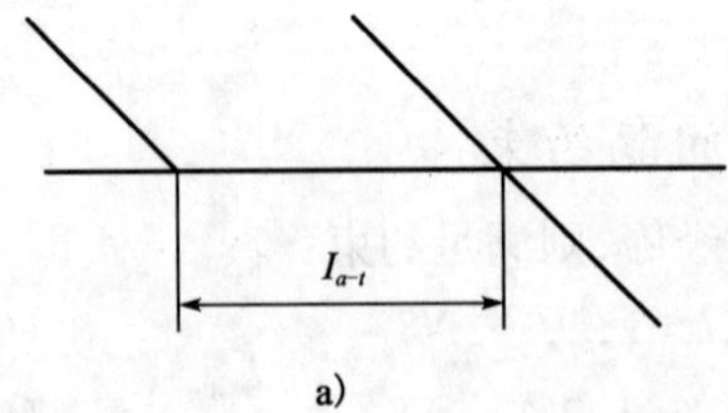

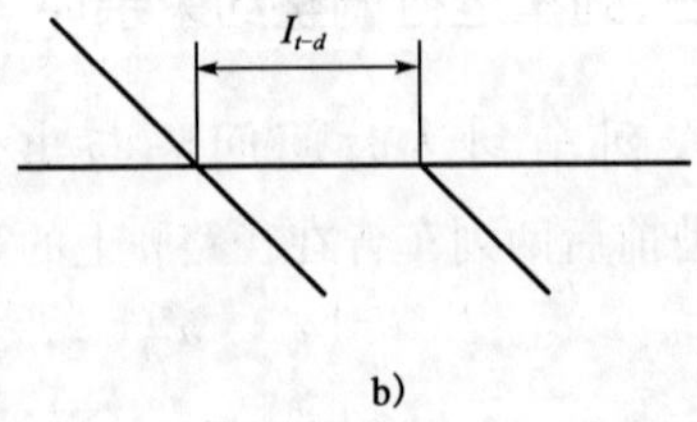

图 9-3　同方向列车不同时到发间隔时间和不同时发到间隔时间

a）一列车先到达另一列车通过；b）一列车先通过另一列车出发

本约束表示列车在站到达和出发作业应满足列车到达时间间隔与出发时间间隔要求。

2. 列车区间运行时分约束

$$a_{i,j+1}^{p}-d_{i,j}^{p}\geqslant t_{j,j+1}^{p,i} \tag{9-11}$$

本约束表示列车在每个区间的运行时分必须大于或等于其在此区间的最小运行时分。

3. 列车在站停站时分约束

若列车在该枢纽的车站原来设计有停站,则:

$$d_{i,j}^{p}-a_{i,j}^{p}>\tau_{\text{operation}}^{p,i} \tag{9-12}$$

4. 旅客列车最早出发时刻约束

$$d_{i,j}^{p}\geqslant(d_{i,j}^{p})^{0} \tag{9-13}$$

式中:$(d_{i,j}^{p})^{0}$——图定的列车出发时刻。

5. 到发线数量约束

$$\mathrm{LN}_{j}-\sum_{p\in P}\sum_{k=1}^{\mathrm{TN}}n_{p,j}^{k}\geqslant 0 \tag{9-14}$$

式中:$n_{p,j}^{k}$——任一时刻在车站 j 上第 k 种列车因指定径路 p 而停站的列车数;

LN_{j}——车站 j 上到发线数量。

6. 列车数量约束

$$\sum_{i=1}^{N^k}x_{p}^{k,i}=n_{p}^{k}\quad k=1、2、\cdots、\mathrm{TN},p\in P \tag{9-15}$$

$$\sum_{i=1}^{\mathrm{TN}}n_{p}^{k}=n_{p}\quad p\in P \tag{9-16}$$

式中:n_{p}^{k}——上层规划—列车运行径路分配模型的求解结果;

TN——列车的种类总数;

n_{p}——径路 p 上总的列车数量。

显然,n_{p}^{k} 此时作为约束出现,体现了上层决策对下层决策的指引作用。具体表现在对 $x_{p}^{k,i}$ 的取值限制上。$x_{p}^{k,i}$ 代表第 k 种第 i 列车是否被分配在径路 p 上,而其取值又会影响到 $a_{i,j}^{p}$ 与 $d_{i,j}^{p}$ 的取值。所以可以描述为:

$$x_{p}^{k,i}=f(n_{p}^{k}) \tag{9-17}$$

$$a_{i,j}^{p}=g(x_{p}^{k,l}) \tag{9-18}$$

$$d_{i,j}^{p}=h(x_{p}^{k,i}) \tag{9-19}$$

可知：

$$a_{i,j}^{p}=F(x_{p}^{k,i}) \tag{9-20}$$

$$d_{i,j}^{p}=G(x_{p}^{k,i}) \tag{9-21}$$

所以,满足双层规划普适模型中下层决策变量与上层决策变量之间的函数关系 $y = y(x)$。

在本例中,列车的分配变量 $x_{p}^{k,i}$ 与 n_{p}^{k} 的函数关系是直接的,列车在站的到发时刻 $a_{i,j}^{p}$ 与 $d_{i,j}^{p}$ 与 n_{p}^{k} 的函数关系是间接的,其耦合关系相对较弱。

7. 列车运行径路分配约束

$$\sum_{q=1}^{M} x_{q}^{k,i} = 1 \tag{9-22}$$

每列车必须且只能被指定一条径路。

若涉及单线区段,须增加不同时到达间隔时间约束、列车会车时间约束、同向列车连发时间间隔约束与相对方向列车不同时通过车站的间隔时间约束。

8. 列车在单线区段车站交会的不同时到达约束

$$a_{i,j}^{p}-a_{l,k}^{rp}\geqslant\tau_{d} \tag{9-23}$$

式中:τ_d——不同时到达间隔时间;

$a_{l,k}^{rp}$——对向列车到达车站 j 的时刻。

单线区段不同时到达间隔时间如图 9-4所示。

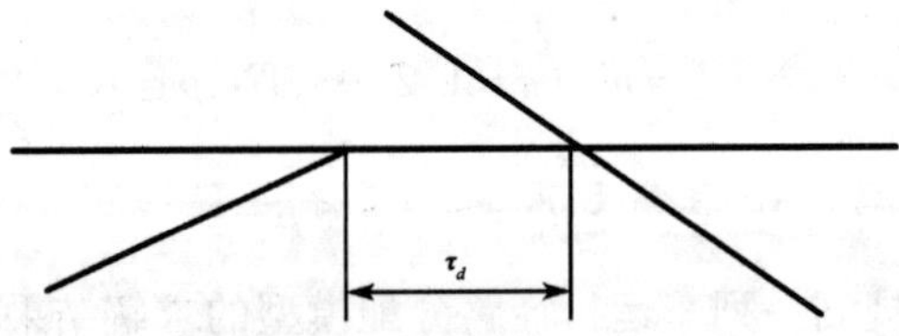

图 9-4　单线区段不同时达到间隔时间

9. 列车在单线区段车站交会的会车时间约束

$$a_{i,j}^{p}-d_{l,k}^{rp}\geqslant\tau_{g} \tag{9-24}$$

式中:τ_g——列车会车间隔时间。

单线区段会车间隔时间如图 9-5 所示。

10. 同向列车连发时间间隔约束

$$d_{i,j+1}^{p}-d_{l,j}^{p}\geqslant\tau_{l} \tag{9-25}$$

式中：$d_{i,j+1}^{p}$——列车在前方站的发车或通过时刻；

$d_{l,j}^{p}$——另一列车在后方车站的发车或通过时刻；

τ_{l}——连发时间间隔。

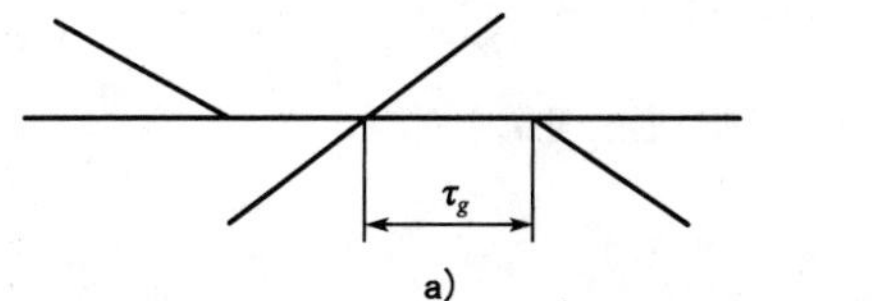

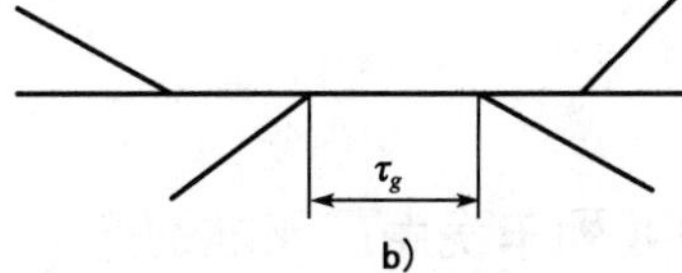

图 9-5　单线区段会车间隔时间

a)一列车停站另一列通过；b)两列车均停站

单线区段会车间隔时间如图 9-6 所示。在自动闭塞区段，本约束不起作用。

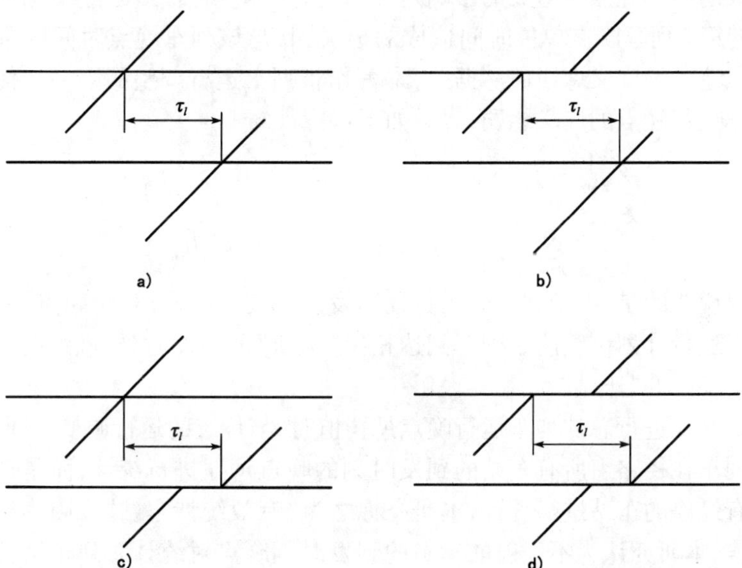

图 9-6　单线区段会车间隔时间

a)前方站、后方车站均通过；b)前方站停站后方站通过；c)前方站通过后方车站停站；d)前方站后方站均停站

11. 单双线区段相对方向列车不同时通过车站的间隔时间约束

$$a_{i,j}^{p}-a_{l,k}^{rp}\geqslant\tau_{a}$$

$$a_{i,j}^{p}=d_{i,j}^{p},a_{l,k}^{rp}=d_{l,k}^{rp} \tag{9-26}$$

在一端连接双线区间、另一端连接单线区间的车站上，两列相对方向的列车不同时通过该站的最小间隔时间，称为相对方向列车不同时通过间隔时间，如图 9-7所示。

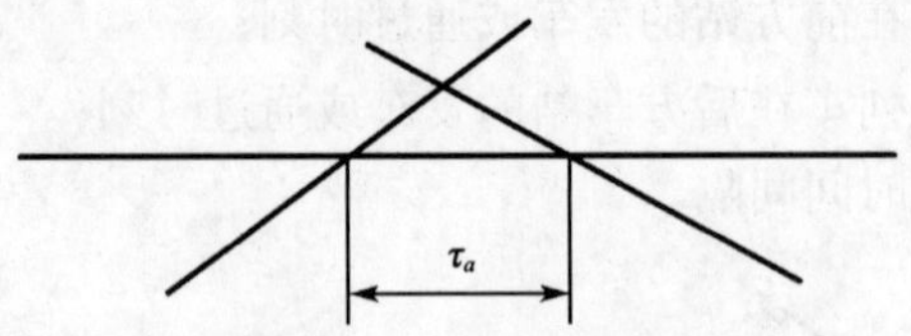

图 9-7　相对方向列车不同时通过间隔时间

四、列车晚点广义惩罚值

一般来说，在列车运行调整问题中，目标是调整后的列车运行计划与既定列车运行计划之间的偏差量最小，即调整后列车在径路上车站的到发时刻与原计划中的到发时刻之间差距的综合最小。然而，本著作中列车的种类和等级不同，不同等级的列车晚点所造成的影响是不同的。所以，定义了变量 $\sigma^{p,i}$，代指在径路 p 上的第 i 列车晚点单位时间造成的损失，其与该列车晚点时间的乘积即为列车晚点造成的广义惩罚值。据此，本著作将列车运行调整的第一个优化目标定为列车运行晚点的广义惩罚，表示如下：

$$Z_{\text{delay}} = \sum_{p \in P} \sum_{i=1}^{n_p} \left\{ \sum_{j=1}^{NS_p} \sigma^{p,i} \max[\, a_{i,j}^{p} - (a_{i,j}^{p})^{0}, 0] \right\} + \sum_{p \in P} \sum_{i=1}^{n_p} \left\{ \sum_{j=1}^{NS_p} \sigma^{p,i} \max[\, d_{i,j}^{p} - (d_{i,j}^{p})^{0}, 0] \right\} \tag{9-27}$$

需要说明的是，由于列车的运行径路发生改变，在统计列车晚点惩罚值时，晚点是指运行计划调整前后列车到达相应“枢纽”的到发时刻差值，而区别于既有研究文献中的“车站”。

本研究在进行总的列车运行晚点惩罚值时，与传统的运行调整不同在于，并不是对列车在径路上所有车站的到发时刻的晚点惩罚进行统计，而是选取列车在其上有经停的车站进行统计，本研究称之为“有效统计车站”。因为对于旅客列车而言，本研究认为不经停的车站的到发时刻晚点对统计总列车运行晚点惩罚值没有贡献。对于涉及的货运列车，为了保持晚点惩罚与旅客列车晚点惩罚计算量刚上的一致性，也选取相对重要的车站进行统计。

另外，认为列车早于既定时刻到达车站或者离开车站对列车的总晚点惩罚值没有贡献。

五、列车运行计划稳定性

1. 列车运行计划稳定性定义

运行计划的稳定性分析在近几年得到了学术界越来越多的重视，出现了若干研究运行计划稳定性的方法。这些方法多是基于 Petri 网理论或者是极大代数方法[176-178]。对运行计划稳定性研究主要集中在以下几个方面。

(1)当列车在运行过程中受到干扰时,所有列车恢复按图运行所需要的时间;Goverde 首先给出评估和量化能力利用率的方法,对运行图稳定性依赖于繁忙网络的程度给出了分析方法。采用极大代数分析方法。并在此基础上,对大规模网络上径路的计算给出新的计算方法[176],他还利用极大代数方法描述了运行图,并对运行图的敏感性和鲁棒性进行了分析[177]。运行图的极大代数模型包含列车相互制约、时空逻辑关系和运输设备限制。稳定性指的是列车在受到运行干扰时通过自我调整恢复按图运行的行为能力。该文献给出的方法利用极大代数分析方法评估了运行图的可实现性和稳定性。而且,利用精确的递归方程对假设的晚点造成的时空晚点传播进行了有效的计算。这种极大代数方法提供了对周期运行图的实时分析方法。对荷兰国家铁路的运行图的实例的计算表明,这种方法将来可能运用于繁忙铁路运输网络的运行图设计上。

(2)在列车运行过程中受到干扰以后,如想知道其可调整的裕度是多大,即运行图为其准备的可调整时间是多少可见文献[177]。

(3)假设列车在运行过程中受到了干扰,造成的初始晚点所带来的晚点传播的统计见文献[179]。该文献中设计了模拟方法进行统计。

另外,De Kort 提出了一种运行图运输能力评价模型方法。将运行图的稳定性视为运行图能力的一部分[180]。在定义运行图极限稳定性的基础上,运用这个模型尽可能地多容纳列车。Vromans 在网络层次上使用随机优化方法对运行图的稳定性进行了优化[181]。实际上,他的模型是一个复杂的线性规划模型,假设产生了若干干扰,然后使用其设计的优化方法对晚点时间进行计算,优化运行计划。Engelhardt - Funke 与 Kolonko 设计了双目标基因算法,同时考虑铁路设备投资和旅客的等待时间。此算法也是只在网络层次上进行了分析和计算[182]。Delorme 等给出了评价车站或枢纽能力的模型,基于晚点传播理论,使用了最短路径方法[183]。Carey 与 Carville 设计了一种模拟模型,来预测晚点传播的情况,这个模型可以用来测试或对比既定运行图和调整计划的可靠性。还可以预测编制运行图的规则,改变对运行图可靠性的影响。这个模型考虑了不同种类的列车线路和站台,也可以用来探究外因引起的晚点对准时性和可靠性的影响[179]。Hansen 认为铁路的运输能力是由线路、站台、渡线、信号、车辆以及运行图共同决定的。随机的列车运行干扰的消除要靠运行图中的运行时间的调整和缓冲时间来实现。晚点时间估计一般靠排队论和极大代数理论来实现,对评估运输能力和稳定性的模型的优缺点进行了分析。对等待时间、不同线路闭塞区间的占用和可用缓冲时间的计算结果进行了对比[184]。Goverde 按照周期运行图运行的铁路运输系统表现出一系列的周期性,在极大代数框架下,把运行图建模成线性离散动态系统。将关于运行图的计算就转化成了特征值计算问题[185]。杨肇夏等从分析影响列车晚点传播的主要因素入手,提出从晚点传播模拟实验出发探讨评价列车运行图动态性能的基本原则,建立了相应的动态指标体系并给出有关计算公式,在我国首次对列车运行图动态性能及其适应度测试理论与方法进行了研究[186]。彭其渊等对列车运行图的均衡性评价标准进行了研究,提出了偏差和偏差离差作为衡量列车到发均衡的两个指标,并建立了相应的计算方法。在此基础上建立了相关指标模糊决策矩阵,并通过建立相关指标权系数,采用分层划一方法对列车运行图均衡性进行综合评判[187]。在另一篇文献[188]中,彭其渊等在详细分析了列车运行图缓冲时间的大小及其分布规律对列车晚点传播影响的基础上,通过建立列车运行图调整系统,对给定晚点程度的列车进行模拟调整,从而计算出列车晚点恢复率、晚点传播区大小、连带晚点时间和关键列车运行线等指标来达到对列车运行图可调整程度优劣评判的目的。

综上所述,目前所做的研究多停留在评估层面,如 Delorme 等给出了评价模型,对不同的运行图进行了评价,但是并没有给出优化运行图的模型和方法[183]。D'Ariano 等定义了“可变运行图”的概念,并使用 3 种启发式策略以及分枝定界算法对其进行评估[189],也没有解决如何编制“可变运行图”、如何在缓冲时间、运行恢复时间以及可变性之间寻求平衡,即没有对“可变运行图”进行优化。

Herrmann 定义了运行图的稳定性概念,以定性的方式给出了运行计划的稳定性定义,其判断运行计划稳定与否的标准是运行图的参数与人为设定的主观值的比较结果[190],其利用 Bern 地区的列车运行图进行了稳定性的分析。关于运行计划的动态性能指标,Herrmann 给出了 3 个定义,分别是冲突稳定性、结构稳定性和聚簇稳定性[190]。

冲突稳定性:若运行图中出现行车冲突的次数的期望值小于或等于一个给定值,则称该运行图是冲突稳定的。

结构稳定性:在列车晚点分布给定的情况下,任意两条运行线出现冲突的最大概率如果不大于一个给定的概率值,则称该运行图是结构稳定的。

聚簇稳定性:在列车晚点分布给定的情况下,如果每列车的出现冲突的数量的期望值都不大于某一给定的值,那么称该运行图是聚簇稳定的。

很明显,这 3 个定义从运行计划的冲突、结构、聚簇 3 个方面来刻画其稳定性。但是在衡量运行计划是否是稳定时，无一例外地要求给出一个参照值。在实际评价中，这种参照值是很难给出的。

陈军华在其博士论文中也给出了运行图稳定性定义[191]。在系统理想状态且列车运行无偏离假定条件下，运行图在不超过阈值条件下的系统敏感性和恢复力称为运行图的稳定性，并给出了评价运行图稳定性的若干指标。

2. 列车运行计划量化

分析影响运行计划稳定性的因素，主要有两个。其一为列车在区间运行时列车运行缓冲时间及列车在站作业的缓冲时间，如图 9-8 所示。

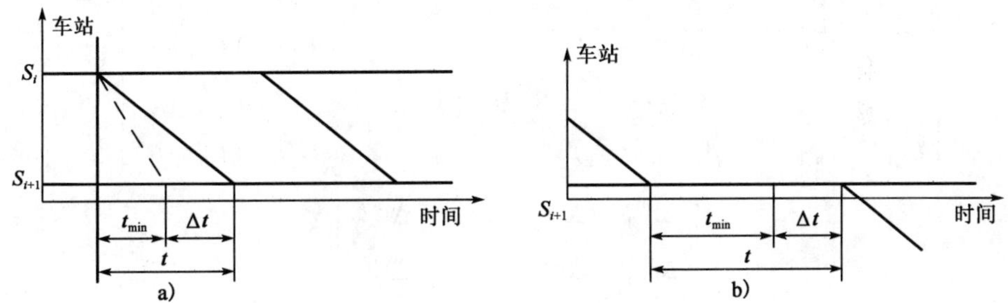

图 9-8　列车区间运行及停站缓冲时间

a）列车区间运行缓冲时间；b）列车停站缓冲时间

其二为列车区间运行及在站作业受到干扰的概率。突发事件发生在不同区间的概率是不同的。

定义：运行计划稳定性：运行计划稳定性是指列车运行受干扰后，运行计划使列车恢复按原计划行车的能力。

为将列车运行计划稳定性作为优化目标引入列车运行调整模型，必须对其进行量化。下面对运行计划稳定性进行量化处理[192]。

设研究的径路 p 上共有 M 列车，$N+1$ 个车站，在该区段内存在 N 个区间。定义列车到达时分矩阵为 $\boldsymbol{A} = \{a_{i,j}^{p}\}_{M\times N}$、出发时分矩阵为 $\boldsymbol{D} = \{d_{i,j}^{p}\}_{M\times N}$。

那么 M 列车在 N 个区间运行的时分矩阵为：

$$\boldsymbol{T}^{p,r} = \{t_{i,k}^{p,r}\}_{M\times N} = \{a_{i,k+1}^{p} - d_{i,k}^{p}\}_{M\times N} = \begin{bmatrix} t_{1,1}^{p,r} & t_{1,2}^{p,r} & \cdots & t_{1,N}^{p,r} \\ t_{2,1}^{p,r} & t_{2,2}^{p,r} & \cdots & t_{2,N}^{p,r} \\ \cdots & \cdots & t_{i,k}^{p,r} & \cdots \\ t_{M,1}^{p,r} & t_{M,2}^{p,r} & \cdots & t_{M,N}^{p,r} \end{bmatrix} \tag{9-28}$$

M 列车在 N 个区间运行的最短时分矩阵为：

$$(\boldsymbol{T}^{p,r})^{\min}=\{(t_{i,k}^{p,r})^{\min}\}_{M\times N}=\begin{bmatrix}(t_{1,1}^{p,r})^{\min} & (t_{1,2}^{p,r})^{\min} & \cdots & (t_{1,N}^{p,r})^{\min}\\(t_{2,1}^{p,r})^{\min} & (t_{2,1}^{p,r})^{\min} & \cdots & (t_{2,1}^{p,r})^{\min}\\ \cdots & \cdots & (t_{i,k}^{p,r})^{\min} & \cdots\\(t_{M,1}^{p,r})^{\min} & (t_{M,2}^{p,r})^{\min} & \cdots & (t_{M,N}^{p,r})^{\min}\end{bmatrix}\tag{9-29}$$

运行裕度矩阵为:

$$\Delta\boldsymbol{T}^{p,r}=\{t_{i,k}^{p,r}-(t_{i,k}^{p,r})^{min}\}_{M\times N}=$$

$$\begin{bmatrix}t_{1,1}^{p,r}-(t_{1,1}^{p,r})^{\min} & t_{1,2}^{p,r}-(t_{1,2}^{p,r})^{\min} & \cdots & t_{1,N}^{p,r}-(t_{1,N}^{p,r})^{\min}\\t_{2,1}^{p,r}-(t_{2,1}^{p,r})^{\min} & t_{2,1}^{p,r}-(t_{2,1}^{p,r})^{\min} & \cdots & t_{M,1}^{p,r}-(t_{M,1}^{p,r})^{\min}\\ \cdots & \cdots & t_{i,k}^{p,r}-(t_{i,k}^{p,r})^{\min} & \cdots\\t_{M,1}^{p,r}-(t_{M,1}^{p,r})^{\min} & t_{M,2}^{p,r}-(t_{M,2}^{p,r})^{\min} & \cdots & t_{M,N}^{p,r}-(t_{M,N}^{p,r})^{\min}\end{bmatrix}=$$

$$\begin{bmatrix}\Delta t_{1,1}^{p,r} & \Delta t_{1,2}^{p,r} & \cdots & \Delta t_{1,N}^{p,r}\\\Delta t_{2,1}^{p,r} & \Delta t_{2,2}^{p,r} & \cdots & \Delta t_{2,N}^{p,r}\\ \cdots & \cdots & \Delta t_{i,k}^{p,r} & \cdots\\\Delta t_{M,1}^{p,r} & \Delta t_{M,2}^{p,r} & \cdots & \Delta t_{M,N}^{p,r}\end{bmatrix}\tag{9-30}$$

列车运行可调性矩阵为:

$$\boldsymbol{AA}^{p,r}=\{aq_{i,k}^{p,r}\}_{M\times N}=\begin{bmatrix}aa_{1,1}^{p,r} & aa_{1,2}^{p,r} & \cdots & aa_{1,N}^{p,r}\\aa_{2,1}^{p,r} & aa_{2,2}^{p,r} & \cdots & aa_{2,N}^{p,r}\\ \cdots & \cdots & aa_{i,k}^{p,r} & \cdots\\aa_{M,1}^{p,r} & aa_{M,2}^{p,r} & \cdots & aa_{M,N}^{p,r}\end{bmatrix}=\{\Delta t_{i,k}^{p,r}/t_{i,k}^{p,r}\}_{M\times N}=$$

$$\begin{bmatrix}\Delta t_{1,1}^{p,r}/t_{1,1}^{p,r} & \Delta t_{1,2}^{p,r}/t_{1,2}^{p,r} & \cdots & \Delta t_{1,N}^{p,r}/t_{1,N}^{p,r}\\\Delta t_{2,1}^{p,r}/t_{2,1}^{p,r} & \Delta t_{2,2}^{p,r}/t_{2,2}^{p,r} & \cdots & \Delta t_{2,N}^{p,r}/t_{2,N}^{p,r}\\ \cdots & \cdots & \Delta t_{i,k}^{p}/t_{i,k}^{p} & \cdots\\\Delta t_{M,1}^{p,r}/t_{M,1}^{p,r} & \Delta t_{M,2}^{p,r}/t_{M,2}^{p,r} & \cdots & \Delta t_{M,N}^{p,r}/t_{M,N}^{p,r}\end{bmatrix}\tag{9-31}$$

由于突发事件条件所产生的干扰在各区间上出现的概率是不同的,所以在研究列车运行计划动态性能指标时,必须予以考虑。设在各区间干扰产生的概率向量为：

$$\boldsymbol{PR}^{p,r} = \{pr_k^{p,r}\}_N = [pr_1^{p,r} \quad pr_2^{p,r} \ldots pr_N^{p,r}] \tag{9-32}$$

列车运行相对可调性为：

$$(\boldsymbol{AA}^{p,r})^{Re} = \{(aa_{i,k}^{p,r})^{Re}\}_{M\times N} = \{aa_{i,k}^{p,r}/pr_k^{p,r}\}_{M\times N} =$$

$$\begin{bmatrix} aa_{1,1}^{p,r}/pr_1^{p,r} & aa_{1,2}^{p,r}/pr_2^{p,r} & \ldots & aa_{1,N}^{p,r}/pr_N^{p,r} \\ aa_{2,1}^{p,r}/pr_1^{p,r} & aa_{2,2}^{p,r}/pr_2^{p,r} & \ldots & aa_{2,N}^{p,r}/pr_N^{p,r} \\ \ldots & \ldots & aa_{i,k}^{p,r}/pr_k^{p,r} & \ldots \\ aa_{M,1}^{p,r}/pr_1^{p,r} & aa_{M,2}^{p,r}/pr_2^{p,r} & \ldots & aa_{M,N}^{p,r}/pr_N^{p,r} \end{bmatrix} \tag{9-33}$$

$R[(A^{p,r})^{Re}]$ 为矩阵 $(\boldsymbol{AA}^{p,r})^{Re}$ 的秩。

讨论：

(1)如果 $R[(A^{p,r})^{Re}] < M$，那么列车相对可调性强。$R[(A^{p,r})^{Re}]$ 越小，表明相对于干扰出现的概率，列车的运行裕度分配越均衡，运行计划的相对可调性越大。

(2)一列车在所有区间相对可调性的方差揭示了列车在所有区间运行能力的分配，其值越小，表明其运行能力在所有区间上相对于干扰越均衡。同理，在同一区间上，所有列车的相对可调性的方差揭示了区间的服务能力在各列车上的分配，其值越小，表明区间的服务能力在不同的列车上分配越均衡。

列车运行计划稳定性量化值为：

$$\begin{gathered} S^r = 1/\{\vec{\alpha}\cdot[\mathrm{dev}((aa_{i,k}^{p,r})^{Re}|k=1),\mathrm{dev}((aa_{i,k}^{p,r})^{Re}|k=2),\cdots, \\ \mathrm{dev}((aa_{i,k}^{p,r})^{Re}|k=N)^T] + \vec{\beta}\cdot[\mathrm{dev}((aa_{i,k}^{p,r})^{Re}|i=1), \\ \mathrm{dev}((aa_{i,k}^{p,r})^{Re}|i=2),\cdots,\mathrm{dev}((aa_{i,k}^{p,r})^{Re}|i=M)^T]\} \\ \vec{\alpha}^{p,r} = (\alpha_1^{p,r},\alpha_2^{p,r},\cdots,\alpha_N^{p,r}) \\ \vec{\beta}^{p,r} = (\beta_1^{p,r},\beta_2^{p,r},\cdots,\beta_M^{p,r}) \end{gathered} \tag{9-34}$$

式中：向量 $\vec{\alpha}^{p,r}$ ——各区间的权重；

向量 $\vec{\beta}^{p,r}$ ——各列车的权重。

同理，列车在站作业的概念有：

M 列车在 N 个车站停站时分矩阵为：

$$T^{p,w} = \{t_{i,k}^{p,w}\}_{M\times N} = \{d_{i,k}^{p,w} - a_{i,k}^{p,w}\}_{M\times N} \tag{9-35}$$

M 列车在 N 个车站的最短停站时分矩阵为：

$$(T^{p,w})^{\min} = \{(t_{i,k}^{p,w})^{\min}\}_{M\times N} \tag{9-36}$$

列车停站时分裕度矩阵为：

$$\Delta T^{p,w} = \{ t_{i,k}^{p,w} - (t_{i,k}^{p,w})^{\min} \}_{M \times N} = \begin{bmatrix} \Delta t_{1,1}^{p,w} & \Delta t_{1,2}^{p,w} & \cdots & \Delta t_{1,N}^{p,w} \\ \Delta t_{2,1}^{p,w} & \Delta t_{2,2}^{p,w} & \cdots & \Delta t_{2,N}^{p,w} \\ \cdots & \cdots & \Delta t_{i,k}^{p,w} & \cdots \\ \Delta t_{M,1}^{p,w} & \Delta t_{M,2}^{p,w} & \cdots & \Delta t_{M,N}^{p,w} \end{bmatrix} \tag{9-37}$$

列车停站可调性矩阵为：

$$AA^{p,w} = \{ aa_{i,k}^{p,w} \}_{M \times N} = \{ \Delta t_{i,k}^{p,w} / t_{i,k}^{p,w} \}_{M \times N} \tag{9-38}$$

同样，突发事件条件所产生的干扰在各车站上出现的概率也是不同的。设在各车站的干扰产生的概率向量为：

$$\boldsymbol{PR}^{p,w} = \{ pr_k^{p,w} \}_N = [pr_1^{p,w} \quad pr_2^{p,w} \quad \cdots \quad pr_N^{p,w}] \tag{9-39}$$

列车停站相对可调性矩阵为：

$$(\boldsymbol{AA}^{p,w})^{Re} = \{ (aa_{i,k}^{p,w})^{Re} \}_{M \times N} = \{ aa_{i,k}^{p,w} / pr_k^{p,w} \}_{M \times N} \tag{9-40}$$

$R\left[(A^{p,w})^{Re} \right]$ 为矩阵 $(\boldsymbol{AA}^{p,w})^{Re}$ 的秩。

运行计划的列车停站计划稳定性定义量化值为：

$$\begin{aligned} S^w = 1/\{ & \vec{\alpha} \cdot [\mathrm{dev}((aa_{i,k}^{p,w})^{Re} \mid k=1), \mathrm{dev}((aa_{i,k}^{p,w})^{Re} \mid k=2), \cdots, \\ & \mathrm{dev}((aa_{i,k}^{p,w})^{Re} \mid k=N)^T] + \vec{\beta} \cdot [\mathrm{dev}((aa_{i,k}^{p,w})^{Re} \mid i=1), \\ & \mathrm{dev}((aa_{i,k}^{p,w})^{Re} \mid i=2), \cdots, \mathrm{dev}((aa_{i,k}^{p,w})^{Re} \mid i=M)^T] \} \\ & \vec{\alpha}^{p,w} = (\alpha_1^{p,w}, \alpha_2^{p,w}, \cdots, \alpha_N^{p,w}), \vec{\beta}^{p,w} = (\beta_1^{p,w}, \beta_2^{p,w}, \cdots, \beta_M^{p,w}) \end{aligned} \tag{9-41}$$

式中：向量 $\vec{\alpha}^{p,w}$ ——各车站的权重；

向量 $\vec{\beta}^{p,w}$ ——各列车的权重。

综上所述，运行计划稳定性量化值为：

$$S = S^r \times S^w \tag{9-42}$$

六、列车运行调整目标函数设计

列车晚点广义惩罚值是与列车晚点时间紧密联系的。其不仅体现了所有待调整列车在调整后总的晚点时间，也体现了不同等级列车的重要性，是列车运行调整的首要的追求目标。而运行计划稳定性体现了运行计划在受到干扰后自我修复的能力，其值揭示了其对抗突发干扰的能力。突发事件造成线路区间状态处于不稳定状态，发生在某线路区间或车站的突发事件对线路区间及车站的影响会波及邻近的车站和区间，而列车在这些区间运行或在车站作业时，会受到这些由突发事件导致的继发干扰。所以，为了应对这些继发干扰，在运行调整尽可能减小列车晚点广义惩罚值的基础上，优化列车运行计划的稳定性，使其在执行的过程中具有较强的适应性。

综上所述,列车运行调整的追求目标有两个:其一为列车晚点广义惩罚值;另一为列车运行计划稳定性。那么此问题为多目标规划问题,且两目标之间存在不可共度性和矛盾性。不可共度性指列车晚点广义惩罚值与列车运行计划稳定性之间不存在统一的度量标准,因而难以进行归一化处理。矛盾性是指对两个目标中的一个目标进行优化,往往以牺牲另一个目标值为代价。所以,对此种多目标规划问题,本著作设计了满意度测度法。

假设单独优化第一个目标——列车晚点广义惩罚值所得的最优目标值或近似最优值为 Z_{delay}^* ,据此构造与实际相符合的满意度隶属函数。

$$u_1 = \begin{cases} 1 & Z_{\text{delay}} \leqslant Z_{\text{delay}}^* \\ 1 - (Z_{\text{delay}} - Z_{\text{delay}}^*)/\sigma_1 & Z_{\text{delay}}^* < Z_{\text{delay}} < Z_{\text{delay}}^* + \sigma_1 \\ 0 & Z_{\text{delay}} \geqslant Z_{\text{delay}}^* + \sigma_1 \end{cases} \tag{9-43}$$

对应的满意度的模糊隶属度曲线如图 9-9 所示。

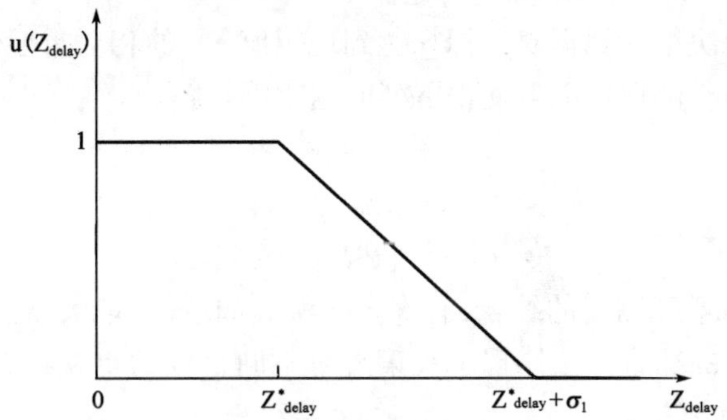

图 9-9　晚点广义惩罚满意度模糊隶属度曲线

其中, σ_1 由决策者根据对目标 Z_{delay} 达到理想值 Z_{delay}^* 的相对重要性的模糊预期来确定。并且, σ 的取值能够使得下列问题有可行解。

$$Z_{\text{delay}} = Z_{\text{delay}}^* + \sigma_1 \tag{9-44}$$

$$s.\ t.$$

第一节三所述所有约束。

同理,单独优化第二个目标—列车运行计划稳定性所得的最优目标值或近似最优值为 S^* ,据此构造与实际相符合的满意度隶属函数。

$$u_2 = \begin{cases} 1 & S \geqslant S^* \\ 1 - (S^* - S)/\sigma_2 & S^* - \sigma_2 < S < S^* \\ 0 & S^* \leqslant S^* - \sigma_2 \end{cases} \tag{9-45}$$

对应的运行计划稳定性的隶属度函数曲线如图 9-10 所示。

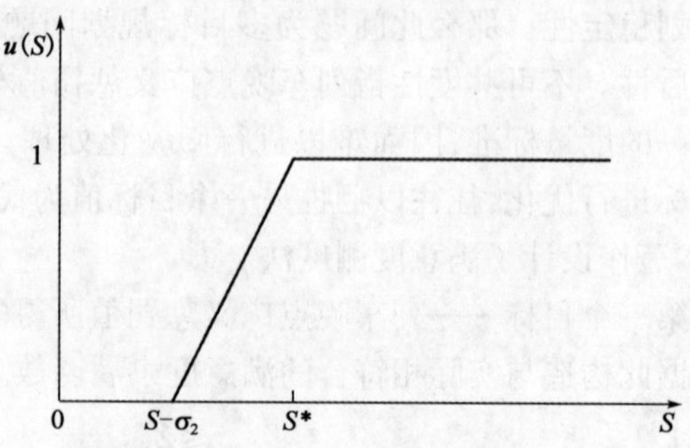

图 9-10 运行计划稳定性满意度模糊隶属度曲线

上述定义列车晚点广义惩罚满意度与运行计划稳定性满意度时都采用了三角模糊隶属度函数。当然,可以根据实际情况,利用诸如 Bell 函数、高斯函数、Sigmoid 函数和梯形函数等函数进行定义。

其中,σ_2 由决策者根据对目标 S 达到理想值 S^* 的相对重要性的模糊预期来确定。并且,σ_2 的取值能够使得下列问题有可行解。

$$S = S^* - \sigma_2 \tag{9-46}$$

s. t.

第一节三所述所有约束。

对于两个满意度测度的综合,有许多方法。如取小、取大、代数积、代数和、加权和等。不同的综合方法体现了决策者对不同目标的重视程度。本著作中,提出如下的综合方法。

$$\max Z = \theta \max(\mu_1, \mu_2) + (1-\theta)\min(\mu_1, \mu_2), \ \theta \in [0,1] \tag{9-47}$$

式中: θ ——决策者的乐观与谨慎倾向参数。

若 θ 取值较大,那么综合目标中满意度较大的因素所占权重较大,而悲观因素所占权重相应减小,表明决策者是谨慎乐观的,反之,决策者是乐观谨慎的。通过设置 θ 的取值,可以比较准确地表示决策者在决策中的优化意图与偏好。

第二节 收敛模糊粒子群优化算法

一、粒子群算法

粒子群算法[193]是一种进化计算技术,最早是由 Kennedy 与 Eberhart 在 1995 年提出的。该算法源于对鸟群捕食的行为研究,是一种基于迭代技术的优化工具,用来解决非线性的、多极值的复杂优化问题。这种优化方法简单易懂,易于建模实现[193-195]。粒子群算法自从1995年被提出来,得到了学术界的广泛关注。Abdelbar等中提出了模糊粒子群优化(Fuzzy Particle Swarm Optimization, FPSO)算法,但是对粒子运动方程中隶属度函数的选择并没有做深入探讨[196],其在文献[197]提出了基于本能的满意度粒子群算法。Abdelshahid分析了粒子群算法的若干变种,并对这些变种的可达性做出了评价[198]。Mendes等给出了全信息的粒子群算法[199]。Yang对粒子群算法做出了改进[200]。Singh对模糊适应粒子群算法进行了研究[201]。Saber等研究了利用模糊适应粒子群算法解决单位委托计算问题[202]。Esmin等研究了利用混合粒子群算法进行模糊规则的生成及隶属度函数的选择问题[203,204]。An等研究了基于粒子群算法的加权模糊推理问题[205]。上述文献提出变种的粒子群算法,但是都没有通过实验对算法的效率与精度进行综合的研究。

粒子群算法是受自然界中鸟群、鱼群觅食过程中出现的群体智能现象启发而提出的[193]。假设 i 是一个解,N 表示 i 解向量中元素个数,每个粒子包含两个 N 维向量,一个布尔向量 x_i,代表一个候选解,或者称作 i 的状态。另外一个是实数向量,称为粒子的速度。在种群算法中,速度向量代表了粒子以什么速度,朝什么方向在解的每个维度上如何飞行。

令 $K(i)$ 表示粒子 i 的邻居,用 p_i 表示粒子 i 所经过的最优位置。在每次迭代过程中,每个粒子 i 根据下列方程调整其状态和飞行速度。

$$v_{i+1} = \omega v_i + c_1 r_1 (p_i - x_i) + c_2 r_2 (p_g - x_i) \tag{9-48}$$

$$x_{i+1} = x_i + v_{i+1} \tag{9-49}$$

式中:ω——惯性因子,取值范围为[0,1],通常随着迭代进行,逐渐减小[206];

c_1、c_2——分别为常量,通常情况下取 $c_1 + c_2 = 4$[207],表示粒子群体对单个粒子的影响程度;

r_1、r_2——介于0和1之间的两个随机数;

p_g——粒子群体中所有粒子所经历过的最优位置。

二、收敛模糊粒子群算法

1. 模糊粒子群算法

Abdelbar等于2005年首次提出模糊粒子群算法,是基本粒子群算法的泛化[196]。与基本粒子群算法的不同在于,并不只是最优粒子能够影响其他相邻粒子,而是若干粒子可以影响其周围相邻的其他粒子。每个粒子受周围其他相邻粒子影响的程度取决于这些粒子的隶属度,而吸引力的大小取决于粒子相对应的模糊变量。这样充分利用了粒子周围各个粒子的优点,算法具有较高的精度。

隶属度是一个模糊变量。Bell、高斯、Sigmoid、三角和梯形函数是常见的几种隶属度函数(Membership Function,MF)。它们的函数曲线如图 9-11 所示[208]。

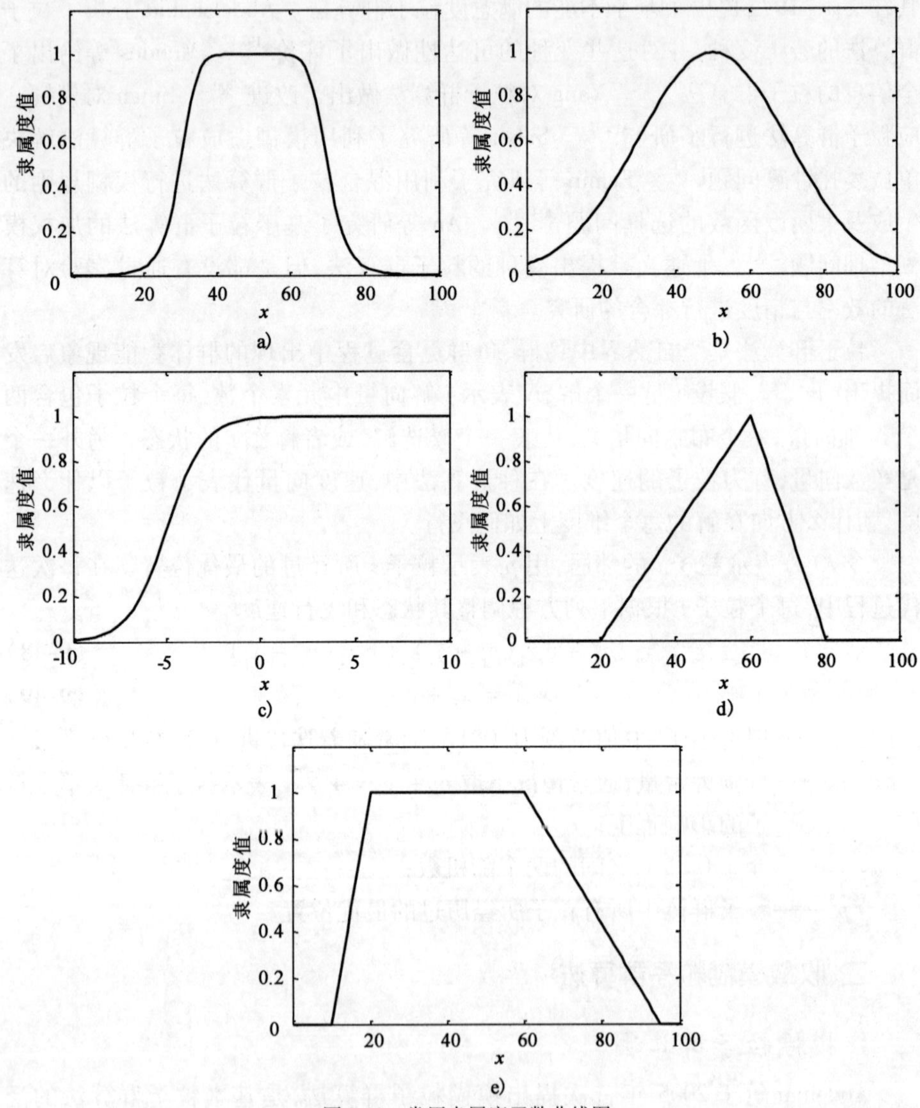

图 9-11　常用隶属度函数曲线图

a) Bell 隶属度函数曲线;b) 高斯隶属度函数曲线;c) Sigmoid 隶属度函数曲线;d) 三角隶属度函数曲线;e) 梯形隶属度函数曲线

Bell、高斯、Sigmoid、三角和梯形函数计算式如下：

$$\text{bell}(x;c,\sigma) = \frac{1}{1+\left(\frac{x-c}{\sigma}\right)^2}, \sigma = 1, c = -5 \tag{9-50}$$

$$\text{gaussian}(x;c,\sigma) = \exp -\frac{1}{2}\left(\frac{x-c}{\sigma}\right)^2, \sigma = 20, c = 50 \tag{9-51}$$

$$\text{sig}(x;c,\sigma) = \frac{1}{1+\exp[-\sigma(x-c)]}, \sigma = 20, c = 50 \tag{9-52}$$

$$\text{triangle}(x;a,b,c) = \max\left[\min\left(\frac{x-a}{b-a},\frac{c-x}{c-b}\right),0\right],$$

$$a = 20, b = 60, c = 80 \tag{9-53}$$

$$\text{triangle}(x;a,b,c) = \max\left[\min\left(\frac{x-a}{b-a},\frac{c-x}{c-b}\right),0\right],$$

$$a = 20, b = 60, c = 80 \tag{9-54}$$

$$\text{trapezoid}(x;a,b,c,d) = \max\left[\min\left(\frac{x-a}{b-a},1,\frac{d-x}{d-c}\right),0\right]$$

$$a < b \leqslant c < d, a = 10, b = 20, c = 60, d = 95 \tag{9-55}$$

人为确定一个常数 k，k 根据问题求解的精度要求可以变化，代表某一粒子周围存在的能对该粒子的运动产生影响的邻居粒子的个数。令 h 是 k－最优粒子中的一个，$f(p_g)$ 表示最优粒子的适应度值。

那么，如果隶属度函数基于 Bell 函数建立，那么隶属度函数定义为：

$$\phi(h) = \frac{1}{1+\{[f(p_h)-f(p_g)]/\beta\}^2} \tag{9-56}$$

如果隶属度函数基于 Gaussian 函数建立，那么隶属度函数定义为：

$$\phi(h) = \exp\left\{-\frac{1}{2}\left[\frac{f(p_h)-f(p_g)}{\beta}\right]^2\right\} \tag{9-57}$$

如果隶属度函数基于 Sigmoid 函数建立，那么隶属度函数定义为：

$$\phi(h) = \frac{1}{1+\exp\{-\beta[f(p_h)-f(p_g)]\}} \tag{9-58}$$

如果隶属度函数基于 Triangle 函数建立，那么隶属度函数定义为：

$$\phi(h) = \max\left\{\min\left[\beta\frac{f(p_h)-f(p_g^0)}{f(p_g)-f(p_g^0)},\beta\frac{f(p_g^1)-f(p_h)}{f(p_g^1)-f(p_g)}\right],0\right\} \tag{9-59}$$

如果隶属度函数基于 Trapezoid 函数建立，那么隶属度函数定义为：

$$\phi(h) = \max\left\{\min\left[\beta\frac{f(p_h)-f(p_g^0)}{f(p_g)-f(p_g^0)},1,\beta\frac{f(p_g^1)-f(p_h)}{f(p_g^1)-f(p_g)}\right],0\right\} \tag{9-60}$$

因为$f(p_h) \leqslant f(p_g)$，所以$\phi(h)$是一个递减函数。当$f(p_h) = f(p_g)$时，函数值为1。当$f(p_h)$与$f(p_g)$之间的差距越来越大时，函数值趋近于0。为了避免适应度函数带来过多的影响，定义$\beta = f(p_g)/l$，式中，l为用户给定的参数。对于一个确定的$f(p_h)$，l越大，$\phi(h)$越小。$f(p_g^0)$与$f(p_g^1)$分别是三角隶属度函数和梯形隶属度函数的两个边界值。在模糊粒子群算法中，速度方程就定义为[196]：

$$v_{i+1} = \omega v_i + c_1 r_1 (p_i - x_i) + \sum_{h \in B(i,k)} \phi(h) c_2 r_2 (p_h - x_i) \tag{9-61}$$

其中，$B(i,k)$表示与粒子i相邻的k个粒子的集合，每个粒子受到其自身最优位置p_i和其周围这k个最优粒子的影响，每个相邻粒子对其影响程度取决于$\phi(h)$的值。可以推断，当k的值取1时，模糊粒子群算法蜕变为基本粒子群算法。

2. 收敛因子的引入

Clerc严格证明了引入收敛因子后粒子群算法一定是收敛的[194]。在粒子运动方程中，c_1，c_2是两个常数，通常在基本粒子群算法中设置为2。在Clerc的模型中，φ定义为c_1，c_2的和。收敛因子k可以定义为：

$$k = \frac{2}{\left|2 - \phi - \sqrt{\left|\phi^2 - 4\phi\right|}\right|} \tag{9-62}$$

所以，收敛粒子群优化（Convergent PSO，CPSO）算法的运动方程为：

$$v_{i+1} = k[\omega v_i + c_1 r_1 (p_i - x_i) + c_2 r_2 (p_g - x_i)] \tag{9-63}$$

该模型可以看作是基本粒子群算法的泛化。当$\phi = 4$时，$k = 1$，该算法退化为基本粒子群算法，难于收敛。根据Clerc的结论[194]，当$\phi > 4$时，算法具有很强的收敛特性，收敛特性几近线性。当$\varphi > 4$时，算法易螺旋收敛于非平凡解。基本粒子群算法的缺点是难以收敛，引入收敛因子之后，保证了其较快的收敛速度[209,210]。但是，算法的精确度还是难以保证。所以，将模糊粒子群算法中隶属度函数的概念引入模型，提出一种新的粒子群算法——收敛模糊粒子群优化（Convergent Fuzzy Particle Swarm Optimization，CFPSO）算法[211]。该算法与模糊粒子群算法的区别是在粒子的运动方程中加入了收敛因子。其引动方程如下式：

$$v_{i+1} = k[\omega v_i + c_1 r_1 (p_i - x_i) + \sum_{h \in B(i,k)} \phi(h) c_2 r_2 (p_h - x_i)] \tag{9-64}$$

3. 参数设置与计算结果分析

（1）收敛因子确定

根据Clerc的模型，φ等于$c_1 + c_2$，收敛因子k定义为$k = 2/\left|2 - \varphi - \sqrt{|\varphi^2 - 4\varphi|}\right|$。所以$c_1$和$c_2$的取值是问题的关键。为了确定$c_1$和$c_2$的最优

值,采用式(9-65)所示的 Rastrigrin 函数作为测试函数进行数值计算实验。粒子群规模设计为 100,每个粒子有 20 维。循环迭代 100 次。从图 9-12 中可知,随着 c_1 和 c_2 分别各自接近 2.0 和 2.1,目标函数的值越来越小。表 9-1 中为计算的具体数值。当 c_1 和 c_2 分别取 2.0 和 2.1 时,目标函数的值最小。又根据 Clerc 的 $\varphi>4$ 时算法具有较好的收敛性能的结论,此时 $\varphi=2.0+2.1=4.1>4$,所以取 $c_1=2.0$, $c_2=2.1$。此时, $k=0.73$。

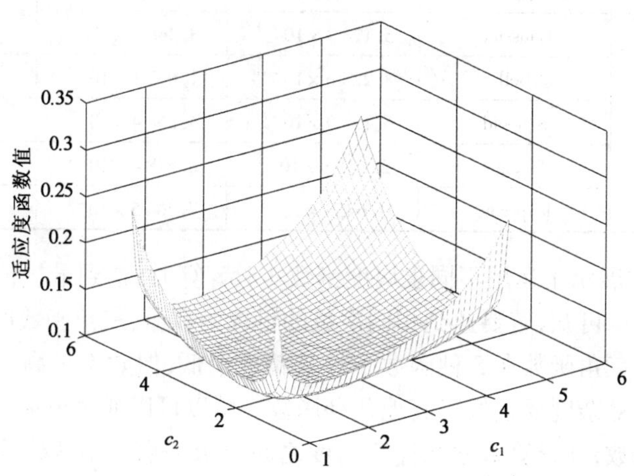

图 9-12　目标函数值与 c_1 , c_2 关系曲面

c_1,c_2 相关的具体目标函数值　　表 9-1

c_1(下) c_2(右)	1.9	2.0	2.1	2.2
1.8	1.317×10^{-5}	9.046×10^{-6}	2.041×10^{-6}	2.658×10^{-5}
1.9	1.097×10^{-5}	9.046×10^{-6}	1.024×10^{-6}	2.264×10^{-6}
2.0	9.623×10^{-6}	1.084×10^{-5}	0.039×10^{-6}	1.058×10^{-6}
2.1	1.258×10^{-5}	1.256×10^{-5}	1.106×10^{-6}	6.264×10^{-6}
2.2	1.091×10^{-5}	1.063×10^{-5}	1.856×10^{-6}	1.045×10^{-5}

(2)隶属度函数选择

为从 Bell、高斯、Sigmoid、三角和梯形函数 5 个常用的模糊隶属度函数中,为粒子群运动方程挑选出适宜的函数,以 f_1 作为标准函数,分别采用 5 个函数作为隶属度函数,各运行了 100 次实验。粒子群的规模是 100。每个粒子含有 20 维。标准函数的目标值是 1.0000×10^{-7}。粒子的最大速度 V_{max} 限定为 10。表 9-2中列出了运用各种隶属度函数计算出的标准函数的最优解、平均解、达到目标值的次数。运用三角隶属度函数,可以 30 次达到目标值,比运用其他 4 种

函数的次数都少。计算结果表明:三角隶属度函数虽然计算效率高,但是计算的精度是5个模糊隶属度函数中最低的。另外,可以看到,运用Bell函数所得标准方程的最优解和平均解都优于运用其他4种函数,并且其达到目标值的次数也最多,所以,可以看出Bell函数具有最高精度。

目标函数值与隶属度函数关系　　表9-2

测试函数	隶属度函数	最优解	解平均值	达到最优值次数
f_1	Gaussian	5.1287×10^{-11}	3.4687×10^{-7}	58
	Bell	8.2256×10^{-11}	1.6721×10^{-7}	55
	Sigmoid	6.1259×10^{-11}	4.2684×10^{-7}	53
	Triangle	2.4511×10^{-8}	8.5784×10^{-4}	30
	Trapezoid	1.6458×10^{-8}	7.2645×10^{-4}	31

图9-13中展示了运用不同隶属度函数实验计算时,达到最优值的次数与消耗时间的关系。可知,若要达到相同次数的目标函数值,三角函数所耗的时间最少,所以,虽然三角函数在5种函数中计算精度最低,但效率最高。这是因为三角函数的计算复杂度要远低于其他几种函数。所以可以通过更换粒子运动方程里的隶属度函数,在计算效率和计算精度之间寻求平衡。本著作通过实验数据对比算法性能时,FPSO和CFPSO算法中采用的就是三角模糊函数。

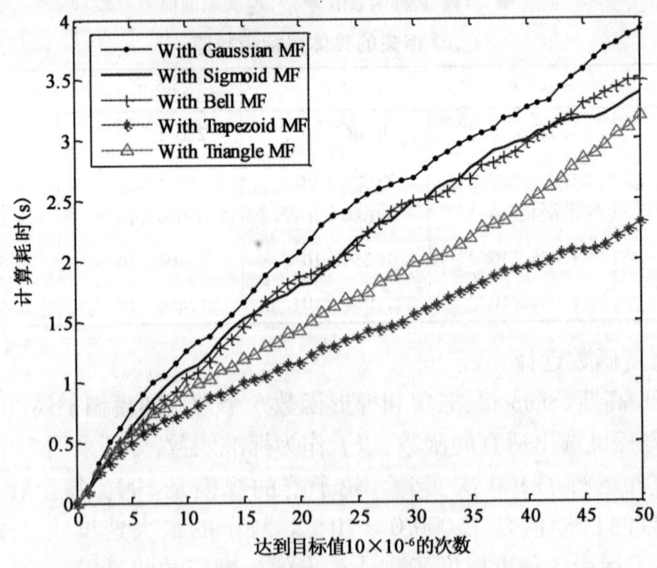

图9-13　利用不同隶属度函数达到目标值的次数与消耗时间之间的关系

(3)计算结果及分析

本著作采用学术界常用的4个标准函数作为测试函数,各运行100次,对新算法的性能进行分析。粒子群规模是100,测试计算时,粒子的维数分别取20、40和60。

f_1函数是泛化的 Rastrigrin 函数,其计算式如下:

$$f_1(x) = \sum_{i=1}^{n}[x_i^2 - 10\cos(2\pi x_i) + 10] \quad x_i \in [-5.12,5.12] \tag{9-65}$$

f_2函数是泛化的 Griewank 函数,其计算式如下:

$$f_2(x) = \frac{1}{4\,000}\sum_{i=1}^{n}x_i^2 - \prod_{i=1}^{n}\cos\left(\frac{x_i}{\sqrt{i}}\right) + 1 \quad x_i \in [-600,600] \tag{9-66}$$

f_3函数是泛化的 Rosenbrock 函数,其计算式如下:

$$f_3(x) = \sum_{i=1}^{n}\left[100\,(x_i^2 - x_{i+1})^2 + (1 - x_i)^2\right] \quad x_i \in [-30,30] \tag{9-67}$$

f_4函数是泛化的 Ackley 函数,其计算式如下:

$$f_4(x) = -20 \times \exp\left(-0.2\sqrt{\frac{1}{n}\sum_{i=1}^{n}x_i^2}\right) - \exp\left[\frac{1}{n}\sum_{i=1}^{n}\cos(2\pi x_i)\right] + 20 + e \quad x_i \in [-30,30] \tag{9-68}$$

表9-3列出了分别使用4种算法计算得到标准函数f_1的结果。使用FPSO算法计算所得的4个函数的最优解值和平均解值是4种算法中最小的,所以,在4种算法中,FPSO算法是精度最高的。该实验在运行100次的情况下,运用CFPSO算法所达到目标值的次数多于用PSO算法,但是略少于FPSO算法。

4个标准函数实验数据　　表9-3

测试函数	算　法	最 优 解	解的平均值	达到目标值的次数
f_1	PSO	2.639×10^{-11}	3.172×10^{-2}	26
	FPSO	1.449×10^{-11}	8.256×10^{-3}	53
	CFPSO	1.825×10^{-11}	9.672×10^{-3}	50
f_2	PSO	2.664×10^{-14}	9.963×10^{-8}	76
	FPSO	5.467×10^{-15}	8.124×10^{-8}	83
	CFPSO	7.879×10^{-15}	9.549×10^{-8}	80
f_3	PSO	4.531×10^{-11}	8.854×10^{-6}	72
	FPSO	6.712×10^{-12}	3.645×10^{-6}	80
	CFPSO	7.564×10^{-12}	6.152×10^{-6}	78
f_4	PSO	7.125×10^{-11}	2.457×10^{-4}	50
	FPSO	6.587×10^{-12}	2.365×10^{-5}	66
	CFPSO	9.145×10^{-12}	3.264×10^{-5}	63

如图 9-14 所示,随着达到目标值次数的增加,所消耗的计算时间也随之增加。FPSO 算法消耗的时间与基本 PSO 算法所消耗的时间很接近,所以可以知道选取的三角函数作为模糊隶属度函数,对算法的计算效率影响较小。而 CFPSO 算法所消耗的时间比 FPSO 算法少,是因为算法中收敛因子起了作用。还可以看到,达到目标值的次数较少时,CFPSO 算法耗时反倒比基本 PSO 算法所消耗的时间多,是因为在计算收敛因子的值时,消耗了一部分时间。CFPSO 算法继承 FPSO 算法计算精度高的优点,并兼顾了计算效率,具有最好的算法性能。

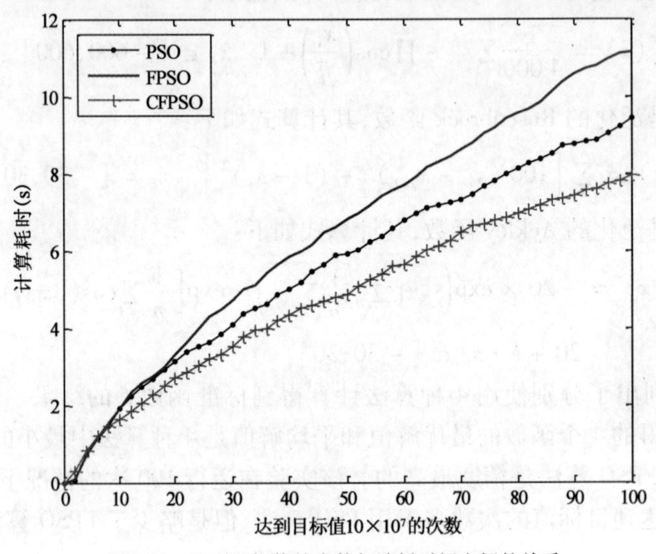

图 9-14　达到目标值的次数与消耗时间之间的关系

三、突发事件条件下列车运行调整算法设计

1. 粒子群规模的设计

设计粒子群的规模,以较为恰当的粒子群规模进行计算。针对本著作中的列车运行调整问题,设计粒子群的规模介于 20 ~ 50 之间,既能保证运行调整迭代计算的速度,又防止运行调整的计算结果陷入局部最优。

2. 位置向量的设计

根据第一节设计的列车运行调整模型,设计针对该问题模型的粒子群的位置向量。在可行径路集中包含有若干径路,对每条径路 p,其分配的列车的数量为 n_p,其经过的车站数量为 NS_p,那么径路上存在 NS_p-1 个区间。因为某列车在每个车站的到达时刻和出发时刻对应两个决策变量,那么,n_p 列车在 NS_p 个车站对应的决策变量有 $2\times n_p\times NS_p$ 个,又因为径路集合中包含 L 条径路,则决策变量数为 $\sum_{p=1}^{L}2\times n_p\times NS_p$。

另外,对于0-1 变量 $x_p^{k,i}$,列车种类数共有 TN,对某种列车有 N^k 列,又可行径路集中包含有 L 条径路,所以此0-1 变量的个数为 $L\times TN\times N^k$。

那么每个粒子的位置信息包含有 $\sum_{p=1}^{L}2\times n_p\times NS_p+L\times TN\times N^k$ 个变量,对应所有列车在 L 个径路上各车站的到达时刻和出发时刻以及列车在径路上分配的决策变量。即:

$$
\begin{aligned}
P_i=(&a_1^{1,1},a_2^{1,1},\cdots,a_{NS_1}^{1,1},a_1^{1,2},a_2^{1,2},\cdots,a_{NS_1}^{1,2},\cdots,a_1^{1,n_1},a_2^{1,n_1},\cdots,a_{NS_1}^{1,n_1},\\
&a_1^{2,1},a_2^{2,1},\cdots,a_{NS_2}^{2,1},a_1^{2,2},a_2^{2,2},\cdots,a_{NS_2}^{2,2},\cdots,a_1^{2,n_2},a_2^{2,n_2},\cdots,a_{NS_2}^{2,n_2},\cdots,\\
&d_1^{L,1},d_2^{L,1},\cdots,d_{NS_L}^{L,1},d_1^{L,2},d_2^{L,2},\cdots,d_{NS_L}^{L,2},\cdots,d_1^{L,n_L},d_2^{2,n_L},\cdots,d_{NS_L}^{2,n_L},\\
&d_1^{1,1},d_2^{1,1},\cdots,d_{NS_1}^{1,1},d_1^{1,2},d_2^{1,2},\cdots,d_{NS_1}^{1,2},\cdots,d_1^{1,n_1},d_2^{1,n_1},\cdots,d_{NS_1}^{1,n_1},\\
&d_1^{2,1},d_2^{2,1},\cdots,d_{NS_2}^{2,1},d_1^{2,2},d_2^{2,2},\cdots,d_{NS_2}^{2,2},\cdots,d_1^{2,n_2},d_2^{2,n_2},\cdots,d_{NS_2}^{2,n_2},\cdots,\\
&d_1^{L,1},d_2^{L,1},\cdots,d_{NS_L}^{L,1},d_1^{L,2},d_2^{L,2},\cdots,d_{NS_L}^{L,2},\cdots,d_1^{L,n_L},d_2^{2,n_L},\cdots,d_{NS_L}^{2,n_L},\\
&x_1^{1,1},x_2^{1,1},\cdots,x_L^{1,1},x_1^{1,2},x_2^{1,2},\cdots,x_L^{1,2},\cdots,x_1^{1,N1},x_2^{1,N1},\cdots,x_L^{1,N1},\\
&x_1^{2,1},x_2^{2,1},\cdots,x_L^{2,1},x_1^{2,2},x_2^{2,2},\cdots,x_L^{2,2},\cdots,x_1^{2,N2},x_2^{2,N2},\cdots,x_L^{2,N2},\cdots,\\
&x_1^{TN,1},x_2^{TN,1},\cdots,x_L^{TN,1},x_1^{TN,2},x_2^{TN,2},\cdots,x_L^{TN,2},\cdots,x_1^{TN,N^{TN}},x_2^{TN,N^{TN}},\cdots,x_L^{TN,N^{TN}})
\end{aligned}
$$

$$i=1,2,\cdots,\text{popsize} \tag{9-69}$$

粒子群初始化实际是给每个粒子的位置向量的每个变量赋值。在初始化时,应考虑列车在径路车站的停站时刻和出发时刻,而不是毫无目的地随机生成。即列车在车站的到达和出发时刻变量的取值在一定的范围内。而作为0-1变量的 $x_j^{k,i}$ 的初值,采取生成随机数来确定的办法。即生成一个随机变量 rand,若其值大于某一阈值 μ,设置 $x_j^{k,i}=1$,否则,设置 $x_j^{k,i}=0$。然后根据 $x_j^{k,i}$ 的取值,确定 n_p^k,进而确定 n_p。

确定列车在车站的到达时刻和出发时刻变量的取值,要分两种情况。一部分列车在上层规划进行优化计算后,其新选择的径路与原来运行计划的径路相同,此时,列车在各车站的到达和出发的时刻可以参照原来运行计划中的到达和出发时刻设计。另一部分列车的径路发生了改变,其在各车站的到达和出发时刻应根据原来运行计划中的列车到达和出发时刻、列车在车站的技术作业时间、各类列车在各区间的最小运行时间进行综合考虑。

3. 速度向量的设计

根据本章第二节所述方法,设计模糊粒子速度。

4. 计算停止条件

在针对列车运行调整的粒子群算法设计过程中,迭代计算停止的策略有两种。一种为迭代次数衡量的办法,即仿照通用的进化算法的循环次数控制策略,设定粒子群算法的最大迭代次数,达到该次数计算即停止。另一种做法为设定目标函数的达标法。即设定一个目标函数值,作为迭代计算的优化标准,当决策变量取值使得目标函数的值达到这个标准时,结束计算。

第一种策略是最常用的策略,其设计相当简便,当迭代次数设置较为合理时,能够得到较为理想的计算结果。其缺点是无法节省计算时间,对于一个复杂度确定的问题而言,需要的计算时间基本一致。第二种策略的优点是能够控制目标函数值的指标标准,在针对一些简单的优化问题时,能够在一定程度上节省计算时间。而其缺点也是显而易见的。首先,对于某些优化问题,如运行调整问题,尤其是在突发事件条件下,很难预知目标函数值的优化标准。再者,当目标值设定太苛刻时,可能导致无解的情况出现,而使计算陷入死循环。所以综上分析,本著作采用第一种策略。

实际上,当循环运算达到一定的次数后,目标值基本接近最优,而后面的计算对目标值的优化所起的作用是微乎其微的,本著作在进行大量数值实验的基础上,设定迭代的次数上限为200,既保证计算结果尽可能趋近最优,又能保证计算的效率,这对现场的生产指挥的实时性要求是相符合的。

5. 计算步骤

设计针对列车运行调整的计算步骤如下。

第一步:初始化粒子群种群。设置粒子种群的规模是 N_{swarm}。每一粒子的位置向量由 $\sum_{p=1}^{L} 2 \times n_p \times NS_p + L \times TN \times N^k$ 个变量构成。根据运行图数据及突发事件条件已经造成的晚点情况,设置每一个变量的初始值。

第二步:根据式(9-47)及种群中各粒子位置向量计算适应度函数的值 Z。将各粒子的最优位置进行记录,并记录使得适应度函数的值最小的粒子的编号。

第三步:根据速度式(9-64),计算各粒子的飞行速度。

第四步:根据位置计算公式,计算每个粒子的新位置;如果达到了要求的精度或者迭代次数,转第五步,否则,转第二步。

第五步:根据种群中最优粒子的最优位置,给出运行图调整后各列车在车站的到达和出发时刻。

第三节　突发事件条件下列车运行调整原则于求解中的体现

对于本著作中列车运行调整的原则,在算法设计中采用调整列车在站的到发时刻的方法实现。一个粒子中包含若干变量,这些变量表征了列车运行径路分配决策及各径路上各列车在站到发时刻。而每一列车的等级通过检查 n_p^k 中的 k 即可得到。对于"高等级列车优先,低等级列车后行"原则,检查粒子中列车运行时刻发生冲突(即两列车在站的到、发时刻差距小于最小到达、出发时间间隔)条件下,有无将低等级列车的到发时刻设置早于高等级列车情况,若有,将粒子变量中表征两列车在站的到发时刻的变量进行调整;对于"相同等级列车中,正点列车绝对优先,晚点列车后行"的原则,检查粒子中相同等级列车中,有无列车运行时刻发生冲突时,优先安排晚点列车的情况,若有,将列车在站到发时刻变量调整;对于"所有相同等级列车按照最早可能出发时间排序出发"原则,在设置粒子在站出发时刻时,尽量趋近最早可能时间(通过列车在站的到达时间变量加在站最少停留时间实现);对于"部分有特殊要求的列车,可适当优先"原则,直接更改该列车所属的群组,即直接改变其等级。对于"低等级列车不可越行高等级列车"原则,检查粒子中,是否存在低等级列车在前方站的到发时刻晚于高等级列车,而在后方车站的到发时刻早于高等级列车状况,若有,对其在后方站的到发时刻变量重新赋值;对于"相同级别的列车,可以越行""高等级列车可越行低等级列车"两原则,体现在列车在站到发时刻早晚设置中,不对这种情况处理即可。

第四节　突发事件条件下列车运行组织双层规划模型求解步骤

突发事件条件下列车运行组织双层规划模型的求解步骤如下。

第一步:进行参数初始化,包括各类参数系数以及下层规划的综合满意度值、总迭代次数等。

第二步:设置上层规划的目标函数隶属度值 $1-\alpha$,将其作为日标函数隶属度值的取值下限,对上层规划——列车运行径路分配模型求解,得到 n_p^k。

第三步:将 n_p^k 作为约束代入下层规划——列车运行调整模型并求解。

第四步:判断下层规划—列车运行调整的目标函数值是否已达到设定的值,

若是,结束;否则,总迭代次数加1,转第五步。

第五步:判断总迭代次数是否已经达到设定值,若是,结束计算;否则重新设置上层规划的目标函数隶属度值 $1-\alpha$,求解,得到新一组解 n_p^k;转第三步。

而其中第三步的求解步骤为:

(1)针对每个径路的列车分配信息,确定待调整列车所属的调度区段。

(2)搜索调整时间段内所有调度区段的所有列车,形成待调整列车集合。

(3)读取待调整列车集合中列车的运行图数据。

(4)将待调整列车集合分为若干列车群,确定各群的调整优先级别。

(5)对每个调度区段内的列车运行计划进行调整,解决各调度区段的列车运行调整问题。

(6)将计算结果解释为运行计划。

本章小结

本章论述的内容是作为突发事件条件下列车运行组织问题双层规划模型的下层模型的构建和求解问题。重点论述了列车运行调整的理论和方法。在上层规划——列车运行径路分配问题解决的基础上,对列车在径路上的运行的调整问题进行了建模。重点考虑与既有文献中列车运行调整中单一区段的不同约束,给出全面准确的约束条件。

本章的另一个研究重点是高效的优化算法——粒子群算法的改进。引入模糊算子和收敛因子,确保计算结果的精度和效率,以通用的测试函数进行了实证,证明了其显著的优化计算性能。以此为基础,设计了列车运行调整的算法,给出了详细的计算步骤。

第十章　突发事件条件下列车运行组织实证分析

第一节　突发事件场景假设

一、中国铁路网络(部分)示意图

目前,我国铁路路网由3种铁路线路组成,分别是既有普速铁路、既有城际铁路与新建高速铁路,既有城际铁路有北京—天津城际、合肥—南京城际、石家庄—太原城际等,新建高速有武汉—广州高速与北京—上海高速等。为了进行实证分析,本章绘制了我国集宁—大同—太原—洛阳—襄樊—柳州一线以东、柳州—衡阳—株洲—鹰潭—金华一线以北、集宁—张家口—葫芦岛一线以南铁路网络示意图,作为实证分析的基础线路网络,如图10-1所示。

二、突发事件条件假设

假设××年×月×日8:00,京沪高速铁路DK703+903、DK856+321处下行线出现线路故障,造成徐州东—宿州东之间高速铁路上下行均限速160km/h,蚌埠南—定远之间高速铁路上下行均中断。预计恢复行车需要4~8h。事故地点周边的铁路网络如图10-2所示。

本算例中对下行方向的列车运行调整问题进行研究。为避免对上行列车造成干扰,本算例在生成可行径路时,不考虑利用上行方向线路组织反向行车。本著作研究内容不涉及车站内部进路安排及作业,所以算例中对车站内部作业组织不做研究。

三、本例解决问题界定

此突发事件条件下,高速铁路线路区间上下行均中断,不可采用反向行车的方式组织列车运行。而线路恢复需要的时间较长,所以必须在徐州至南京之间寻找新的下行径路,组织列车及时通过该瓶颈区段。

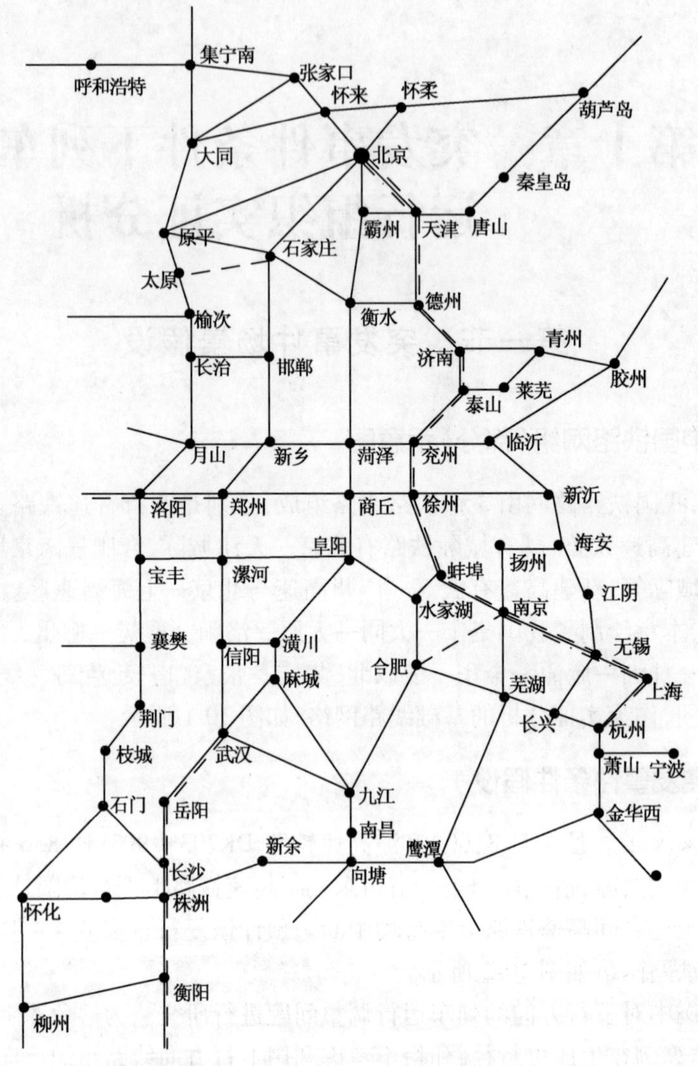

图 10-1 全国部分铁路网络示意图

注:图中实线为既有普速铁路线路,虚线为新建高速铁路线路,点画线表示既有城际铁路线路。

需要解决的问题:

(1)在徐州至南京之间寻找新径路。

(2)进行列车运行径路分配。

(3)对运行计划进行调整。运行计划调整的时间范围是 8:00 ~ 12:00,空间范围为列车搜索并选定的新的列车运行径路;运行组织工作对象是 8:00 ~

12:00在上述径路上的所有列车。

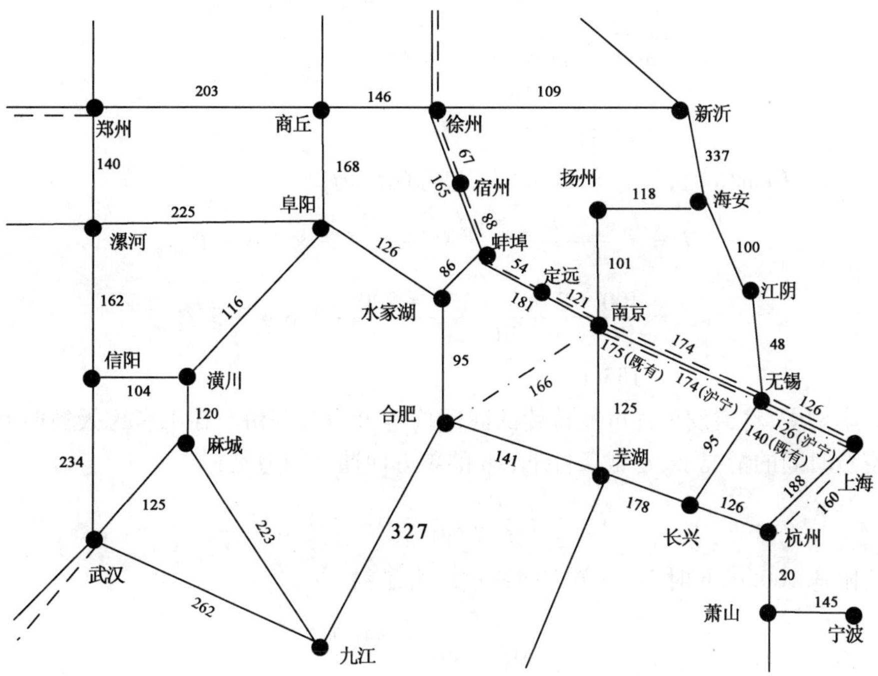

图 10-2　铁路部分网络详细信息

注:图中实线为既有普速铁路线路,虚线为新建高速铁路线路,点画线为既有城际铁路线路。

第二节　本例受影响区间能力计算

徐州东—宿州东成为徐州东—蚌埠南区段的瓶颈区间。本例中❶,取高速列车正常情况的运行速度为350km/h,此时 $L_{\text{brake}} = 7\ 877\text{m}$[212,213]❷,追踪间隔为:

$$I = \frac{L_{\text{train}} + L_{\text{section}} + L_{\text{protect}} + L_{\text{brake}}}{v} \times 3.6 + T_{\text{additional}}$$

$$= \frac{400 + 2\ 000 + 150 + 7\ 877}{350} \times 3.6 + 9.5$$

$$= 116.7\text{s}$$

限速 160km/h 时,$L_{\text{brake}} = 1\ 615\text{m}$[213],追踪间隔为:

---

❶由于高速列车采用的车型未知,制动距离取各速度级别下最大值。列车长度取两编组连挂长度近似值。

❷根据参考文献[212]和[213]介绍的制动技术、计算原理及方法计算得出。此数据也在2009年武广高速铁路运行实验中采用。

$$I=\frac{L_{\text{train}}+L_{\text{section}}+L_{\text{protect}}+L_{\text{brake}}}{v}\times 3.6+T_{\text{additional}}$$

$$=\frac{400+2\,000+150+1\,615}{160}\times 3.6+9.5$$

$$=103.2(\text{s})$$

限速 70km/h 时，$L_{\text{brake}}=290\text{m}$[213]，追踪间隔为：

$$I=\frac{L_{\text{train}}+L_{\text{section}}+L_{\text{protect}}+L_{\text{brake}}}{v}\times 3.6+T_{\text{additional}}$$

$$=\frac{400+2\,000+150+290}{70}\times 3.6+9.5$$

$$=155.6(\text{s})$$

本例中，将突发事件可能持续的时间段等分为两等份。在不考虑天窗时间和空费时间的情况下，正常条件下，2h 的单方向通过能力是：

$$C_1=\frac{120}{116.7/60}=61(\text{列})$$

限速 160km/h 时 2h 的单方向通过能力是：

$$C_2=\frac{120}{103.2/60}=69(\text{列})$$

限速 70km/h 时 2h 的单方向通过能力是：

$$C_3=\frac{120}{155.6/60}=46(\text{列})$$

根据统计数据，由 160km/h 限速状态至正常状态（速度 350km/h）的概率是 0.1，保持 160km/h 的概率是 0.5，至限速状态 70km/h 的概率是 0.4，那么计算自 8:00 ~ 12:00 时徐州东—宿州东区间通过能力是：

$$ac^{(1)}=C_2=69\text{ 列}$$

$$E(ac^{(2)})=61\times 0.1+69\times 0.5+46\times 0.4=59(\text{列})$$

$E(ac^{(2)})$ 的值介于 C_1 与 C_2 之间，根据第六章第三节阐述的悲观策略，应当取 C_3 之值，所以：

$$ac^{(2)}=C_3=46\text{ 列}$$

所以，在本例计算的时间段内，徐州东—宿州东区间的通过能力是 46 + 69 = 115（列）。

由于其他区间及各车站没有受到突发事件影响，可直接查定徐州—蚌埠、蚌埠—南京、蚌埠—水家湖、水家湖—合肥、合肥—南京（城际）区间的下行剩余通过能力分别是 20 列、20 列、12 列、12 列、62 列。蚌埠南、徐州、蚌埠、南京、水家湖、合肥(城际)的车站下行方向剩余接发车能力分别为70列、32列、38列、30列、20列、70列。

第三节　本例列车可行径路集生成

首先确定径路生成的起点站和终点站。此次事故影响到的区段有两个，分别是徐州东—蚌埠南、蚌埠南—南京南。那么可知径路生成的起点枢纽为徐州，终点为南京。

由图10-2可知，徐州枢纽至南京枢纽之间除京沪高速铁路之外，还有京沪既有普速线路相连。另外，也可以经过陇海—京九—合宁线与南京相连，或者经陇海—新(沂)海(安)线到达南京。徐州枢纽与南京枢纽之间存在若干条可行径路。

又根据设计资料可知，徐州、南京枢纽均有京沪高速铁路始发终到车站，可办理列车的始发终到作业，而且高速线路车站徐州东站、南京南站分别与既有线途径徐州、南京车站间有联络线，所以徐州、南京枢纽具备跨线能力。蚌埠南站具备始发终到能力，但是只能办理列车接续和立折运行，不可办理列车始发终到作业，但是在高速车站蚌埠南站和既有线车站蚌埠站之间也具有联络线，所以蚌埠车站也具有跨线能力。

以上两点为径路的生成提供了物理网络基础。

根据第七章第三节所述方案一，设置径路最大容忍延展系数为2.2，由于徐州至南京高速线路里程为330km，所以，*K*-最短径路的里程的上限为726km。生成的可行径路集如表10-1所示。

徐州—南京可行径路列表(限制里程方案)　　表10-1

编号	可行径路	长度(km)
1	徐州(经高速铁路)—蚌埠(经既有普速)—南京	336
2	徐州(经既有普速)—蚌埠(经既有普速)—南京	346
3	徐州(经高速铁路)—蚌埠—水家湖—合肥(经高速铁路)—南京	502
4	徐州(经既有普速)—蚌埠—水家湖—合肥(经高速铁路)—南京	512
5	徐州(经高速铁路)—蚌埠—水家湖—合肥(经既有普速)—芜湖—南京	602
6	徐州(经既有普速)—蚌埠—水家湖—合肥(经既有普速)—芜湖—南京	612
7	徐州—商丘—阜阳—水家湖—合肥(经高速铁路)—南京	700
8	徐州—新沂—海安—扬州—南京	665

而根据第七章第三节所述方案二计算，设计充足能力值为40(由突发事件影响的区间范围及时段估算)，所得*C*-充足径路集如表10-2所示。

徐州—南京可行径路列表(能力充足方案)　表 10-2

编号	可 行 径 路	长度(km)
1	徐州(经高速铁路)—蚌埠(经既有普速)—南京	336
2	徐州(经既有普速)—蚌埠(经既有普速)—南京	346
3	徐州(经高速铁路)—蚌埠—水家湖—合肥(经高速铁路)—南京	502

可见,根据方案一生成径路,当设计的延展系数稍大时,会生成较多径路。虽然径路数目较多,但是在列车运行径路分配时,是否将这些径路全部考虑并不明确。因为其一,生成的径路没有考虑径路的通过能力,其二,某些径路涉及的区间在既定运行计划中有列车通过,剩余能力也未知,所以其对列车运行径路分配问题解决参考价值有限。

根据方案二生成径路,考虑了径路上的能力问题,即列车运行径路分配可以在这几条径路上实现,涉及的区间较少,对列车运行径路分配问题解决参考价值较大。故方案二优于方案一。

另外,不难发现,原径路的停靠站集合是方案二生成的徐州—南京的新的各径路的停靠站集合的子集,满足第八章第三节三所述旅客的乘降地点约束,即在径路生成中,已经满足了列车运行径路分配的约束条件式(8-41)。

第四节　相关数据获取

一、本例运行组织问题牵涉列车

在发生此次突发事件的情况下,根据表 10-2 所示的可行径路集合,本例中,徐州枢纽至南京枢纽之间运行调整所有牵涉的列车分为两类(除高速列车外,其他列车数据均取自 2010 年 8 月 1 日全国运行图)。

(1)8:00 之前下行进入径路的列车

①特快列车:T114/1、T54、T284/1、T166/3、T115/5、T65、T131/4/1、T118/5、T140/37。

②快速列车:K190/87、K8471、K374/1、K559/8。

此类列车只在列车运行调整时考虑,不参与列车径路分配。

(2)8:00~12:00 将下行到达徐州并进入径路的列车

①高速列车:G301、G303、G305、G101、G103、G105、G107、G109、G111、G113(数据取自高速列车运行组织方案优化设计关键技术与系统项目研究成果)。

②动车组：D88/5。

③特快列车及快速列车：K58/5、K518/5、K101/4/1。

④普速列车：1230/27。

⑤慢速列车：10135、10625、11301、23005、11305。

⑥临时列车：无。

⑦其他列车：无。

对于此类列车处理，首先进行运行径路分配，然后综合考虑第(1)类车的信息，进行所有径路上的列车运行计划调整。

二、径路上列车的既定运行计划

径路上列车的既定运行计划见附录 A(a)、附录 A(b)。

三、列车运行参数

(1)既有普速线路上各种列车运行区间纯运行时分

根据文献[214]对各种列车的运行速度的界定及京沪高速铁路与京沪既有普速铁路的线路条件，本例在做列车运行调整时，做如下规定：

在既有普速线路上，高速列车、动车组(D 字头)、城际列车(C 字头)速度不得超过 200km/h，直达与特快旅客列车(Z 字头与 T 字头)速度不得超过 160km/h，快速旅客列车(K 字头)速度不得超过 120km/h，普通旅客列车速度不得超过 100km/h，货物列车速度不得超过 100km/h。计算各种列车在徐州—南京区段的区间最小纯运行时分见附录 D(a)。

(2)高速铁路上不同限速条件下的区间纯运行时分

高速铁路列车的区间纯运行时分与限速有关，不同的限速条件下高速列车在各区间的纯运行时分见附录 D(b)。

(3)列车起停附加时分

列车起停附加时分的长短，主要取决于机车类型、列车质量、列车在区间内的最高运行速度，以及进出站线路的断面与平面情况。一般规定[214]：旅客列车起车附加时分为 1 ~ 2min，停车附加时分为 1min；货物列车起车附加时分为 2 ~ 3min，停车附加时分为 1 ~ 2min。鉴于此，本例中，所有旅客列车列车起停附加时分取 1min，货物列车起停附加时分取 2min。

(4)列车到达时间间隔与出发时间间隔

高速铁路：

$$I_{a-a} = I_{d-d} = I_{a-t} = I_{t-d} = I_{t-t} = 3\text{min}$$

既有普速：

$$I_{a-a} = I_{d-d} = I_{a-t} = I_{t-d} = = I_{t-t} = 6\text{min}$$

(5)列车在站停站时分

原则上，调整方案中的列车在站停站时间不少于既定运行计划中的停站时分，但是在列车严重晚点的情况下，可适当将列车在站停站时分压缩。有旅客乘降的车站停站时分不少于1min。

第五节　本例列车运行组织问题求解

一、列车在径路上的分配方案

将表10-2中的3条径路作为列车运行径路分配的目标径路，如图10-3所示。径路①②③为确定的新的3条径路。在此局部网络中，涉及的节点车站有8个，弧段有6条。那么对应的下层规划模型的目标函数为：

$$\begin{aligned}
\min Z = {} & \delta_4^1(n_2^1 + n_3^1) + \delta_5^2(n_1^1) + \delta_3^6(n_1^1 + n_2^1 + n_3^1) + \\
& \xi_2^1 n_1^1 \times 155 + \\
& \xi_5^4(n_2^1 + n_2^2 + n_2^3 + n_2^4 + n_2^5 + n_3^1 + n_3^2 + n_3^3 + n_3^4 + n_3^5) \times 165 + \\
& \xi_6^5(n_1^1 + n_2^1 + n_2^2 + n_2^3 + n_2^4 + n_2^5) \times 181 + \\
& \xi_7^5(n_3^1 + n_3^2 + n_3^3 + n_3^4 + n_3^5) \times 86 + \\
& \xi_8^7(n_3^1 + n_3^2 + n_3^3 + n_3^4 + n_3^5) \times 95 + \\
& \xi_6^8(n_3^1 + n_3^2 + n_3^3 + n_3^4 + n_3^5) \times 166 + \\
& \lambda_1^1(n_1^1) + \lambda_2^1(n_2^1) + \lambda_3^1(n_3^1) + \\
& \lambda_3^{2,3,4,5}(n_3^2 + n_3^3 + n_3^4 + n_3^5)
\end{aligned}$$

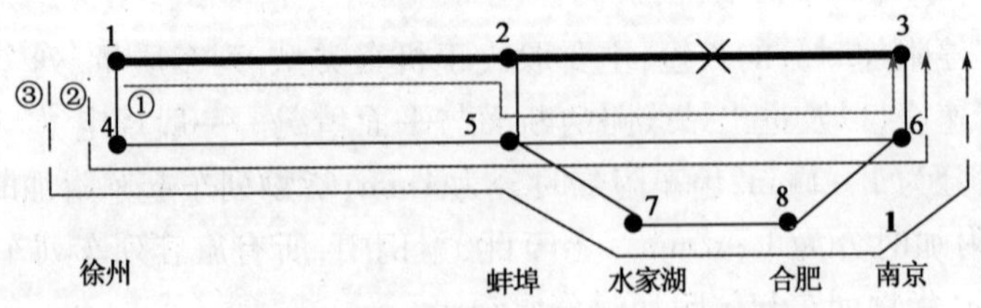

图10-3　突发事件条件下徐州—南京径路

满足以下约束：

$$
\begin{cases}
n_1^1 \leqslant C_2^1 \\
n_2^1 + n_3^1 + n_2^2 + n_3^2 + n_2^3 + n_3^3 + n_2^4 + n_3^4 + n_2^5 + n_3^5 \leqslant C_5^4 \\
n_1^1 + n_2^1 + n_2^2 + n_2^3 + n_2^4 + n_2^5 \leqslant C_6^5 \\
n_3^1 + n_3^2 + n_3^3 + n_3^4 + n_3^5 \leqslant C_7^5 \\
n_3^1 + n_3^2 + n_3^3 + n_3^4 + n_3^5 \leqslant C_8^7 \\
n_3^1 + n_3^2 + n_3^3 + n_3^4 + n_3^5 \leqslant C_6^8 \\
n_1^1 \leqslant B^2 \\
n_2^1 + n_3^1 + n_2^2 + n_3^2 + n_2^3 + n_3^3 + n_2^4 + n_3^4 + n_2^5 + n_3^5 \leqslant B^4 \\
n_1^1 + n_2^1 + n_3^1 + n_2^2 + n_3^2 + n_2^3 + n_3^3 + n_2^4 + n_3^4 + n_2^5 + n_3^5 \leqslant B^5 \\
n_1^1 + n_2^1 + n_3^1 + n_2^2 + n_3^2 + n_2^3 + n_3^3 + n_2^4 + n_3^4 + n_2^5 + n_3^5 \leqslant B^6 \\
n_3^1 + n_3^2 + n_3^3 + n_3^4 + n_3^5 \leqslant B^7 \\
n_3^1 + n_3^2 + n_3^3 + n_3^4 + n_3^5 \leqslant B^8 \\
n_1^1 + n_2^1 + n_3^1 = 10 \\
n_1^2 + n_2^2 + n_3^2 = 1 \\
n_1^3 + n_2^3 + n_3^3 = 3 \\
n_1^4 + n_2^4 + n_3^4 = 1 \\
n_1^5 + n_2^5 + n_3^5 = 5 \\
n_{\mathrm{p}}^k = 0 \text{ 或 } n_{\mathrm{p}}^k \in N^+, k = 1,2,3,4,5; p = 1,2,3
\end{cases}
$$

其中，$\lambda_3^{2,3,4,5}$ 表示第 2,3,4,5 类车分配至径路 3 造成的社会效益惩罚费用系数。根据前节计算，得各区间剩余通过能力及车站的接发车能力为：

$$C_2^1 = 115\ ,\ C_5^4 = 20\ ,\ C_6^5 = 20\ ,\ C_7^5 = 12\ ,\ C_8^7 = 12\ ,\ C_6^8 = 62\ ,\ B^2 = 30\ ,\ B^4 = 32,$$
$$B^5 = 38\ ,\ B^6 = 30\ ,\ B^7 = 20\ ,\ B^8 = 70$$

由文献[215]、[216]数据资料计算，得到列车运行单位里程的成本费用系数为：$\xi_2^1 = \xi_6^8 = 325$，$\xi_5^4 = \xi_6^5 = \xi_7^5 = \xi_8^7 = 92.4$

取 $\delta_4^1 \sim (2\,800, 3\,000, 3\,200)$，$\delta_5^2 \sim (2\,600, 2\,800, 3\,000)$，$\delta_3^6 \sim (3\,000, 3\,200, 3\,400)$，$\lambda_1^1 \sim (20\,000, 22\,000, 24\,000)$，$\lambda_2^1 \sim (60\,000, 64\,000, 68\,000)$，$\lambda_3^1 \sim (80\,000, 86\,000, 92\,000)$，$\lambda_3^{2,3,4,5} \sim (10\,000, 11\,000, 12\,000)$进行计算。需要说明的是，列车在径路 3 合肥枢纽与南京枢纽也有较少的跨线费用，但是跨线发生在枢纽内部，本例中对这部分费用不做考虑。本例列车运行径路分配模型运用 LINGO11 求解，求解程序见附录 F。

1. 首先在原域情况下计算

如附录B(a)所示，当 w_1 的取值从0.1降至1.5时，分别求得最优解的目标函数值。

当 w_1 的取值小于或等于0.4时，发现模糊系数即各项费用的取值大于或等于其平均值。这意味着，求得的目标函数值大，并且模糊系数的隶属度值小，显然不符合模糊规划的要求，所以表中阴影部分的解为不合理解。

当 w_1 的取值是0.5时，是各模糊系数即各项费用的取值为其平均值的状态，此时的状态是最有可能的状态，即模糊隶属的隶属度为1。此时计算的总费用为 1.2778×10^{-6}，费用达到了各种状态的最高值。

当 w_1 的取值从0.7(此时各模糊系数的隶属度为0.8)增加至1.5(此时各模糊系数的隶属度为0)时，问题的解不改变，即凡是隶属度是0.8以下的情况，模糊规划的解是一致的。但是，由于隶属度变化带来的模糊系数的变化，目标函数的值发生变化。根据“隶属度取最大目标函数，值取最小”的原则，取问题的解为：$n_1^1=10$；$n_2^1=0$，$n_2^2=1$，$n_2^3=3$，$n_2^4=1$，$n_2^5=5$；$n_3^1=n_3^2=n_3^3=n_3^4=n_3^5=0$。此时目标函数值为 1.2659×10^{-6}。

2. 可变域情况下的计算

增加可变域情况下的计算。本例中直接取可变域伸缩因子 $Q(x)=2$，认为模糊变量的取值范围在原来的基础上可拓展2倍，新的模糊系数的取值值域：

取 $\delta_4^1\sim(2\,600,3\,000,3\,400)$，$\delta_5^2\sim(2\,400,2\,800,3\,200)$，$\delta_3^6\sim(2\,800,3\,200,3\,600)$，$\lambda_1^1\sim(18\,000,22\,000,26\,000)$，$\lambda_2^1\sim(58\,000,64\,000,70\,000)$，$\lambda_3^1\sim(78\,000,86\,000,94\,000)$，$\lambda_3^{2,3,4,5}\sim(8\,000,11\,000,14\,000)$进行计算。

计算结果见附录B(b)。

由附录B(b)可知，增加可变域处理，将模糊系数的取值范围拓展之后，决策变量的计算结果并没有发生改变，但是在同等隶属度水平上，目标函数的值有明显的减小，如图10-4所示。

w_1 的取值从0.7开始，根据原值域计算的目标函数值与根据可变域计算的目标函数值出现明显的差距，并且差距逐渐拉大，直到 w_1 的取值达到1.5，根据原值域计算的结果为 1.2467×10^{-6}，而根据可变值域计算的目标函数值结果为 1.2227×10^{-6}，可见，可变域的处理方式能使目标函数值有明显的改善。

同样，引入可变域后，列车运行径路分配模型的解仍为：$n_1^1=10$；$n_2^1=0$，$n_2^2=1$，$n_2^3=3$，$n_2^4=1$，$n_2^5=5$；$n_3^1=n_3^2=n_3^3=n_3^4=n_3^5=0$。

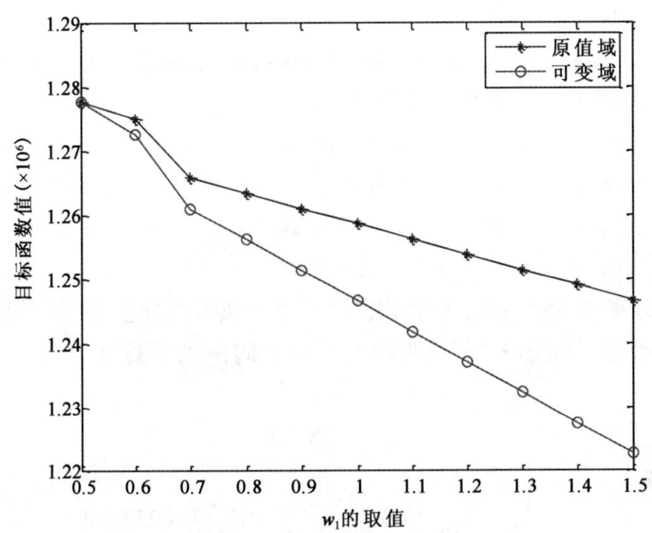

图 10-4　列车运行径路分配模型求解结果

不难发现,所有的列车分配至径路 1 和径路 2,径路 3 上并没有分配列车,这与径路生成时设置的充足能力值(40 列)偏大有关。实际需要分配的列车有 20 列。而将充足能力值设置偏大在实际应用中是必需的,因为需要分配的列车数量很难精确计算。另外,预留一部分能力,能够应对现场不确定状态。

二、列车运行计划调整方案

根据第九章第二节给出的基于改进粒子群算法对分配至径路 1 与径路 2 上的列车进行运行计划调整。调整的时间段为 8:00 ~ 12:00。12:00 时之后的列车运行计划在本例中是运行计划的预编,如附录 A(c)、A(d)中阴影部分。12:00之后,两径路上会出现其他列车,需要在 12:00 综合列车运行实绩及当时的突发事件状态重新调整运行计划。本例中,列车运行计划调整模型运用 PowerBuilder 9.0 求解,数据库平台为 Oracle 10.0。主要程序见附录 G。

根据第九章第一节六的综合目标函数设计方法,设计本例的相关参数。

第五节一中列车径路分配问题的解为:$n_1^1 = 10$; $n_2^1 = 0, n_2^2 = 1$, $n_2^3 = 3$, $n_2^4 = 1$, $n_2^5 = 5$; $n_3^1 = n_3^2 = n_3^3 = n_3^4 = n_3^5 = 0$ 。径路 1 上的有效统计车站数为 6,径路 2 上的有效统计车站数为 6。列车的晚点惩罚系数设置如下:

$\sigma^{1,1} = \sigma^{1,2} = \sigma^{1,3} = \sigma^{1,4} = \sigma^{1,5} = \sigma^{1,6} = \sigma^{1,7} = \sigma^{1,8} = \sigma^{1,9} = \sigma^{1,10} = 3$,

$\sigma^{2,1} = 1.5$, $\sigma^{2,2} = \sigma^{2,3} = \sigma^{2,4} = 1.3$, $\sigma^{2,5} = 1.1$, $\sigma^{2,6} = \sigma^{2,7} = \sigma^{2,8} =$

$\sigma^{2,9} = \sigma^{2,10} = 0.8$

设计每列车的最大容忍晚点时间为600s,满意晚点时间为480s。那么,根据式(9-27),列车的广义晚点惩罚值为:

$$Z_{\text{delay}}^{*} = [6 \times 480 \times 10 \times 3 + 6 \times 480 \times (1.5 \times 1 + 1.3 \times 3 + 1.1 \times 1 + 0.8 \times 5)] \times 2 = 233\,280$$

$$Z_{\text{delay}}^{*} + \sigma_1 = [6 \times 600 \times 10 \times 3 + 6 \times 600 \times (1.5 \times 1 + 1.3 \times 3 + 1.1 \times 1 + 0.8 \times 5)] \times 2 = 291\,600$$

即当列车的总晚点惩罚值大于或等于291 600s,总晚点时间的满意度为0;当列车的总晚点时间小于233 280s时,总晚点时间的满意度为1。

可得:

$$\sigma_1 = 58\,320$$

那么:

$$u_1 = 1 - \frac{Z_{\text{delay}} - Z_{\text{delay}}^{*}}{\sigma_1} = 1 - \frac{Z_{\text{delay}} - 233\,280}{58\,320}$$

对于稳定性满意度,因为:

$$S^{*} = 1\ ,\ \sigma_2 = 0.8$$

则:

$$u_2 = 1 - \frac{S^{*} - S}{\sigma_2} = 1 - \frac{1 - S}{0.8}$$

即当运行计划稳定性为1时,稳定性满意度为1;当运行计划稳定性小于0.2时,稳定性满意度为0。

在计算运行计划稳定性时,设置各区间在径路1与径路2上的权重$\vec{\alpha}^{r}$、车站权重$\vec{\alpha}^{w}$、列车在区间受干扰概率$PR^{p,r}$和车站的受干扰概率$PR^{p,w}$以及列车权重。因为区间的权重与区间的长度是紧密相关的,本例中定义区间的权重为区间长度与整个区段长度的比值,见附录E(a)。由于径路上车站的权重与车站所在线路种类及车站的等级有关,所以本例定义各车站的权重见附录E(b)。由于受实际情况限制,本例没有采集到京沪既有线突发事件对列车运行影响的概率数据,而京沪高速尚未投入运营,所以,也缺乏突发事件对列车运行影响的概率的数据,所以本例中取列车在各区间与车站受到突发事件继发干扰的概率为0.01。不同列车的权重与列车晚点惩罚系数一致。

取综合目标函数权重系数$\theta = 0.5$。即认为决策者乐观倾向与悲观倾向相同。综合附录A、附录D、附录E,根据第九章第一节关于列车晚点广义惩罚值[式(9-27)]与列车运行计划稳定性的量化值计算公式[式(9-34),式(9-41),式

(9-42)],计算总的列车晚点广义惩罚及运行计划稳定性值,最后得到列车晚点广义惩罚满意度及运行计划满意度。总共进行了80次迭代计算,计算结果如图10-5所示。

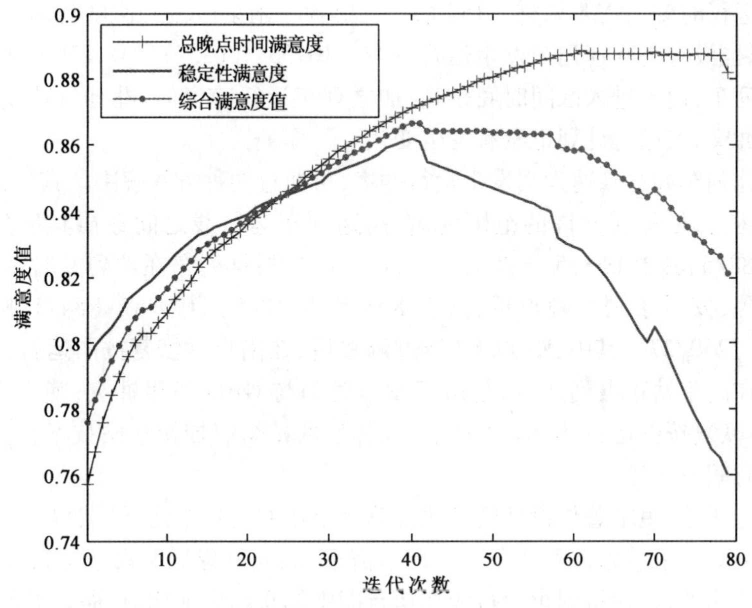

图10-5　运行调整模型求解结果

关于列车运行总晚点广义惩罚满意度值在迭代计算过程中总体呈上升趋势,在第71代时达到最大值0.888 0,此时,总的晚点广义惩罚值是239 812。从72代开始,满意度值在最优值附近震荡,不能实现总晚点广义惩罚值的进一步优化。

关于运行计划稳定性的满意度值在迭代计算过程中首先呈上升趋势,然后逐渐下降。在第41代达到最大值0.864。可见,在第42代以后,总晚点广义惩罚满意度与稳定性的满意度是相斥的,一方的满意度值的提升必然导致另一方满意度值的下降。

综合考虑了总晚点广义惩罚满意度与稳定性满意度的综合目标值在迭代至42代时达到最优,其值为0.866 5,此时,总晚点广义惩罚满意度值为0.871,稳定性的满意度值为0.862,认为此时所得的运行调整结果为最优,取此时的计算结果还原的运行计划见附录A(c)、附录A(d)。其运行图见附录C(b)、C(c)。为直观起见,附录C(c)将径路1与径路2重叠的部分区段上的高速列车的运行线进行了绘制,与其他列车的运行线在同一张图中展示。

从附录C(b)中可以看出,高速列车进行运行调整后,列车的旅行速度有所下降。造成了一定程度的晚点。高速列车之间没有发生越行。

从附录C(c)中不难发现,T118、T284/1、T65、T131/4/1、T559/8、T166/3、T140/37由于进入径路2的时刻较早,与高速列车不发生运行冲突。所以上述列车的运行时刻不需要调整。T54由于在蚌埠—南京区段的速度与高速列车相当,所以也没有与高速列车发生运行冲突。10135、10625、11301、23005与11305是货物列车,由于进入区间时间较晚,加之列车运行速度低,没有与其他列车发生运行冲突,其运行计划也没有发生变化。

其他列车如与高速列车发生运行冲突,可通过两种方式解决。其一,组织列车赶点运行,尽量在允许的范围内,在高速列车运行线之间穿插其他列车,有T114、D88/5,其中D88/5一直正点运行。其二,根据列车在站到发时刻的最小车站间隔,安排了列车晚点运行,有K58/5、K518/5、K190/87、K8471、K371/4、K101/4、1230/27。其中,K190/87经过调整后,在南京站恢复按图运行;K518/5调整后在南京站正点到达,但是由于发车时刻与G109发生冲突,晚点2min发车,基本恢复按图运行;K101/4在永宁、林场两站组织加快在站技术作业,压缩了停站时间。

综上所述,由本著作设计的算法计算结果还原的列车运行计划调整方案,满足了本例突发事件条件下列车运行调整需求,既充分降低了列车运行晚点时间的广义惩罚值,也使得列车运行线在运行图中的布局更加均衡,提高了运行计划的稳定性。通过上面的分析可见,利用本著作设计的算法计算得出的运行计划调整方案是非常合理的。

本方法既考虑了列车的总晚点广义惩罚,也充分考虑了列车运行计划的稳定性,为应对突发事件造成的不确定的继发干扰提供了条件。

三、计算结果分析

第五节一中,列车运行径路分配的求解结果可以看出,模糊系数的隶属度与目标函数值是正相关关系,利用模糊隶属度函数对费用系数进行一定程度的模糊化处理后,决策方案会发生变化;当费用系数的理想化处理达到一定程度,决策方案将不再变化,列车所需的总费用变化不明显。所以在实际生产中,针对费用系数的模糊性,进行模糊化处理,尽可能与现场的生产实际相符合,既满足模糊系数取值可能性要求,又充分考虑降低列车总费用,利用本研究提供的方法,计算出若干具有参考价值的可选方案,供决策者选择。

第五节二中,综合考虑了总晚点时间满意度与稳定性满意度的综合优化目标的求解结果在总晚点时间上与只考虑总晚点时间为优化目标的求解结果有一定差距，其原因在于兼顾了运行计划的稳定性。当迭代优化进行到一定程度后，总晚点时间满意度与运行计划稳定性满意度出现了较为明显的互斥。在实际生产中，若偏重于总晚点时间满意度与稳定性满意度中的一方，可以通过调整综合优化目标中的权重系数 θ 来实现，所以本研究设计的列车运行调整的方法具有较强的灵活性。

本 章 小 结

本章首先假设了一个突发事件场景。然后根据第三章介绍的区间能力计算方法及径路生成方法，计算了受影响区间的区间通过能力，并生成了路网上列车可行径路集。根据第四章给出方法，建立路网上列车运行径路分配模糊规划模型并求解，得到列车在径路上的分配结果，以此为约束，根据第五章的方法对受突发事件影响的列车进行运行调整计算。最后将求解结果还原为运行计划，并对计算结果进行分析，验证了本著作所述模型方法对突发事件条件下路网上列车运行调整问题的有效性。

第十一章 结 论

第一节 研究内容及结论

本著作在分析突发事件条件下铁路运输组织系统的基础上,重点研究了在突发事件条件下列车运输组织问题。指出突发事件条件下列车运输组织问题分为两个层次:列车运行径路分配与列车运行调整。围绕突发事件条件下列车运输组织问题,本著作做了以下6个方面的工作。

(1)分析了不同程度干扰条件下列车运行组织问题所牵涉的不同问题,设计了突发事件条件下铁路运输组织工作流程;提出突发事件条件下列车运行组织的概念及其涉及的子问题,论证了突发事件条件下列车运行组织问题研究的必要性、可行性及采用的方法。

不同程度干扰条件下列车运行组织所牵涉的问题是不同的。本著作所定义的突发事件条件下的列车运行组织工作牵涉列车运行径路生成、列车径路分配与列车运行调整;在本著作所定义的突发事件条件下,列车运行组织方案的设计流程应为,首先计算受影响区间的通过能力,然后生成列车运行径路,在进行列车运行径路分配,最后进行列车运行调整,若列车运行调整无法得到满意解,再返回列车运行径路分配层面,重新进行列车运行径路分配;本著作所做的理论与方法研究是必要的,也是很必需的,在目前我国铁路网络逐渐完善的背景下,提出的突发事件条件下的列车运行组织方案也是切实可行的。

(2)给出突发事件条件下的铁路区间通过能力的计算方法,重点研究其能力状态变化的规律与通过能力计算方法,丰富了高速铁路区间通过能力计算理论与方法体系。

突发事件条件下铁路区间通过能力的计算宜采用平行运行图通过能力计算办法。由于突发事件条件导致的铁路区间限速随时间推移发生变化,突发事件条件下的铁路区间通过能力也是变化的。本著作论证了突发事件条件下的铁路区间通过能力的变化是一个典型的马尔可夫过程。由此突发事件条件下的铁路区间通过能力计算应根据区间通过能力状态转移概率分时段进行。

(3)研究了突发事件对铁路路网拓扑结构的影响,给出了针对突发事件条件下列车运行可行径路集的搜索算法,为路网上列车运行径路分配问题提供了条件。

列车运行径路生成的目的是进行列车径路分配。所以,列车径路生成的目标是,生成的可行径路集的通过能力的总和不小于需要进行运行径路分配的列车数。本著作将 K - 最短路算法进行改进,将其搜索的结束条件设置为生成的可行径路集的通过能力的总和超过需要进行径路分配的列车数。实例证明,这种方法是实用、有效的。

(4)设计了列车运行径路分配模型,对模型中的模糊系数进行了分析并设计了处理方法。其方法充分考虑了现场的生产实际,做到了最大可能地接近实际值,对目前一些模型中参数确定的主观方法是一种积极的改进。

列车径路分配模型目标函数中的部分费用系数是模糊的。一般给定模糊系数取值的上限与下限,给出隶属度函数。但即使如此处理,也难以确定模糊系数取值范围的上限与下限值。本著作设计的模糊系数可变域方法很好地处理了模糊系数上下限不确定的问题,这种方法是切实可行的。对目标函数中模糊系数形式化处理后,列车运行径路分配模型称为模糊线性规划模型,并且是决策变量为整数的模糊线性规划问题。针对此类模糊线性规划问题,本著作设计的基于三角模糊系数的求解方法,将模糊线性规划转化为确定线性规划求解,对模糊线性规划求解方法是一种补充。

(5)设计了列车运行调整模型,增加了新的列车运行调整的优化目标——运行计划稳定性。并将传统优化目标与新优化目标基于模糊理论进行了综合;改进了粒子群算法,并针对本模型设计了求解步骤。通过基于现场真实数据的试验,证明了模型的有效性和算法的高效性。

考虑突发事件对列车运行可能会有继发干扰,本著作将列车运行计划稳定性引入列车运行调整优化目标中。本著作设计的列车运行计划稳定性量化计算公式中,涉及了列车运行与停站的缓冲时间、列车区间运行受干扰概率、列车重要程度等因素,是全面描述列车运行计划稳定性的一种新方法。对于本著作设计的基于列车运行计划稳定性的列车运行计划稳定性满意度优化目标的优化,能够提高列车运行计划应对突发事件导致继发干扰的能力。

(6)设计了一个完整的突发事件条件下列车运行组织的实例,给出了突发事件条件下列车运行组织的详细处理步骤。通过对该实例的分析、建模及求解,实证了本著作设计的列车运行径路生成算法、列车径路分配模型与算法、列车运行调整模型与算法的有效性。

本著作设计的算例具有很强的代表性。算例根据现场实际数据与高速铁路运行计划的设计数据(数据取自高速列车运行组织方案优化设计关键技术与系统项目研究成果),搭建了一个突发事件场景。运用文中设计的区间能力计算方法计算突发事件条件下区间的通过能力,利用文中设计列车径路生成方法,生成可行径路集。将文中设计的列车运行径路分配模型具体化,依照文中设计的求解模糊线性规划的方法求解,得到满意的求解结果。并以此为基础,进行各径路的列车运行调整。算例将突发事件影响的列车、区间等运行组织方案设计所涉及的要素考虑得非常全面,是一个内容完整、数据可靠、贴近实际的经典算例。

第二节　著作创新点

(1)设计了突发事件条件下区间通过能力分时段计算方法。研究突发事件条件下区间通过能力影响因素,分析区间能力状态转移的机制及能力的计算办法。提出了基于概率统计原理的时段划分方法以及基于模糊隶属度计算的能力状态转移判断方法。

(2)建立了突发事件条件下列车运行组织双层规划模型,在方法应用上有较大的创新。将突发事件条件下列车运行组织问题划分为两个层次:列车运行径路分配与列车运行调整。上层规划至列车运行径路分配决定了各种类型的列车在径路上分配的数量,而下层规划在上层规划给出的列车运行径路分配方案的基础上,对各列车在径路上运行计划进行调整。

(3)建立了列车运行径路分配模糊多目标综合优化模型,针对列车运行径路分配模型中费用的模糊性,设计费用模糊系数加以处理。对模糊系数取值范围进行研究,创造性地引入模糊系数取值范围的"伸缩因子",克服了以往模糊系数取值范围上下限不可变更的弱点,更能灵活地表达列车运行径路分配模型中模糊性强的费用项。

(4)给出了运行计划稳定性定义,将运行计划稳定性引入运行调整优化目标,结合传统运行调整中列车晚点广义惩罚值优化目标,将两者优化满意度用凸组合方式综合,生成运行计划综合优化目标,在考虑广义列车晚点惩罚的同时,兼顾运行计划的稳定性,以应对突发事件造成的继发干扰。本著作设计的综合优化目标可通过设置参数权重的方式表达决策者对突发事件等外部条件演化的乐观程度。

(5)深入研究了粒子群算法性能。通过标准函数测试数据,分析了不同的模糊隶属度函数对算法精度的影响,以及引入的收敛因子对算法速度的影响。据此提出一种新的群智能算法——收敛模糊粒子群算法,并将此算法用于列车运行调整模型求解中,得到理想的计算结果。

附　　录

附录 A　列车运行计划时刻表

（a）高速线路既定运行计划

车次	G301		G303		G305		G101	
车站	到	发	到	发	到	发	到	发
徐州东	8.090 0	8.110 0	8.450 0	8.460 0	9.140 0	9.160 0	9.330 0	9.350 0
宿州东	8.254 9	8.254 9	9.004 9	9.004 9	9.304 9	9.304 9	9.494 9	9.494 9
蚌埠南	8.450 0	8.460 0	9.200 0	9.210 0	9.461 0	9.461 0	10.090 0	10.100 0
定远	8.581 4	8.581 4	9.331 4	9.331 4	9.552 4	9.552 4	10.221 4	10.221 4
滁州南	9.090 3	9.090 3	9.440 3	9.440 3	10.061 3	10.061 3	10.330 3	10.330 3
南京南	9.230 0	9.250 0	9.580 0	9.590 0	10.200 0	10.220 0	10.470 0	10.490 0
车次	G103		G105		G107		G109	
车站	到	发	到	发	到	发	到	发
徐州东	9.520 0	9.530 0	10.180 0	10.190 0	10.530 0	10.550 0	11.130 0	11.150 0
宿州东	10.074 9	10.074 9	10.342 3	10.342 3	11.094 9	11.094 9	11.294 9	11.294 9
蚌埠南	10.270 0	10.340 0	10.530 0	10.540 0	11.290 0	11.300 0	11.490 0	11.500 0
定远	10.461 4	10.461 4	11.055 8	11.055 8	11.421 4	11.421 4	12.021 4	12.021 4
滁州南	10.570 3	10.570 3	11.164 7	11.164 7	11.530 3	11.530 3	12.130 3	12.130 3
南京南	11.110 0	11.130 0	11.300 6	11.320 6	12.070 0	12.090 0	12.270 0	12.290 0
车次	G111		G113					
车站	到	发	到	发				
徐州东	11.330 0	11.350 0	11.530 0	11.550 0				
宿州东	11.494 9	11.494 9	12.094 9	12.094 9				
蚌埠南	12.090 0	12.100 0	12.290 0	12.300 0				
定远	12.221 4	12.221 4	12.421 4	12.421 4				
滁州南	12.330 3	12.330 3	12.530 3	12.530 3				
南京南	12.470 0	12.490 0	13.070 0	13.090 0				

注：附录 A(a)数据取自高速列车运行组织方案优化设计关键技术与系统项目研究成果。

说明：XX. YYZZ 表示 XX 时 YY 分 ZZ 秒。

(b)既有普速线路既定运行计划

车次	K58/5		K518/5		K101/4/1		D88/5	
车站	到	发	到	发	到	发	到	发
徐州	9.160 0	9.350 0	9.300 0	9.410 0	9.440 0	9.470 0	10.020 0	10.030 0
高家营	9.430 0	9.430 0	9.490 0	9.490 0	9.550 0	9.550 0	10.092 9	10.092 9
三铺	9.470 0	9.470 0	9.530 0	9.530 0	9.590 0	9.590 0	10.120 2	10.120 2
曹村	9.544 5	9.544 5	10.004 5	10.004 5	10.080 0	10.210 0	10.162 4	10.162 4
夹沟	10.043 0	10.043 0	10.120 0	10.240 0	10.324 5	10.324 5	10.204 9	10.204 9
符离集	10.170 0	10.170 0	10.383 0	10.383 0	10.451 5	10.451 5	10.270 0	10.270 0
宿州	10.244 5	10.244 5	10.461 5	10.461 5	10.530 0	10.530 0	10.323 0	10.323 0
宿州南	10.280 0	10.400 0	10.481 5	10.481 5	10.550 0	10.550 0	10.335 3	10.335 3
西寺坡	10.484 5	10.484 5	10.550 0	10.550 0	11.014 5	11.014 5	10.375 7	10.375 7
芦岭	10.524 5	10.524 5	10.590 0	10.590 0	11.054 5	11.054 5	10.401 8	10.401 8
唐南集	11.013 0	11.013 0	11.074 5	11.074 5	11.143 0	11.143 0	10.452 8	10.452 8
固镇	11.043 0	11.043 0	11.104 5	11.104 5	11.173 0	11.173 0	10.473 2	10.473 2
连城	11.084 5	11.084 5	11.150 0	11.150 0	11.214 5	11.214 5	10.503 3	10.503 3
新马桥	11.124 5	11.124 5	11.190 0	11.190 0	11.254 5	11.254 5	10.532 7	10.532 7
曹老集	11.231 5	11.231 5	11.293 0	11.293 0	11.361 5	11.361 5	11.011 7	11.011 7
蚌埠	11.370 0	11.420 0	11.430 0	11.480 0	11.500 0	11.580 0	11.083 0	11.093 0
蚌埠东	11.490 0	11.490 0	11.550 0	11.550 0	12.050 0	12.050 0	11.150 0	11.150 0
凤阳	11.580 0	11.580 0	12.040 0	12.040 0	12.140 0	12.140 0	11.215 2	11.215 2
板桥	12.033 0	12.033 0	12.093 0	12.093 0	12.193 0	12.193 0	11.255 8	11.255 8
小溪河	12.080 0	12.080 0	12.140 0	12.140 0	12.240 0	12.240 0	11.292 2	11.292 2
明光	12.190 0	12.190 0	12.250 0	12.250 0	12.350 0	12.350 0	11.374 0	11.374 0
卞庄	12.230 0	12.230 0	12.290 0	12.290 0	12.390 0	12.390 0	11.403 0	11.403 0
管店	12.290 0	12.290 0	12.350 0	12.350 0	12.450 0	12.450 0	11.443 4	11.443 4
三界	12.350 0	12.350 0	12.410 0	12.410 0	12.510 0	12.510 0	11.490 2	11.490 2
张八岭	12.433 0	12.433 0	12.493 0	12.493 0	12.593 0	12.593 0	11.541 6	11.541 6
沙河集	12.493 0	12.493 0	12.553 0	12.553 0	13.053 0	13.053 0	11.581 3	11.581 3
滁州	12.583 0	12.583 0	13.043 0	13.043 0	13.143 0	13.143 0	12.041 3	12.041 3
担子	13.053 0	13.053 0	13.113 0	13.113 0	13.213 0	13.213 0	12.084 1	12.084 1
东葛	13.150 0	13.150 0	13.210 0	13.210 0	13.310 0	13.310 0	12.153 0	12.153 0
永宁镇	13.223 0	13.223 0	13.300 0	13.330 0	13.3930	13.480 0	12.184 6	12.184 6
林场	13.280 0	13.280 0	13.403 0	13.403 0	13.570 0	14.060 0	12.223 7	12.223 7
南京	13.380 0	13.510 0	13.510 0	14.130 0	14.180 0	14.230 0	12.300 0	12.320 0

续上表

车次	1230/27		10135		10625		11301	
车站	到	发	到	发	到	发	到	发
徐州	9.560 0	10.090 0	10.180 0	10.180 0	10.280 0	10.280 0	10.380 0	10.380 0
高家营	10.170 0	10.170 0	10.260 0	10.260 0	10.360 0	10.360 0	10.460 0	10.460 0
三铺	10.220 0	10.250 0	10.320 0	10.320 0	10.420 0	10.420 0	10.520 0	10.520 0
曹村	10.350 0	10.350 0	10.450 0	10.450 0	10.550 0	10.550 0	11.050 0	11.050 0
夹沟	10.444 5	10.444 5	10.580 0	10.580 0	11.080 0	11.080 0	11.200 0	11.410 0
符离集	10.571 5	10.571 5	11.170 0	11.220 0	11.270 0	11.510 0	12.010 0	12.010 0
宿州	11.060 0	11.080 0	11.370 0	11.370 0	12.060 0	12.060 0	12.130 0	12.130 0
宿州南	11.120 0	11.120 0	11.420 0	11.590 0	12.090 0	12.090 0	12.160 0	12.160 0
西寺坡	11.184 5	11.184 5	12.130 0	12.130 0	12.200 0	12.200 0	12.270 0	12.270 0
芦岭	11.224 5	11.224 5	12.200 0	12.200 0	12.270 0	12.270 0	12.333 0	12.333 0
唐南集	11.313 0	11.313 0	12.330 0	12.330 0	12.400 0	12.400 0	12.463 0	12.463 0
固镇	11.343 0	11.343 0	12.373 0	12.373 0	12.470 0	12.490 0	12.550 0	12.560 0
连城	11.384 5	11.384 5	12.433 0	12.433 0	12.580 0	12.580 0	13.050 0	13.050 0
新马桥	11.424 5	11.424 5	12.500 0	12.500 0	13.043 0	13.043 0	13.113 0	13.113 0
曹老集	11.531 5	11.531 5	13.040 0	13.040 0	13.183 0	13.183 0	13.253 0	13.253 0
蚌埠	12.070 0	12.150 0	13.170 0	13.170 0	13.310 0	13.310 0	13.393 0	13.393 0
蚌埠东	12.220 0	12.220 0	13.270 0	13.390 0			13.490 0	14.010 0
凤阳	12.310 0	12.310 0	13.570 0	13.570 0			14.210 0	14.310 0
板桥	12.363 0	12.363 0	14.063 0	14.063 0			14.433 0	14.433 0
小溪河	12.420 0	12.540 0	14.133 0	14.133 0			14.530 0	15.290 0
明光	13.070 0	13.070 0	14.340 0	14.480 0			15.500 0	15.500 0
卞庄	13.110 0	13.110 0	14.590 0	15.430 0			15.580 0	15.580 0
管店	13.170 0	13.170 0	15.550 0	15.550 0			16.090 0	16.260 0
三界	13.230 0	13.230 0	16.080 0	16.290 0			16.393 0	16.393 0
张八岭	13.313 0	13.313 0	16.450 0	16.450 0			16.523 0	16.523 0
沙河集	13.373 0	13.373 0	16.530 0	16.530 0			17.003 0	17.003 0
滁州	13.480 0	13.510 0	17.053 0	17.053 0			17.130 0	17.130 0
担子	14.000 0	14.000 0	17.160 0	17.180 0			17.240 0	17.250 0
东葛	14.100 0	14.100 0	17.360 0	17.360 0			17.430 0	17.430 0
永宁镇	14.173 0	14.173 0	17.450 0	17.450 0			17.520 0	17.520 0
林场	14.240 0	14.290 0	18.020 0	20.070 0			18.510 0	20.410 0
南京	14.410 0	14.530 0	20.230 0	20.230 0			20.570 0	20.570 0

续上表

车次	23005		11305		T114/1		K190/87	
车站	到	发	到	发	到	发	到	发
徐州	10.580 0	10.580 0	11.320 0	11.320 0				
高家营	11.060 0	11.060 0	11.400 0	11.400 0			8.000 0	8.000 0
三铺	11.140 0	11.310 0	11.453 0	11.453 0			8.040 0	8.040 0
曹村	11.470 0	11.470 0	11.570 0	11.570 0			8.114 5	8.114 5
夹沟	12.000 0	12.000 0	12.110 0	12.350 0	8.113 0	8.113 0	8.213 0	8.213 0
符离集	12.190 0	12.290 0	12.533 0	12.533 0	8.224 7	8.224 7	8.340 0	8.340 0
宿州	12.440 0	12.440 0	13.043 0	13.043 0	8.290 7	8.290 7	8.430 0	8.430 0
宿州南	12.480 0	12.480 0	13.073 0	13.073 0	8.304 2	8.304 2	8.450 0	8.450 0
西寺坡	12.590 0	12.590 0	13.1730	13.173 0	8.363 3	8.363 3	8.514 5	8.514 5
芦岭	13.060 0	13.060 0	13.233 0	13.233 0	8.400 0	8.400 0	8.554 5	8.554 5
唐南集	13.190 0	13.190 0	13.363 0	13.363 0	8.471 2	8.471 2	9.043 0	9.043 0
固镇	13.233 0	13.233 0	13.410 0	13.410 0	8.493 7	8.493 7	9.073 0	9.073 0
连城	13.293 0	13.293 0	13.490 0	13.590 0	8.530 7	8.530 7	9.114 5	9.114 5
新马桥	13.360 0	13.360 0	14.080 0	14.080 0	8.563 2	8.563 2	9.154 5	9.154 5
曹老集	13.500 0	13.500 0	14.210 0	14.210 0	9.054 7	9.054 7	9.261 5	9.261 5
蚌埠	14.040 0	14.040 0	14.350 0	14.350 0	9.170 0	9.210 0	9.400 0	9.480 0
蚌埠东	14.370 0	15.430 0	15.150 0	15.530 0	9.264 5	9.264 5	9.553 0	9.553 0
凤阳	16.010 0	16.010 0	16.110 0	16.110 0	9.343 0	9.343 0	10.063 0	10.063 0
板桥	16.103 0	16.103 0	16.203 0	16.203 0	9.392 0	9.392 0	10.130 0	10.130 0
小溪河	16.173 0	16.173 0	16.273 0	16.273 0	9.430 0	9.430 0	10.180 0	10.1800
明光	16.353 0	16.353 0	16.453 0	16.453 0	9.515 0	9.515 0	10.320 0	10.350 0
卞庄	16.413 0	16.413 0	16.513 0	16.513 0	9.545 0	9.545 0	10.410 0	10.410 0
管店	16.503 0	16.503 0	17.003 0	17.003 0	9.593 0	9.593 0	10.490 0	10.520 0
三界	17.010 0	17.010 0	17.110 0	17.110 0	10.041 5	10.041 5	11.003 0	11.003 0
张八岭	17.140 0	17.140 0	17.240 0	17.240 0	10.101 5	10.101 5	11.100 0	11.110 0
沙河集	17.220 0	17.220 0	17.320 0	17.320 0	10.144 5	10.144 5	11.190 0	11.190 0
滁州	17.370 0	17.390 0	17.470 0	18.230 0	10.214 5	10.214 5	11.280 0	11.280 0

续上表

车次	23005		11305		T114/1		K190/87	
车站	到	发	到	发	到	发	到	发
担子	17.530 0	18.270 0	18.370 0	19.370 0	10.281 5	10.281 5	11.350 0	11.350 0
东葛	18.470 0	19.510 0	19.570 0	20.000 0	10.361 5	10.361 5	11.443 0	11.443 0
永宁镇	20.030 0	20.030 0	20.140 0	20.270 0	10.430 0	10.430 0	11.530 0	12.0400
林场	20.130 0	22.470 0	20.400 0	22.540 0	10.480 0	10.480 0	12.130 0	12.260 0
南京	23.023 0	23.023 0	23.100 0	23.100 0	10.580 0	11.060 0	12.380 0	13.000 0

车次	T54		K8471		K374/1		T118/5	
车站	到	发	到	发	到	发	到	发
符离集	8.054 7	8.054 7						
宿州	8.120 7	8.120 7						
宿州南	8.134 2	8.134 2	8.030 0	8.030 0				
西寺坡	8.193 3	8.193 3	8.094 5	8.094 5				
芦岭	8.230 0	8.230 0	8.134 5	8.134 5				
唐南集	8.301 2	8.301 2	8.240 0	8.350 0	8.050 0	8.070 0		
固镇	8.323 7	8.323 7	8.400 0	8.400 0	8.120 0	8.120 0		
连城	8.360 7	8.360 7	8.441 5	8.441 5	8.180 0	8.200 0		
新马桥	8.393 2	8.393 2	8.481 5	8.481 5	8.260 0	8.260 0		
曹老集	8.484 7	8.484 7	9.000 0	9.100 0	8.3630	8.3630		
蚌埠	9.000 0	9.020 0	9.250 0	9.290 0	8.500 0	9.080 0		
蚌埠东	9.074 5	9.074 5	9.360 0	9.360 0	9.150 0	9.150 0	8.034 5	8.034 5
凤阳	9.153 0	9.153 0	9.450 0	9.450 0	9.240 0	9.240 0	8.113 0	8.113 0
板桥	9.202 0	9.202 0	9.503 0	9.503 0	9.293 0	9.293 0	8.162 0	8.162 0
小溪河	9.240 0	9.240 0	9.550 0	9.550 0	9.340 0	9.340 0	8.200 0	8.2000
明光	9.325 0	9.325 0	10.060 0	10.060 0	9.460 0	9.560 0	8.285 0	8.285 0
卞庄	9.355 0	9.355 0	10.100 0	10.100 0	10.020 0	10.020 0	8.315 0	8.315 0
管店	9.403 0	9.403 0	10.160 0	10.160 0	10.080 0	10.080 0	8.363 0	8.363 0
三界	9.451 5	9.451 5	10.220 0	10.220 0	10.140 0	10.140 0	8.411 5	8.411 5
张八岭	9.511 5	9.511 5	10.303 0	10.303 0	10.223 0	10.223 0	8.471 5	8.471 5
沙河集	9.554 5	9.554 5	10.363 0	10.363 0	10.283 0	10.283 0	8.514 5	8.514 5
滁州	10.024 5	10.024 5	10.470 0	10.500 0	10.373 0	10.373 0	8.584 5	8.584 5

续上表

车次	T54		K8471		K374/1		T118/5	
车站	到	发	到	发	到	发	到	发
担子	10.091 5	10.091 5	10.590 0	10.590 0	10.443 0	10.443 0	9.051 5	9.051 5
东葛	10.171 5	10.171 5	11.083 0	11.083 0	10.540 0	10.540 0	9.131 5	9.131 5
永宁镇	10.240 0	10.240 0	11.160 0	11.160 0	11.030 0	11.040 0	9.200 0	9.200 0
林场	10.283 0	10.283 0	11.213 0	11.213 0	11.113 0	11.113 0	9.243 0	9.243 0
南京	10.370 0	10.430 0	11.320 0	-1.000 0	11.220 0	11.410 0	9.330 0	9.460 0
车次	T284/1		T65		T131/4/1		K559/8	
车站	到	发	到	发	到	发	到	发
凤阳	8.033 0	8.033 0						
板桥	8.082 0	8.082 0	8.002 0	8.002 0				
小溪河	8.120 0	8.120 0	8.040 0	8.040 0				
明光	8.205 0	8.205 0	8.125 0	8.125 0	8.065 0	8.065 0		
卞庄	8.235 0	8.235 0	8.155 0	8.155 0	8.095 0	8.095 0		
管店	8.283 0	8.283 0	8.2030	8.203 0	8.143 0	8.143 0		
三界	8.331 5	8.331 5	8.251 5	8.251 5	8.191 5	8.191 5		
张八岭	8.391 5	8.391 5	8.311 5	8.311 5	8.251 5	8.251 5	8.043 0	8.043 0
沙河集	8.434 5	8.434 5	8.354 5	8.354 5	8.294 5	8.294 5	8.120 0	8.150 0
滁州	8.504 5	8.504 5	8.424 5	8.424 5	8.364 5	8.364 5	8.280 0	8.280 0
担子	8.571 5	8.571 5	8.491 5	8.491 5	8.431 5	8.431 5	8.360 0	9.220 0
东葛	9.051 5	9.051 5	8.571 5	8.571 5	8.511 5	8.511 5	9.333 0	9.333 0
永宁镇	9.120 0	9.120 0	9.040 0	9.040 0	8.580 0	8.580 0	9.410 0	9.410 0
林场	9.163 0	9.163 0	9.083 0	9.083 0	9.023 0	9.023 0	9.480 0	9.480 0
南京	9.250 0	9.330 0	9.170 0	-1.000 0	9.110 0	9.140 0	9.580 0	10.050 0
车次	T166/3		T140/37					
车站	到	发	到	发	到	发	到	发
担子	8.043 0	8.043 0						
东葛	8.113 0	8.113 0						
永宁镇	8.180 0	8.180 0						
林场	8.220 5	8.220 5						
南京	8.300 0	8.330 0	8.080 0	8.110 0				

注：附录 A(b)数据取自 2010 年 8 月 1 日全国运行图。

(c)径路1列车运行计划调整结果

车次	G301		G303		G305		G101	
车站	到	发	到	发	到	发	到	发
徐州东	8.0900	8.1100	8.4500	8.4600	9.1400	9.1600	9.3300	9.3500
宿州东	8.4208	8.4208	9.1708	9.1708	9.4708	9.4708	10.0538	10.0538
蚌埠南	9.1200	9.1300	9.4630	9.4730	10.1600	10.1700	10.3500	10.3600
蚌埠	9.2100	9.2100	9.5600	9.5600	10.2530	10.2530	10.4330	10.4330
蚌埠东	9.2630	9.2630	10.0130	10.0130	10.3130	10.3130	10.4930	10.4930
凤阳	9.3330	9.3330	10.0830	10.0830	10.3800	10.3800	10.5530	10.5530
板桥	9.3730	9.3730	10.1300	10.1300	10.4200	10.4200	10.5900	10.5900
小溪河	9.4130	9.4130	10.1630	10.1630	10.4630	10.4630	11.0230	11.0230
明光	9.4930	9.4930	10.2430	10.2430	10.5400	10.5400	11.1030	11.1030
卞庄	9.5300	9.5300	10.2800	10.2800	10.5700	10.5700	11.1330	11.1330
管店	9.5730	9.5730	10.3200	10.3200	11.0030	11.0030	11.1700	11.1700
三界	10.0130	10.0130	10.3600	10.3600	11.0400	11.0400	11.2100	11.2100
张八岭	10.0630	10.0630	10.4130	10.4130	11.0900	11.0900	11.2530	11.2530
沙河集	10.1000	10.1000	10.4600	10.4600	11.1230	11.1230	11.3000	11.3000
滁州	10.1530	10.1530	10.5130	10.5130	11.1830	11.1830	11.3630	11.3630
担子	10.2030	10.2030	10.5530	10.5530	11.2230	11.2230	11.4100	11.4100
东葛	10.2630	10.2630	11.0200	11.0200	11.2900	11.2900	11.4800	11.4800
永宁镇	10.3030	10.3030	11.0630	11.0630	11.3300	11.3300	11.5130	11.5130
林场	10.3430	10.3430	11.1100	11.1100	11.3700	11.3700	11.5530	11.5530
南京	10.4130	10.4130	11.1730	11.1730	11.4330	11.4330	12.0230	12.0230
南京南	10.4830	10.5030	11.2430	11.2530	11.5030	11.5230	12.0930	12.1130

车次	G103		G105		G107		G109	
车站	到	发	到	发	到	发	到	发
徐州东	9.5200	9.5300	10.1800	10.1900	10.5300	10.5500	11.1300	11.1500
宿州东	10.2408	10.2408	10.4942	10.4942	11.2608	11.2608	11.4538	11.4538
蚌埠南	10.5300	10.5400	11.1940	11.2040	11.5530	11.5630	12.1430	12.1530
蚌埠	11.0130	11.0130	11.2904	11.2904	12.0430	12.0430	12.2330	12.2330
蚌埠东	11.0700	11.0700	11.3434	11.3434	12.0930	12.0930	12.2830	12.2830
凤阳	11.1400	11.1400	11.4134	11.4134	12.1600	12.1600	12.3530	12.3530
板桥	11.1800	11.1800	11.4504	11.4504	12.2000	12.2000	12.4000	12.4000
小溪河	11.2200	11.2200	11.4904	11.4904	12.2330	12.2330	12.4430	12.4430
明光	11.2930	11.2930	11.5734	11.5734	12.3130	12.3130	12.5230	12.5230
卞庄	11.3330	11.3330	12.0034	12.0034	12.3530	12.3530	12.5530	12.5530

续上表

车次	G103		G105		G107		G109	
车站	到	发	到	发	到	发	到	发
管店	11.380 0	11.380 0	12.050 4	12.050 4	12.400 0	12.400 0	13.000 0	13.000 0
三界	11.413 0	11.413 0	12.083 4	12.083 4	12.443 0	12.443 0	13.033 0	13.033 0
张八岭	11.470 0	11.470 0	12.133 4	12.133 4	12.490 0	12.490 0	13.090 0	13.090 0
沙河集	11.510 0	11.510 0	12.173 4	12.173 4	12.530 0	12.530 0	13.123 0	13.123 0
滁州	11.563 0	11.563 0	12.230 4	12.230 4	12.583 0	12.583 0	13.183 0	13.183 0
担子	12.010 0	12.010 0	12.270 4	12.270 4	13.030 0	13.030 0	13.233 0	13.233 0
东葛	12.073 0	12.073 0	12.340 4	12.340 4	13.100 0	13.100 0	13.300 0	13.300 0
永宁镇	12.120 0	12.120 0	12.383 4	12.383 4	13.133 0	13.133 0	13.343 0	13.343 0
林场	12.170 0	12.170 0	12.433 4	12.433 4	13.183 0	13.183 0	13.393 0	13.393 0
南京	12.240 0	12.240 0	12.493 4	12.493 4	13.243 0	13.243 0	13.463 0	13.463 0
南京南	12.310 0	12.330 0	12.563 0	12.583 0	13.313 0	13.330 0	13.533 0	13.553 0

车次	G111		G113	
车站	到	发	到	发
徐州东	11.330 0	11.350 0	11.530 0	11.550 0
宿州东	12.053 8	12.053 8	12.250 8	12.250 8
蚌埠南	12.343 0	12.353 0	12.550 0	12.560 0
蚌埠	12.433 0	12.433 0	13.043 0	13.043 0
蚌埠东	12.493 0	12.493 0	13.103 0	13.103 0
凤阳	12.563 0	12.563 0	13.173 0	13.173 0
板桥	13.010 0	13.010 0	13.210 0	13.210 0
小溪河	13.053 0	13.053 0	13.250 0	13.250 0
明光	13.130 0	13.130 0	13.330 0	13.330 0
卞庄	13.163 0	13.163 0	13.360 0	13.360 0
管店	13.210 0	13.210 0	13.400 0	13.400 0
三界	13.250 0	13.250 0	13.433 0	13.433 0
张八岭	13.293 0	13.293 0	13.483 0	13.483 0
沙河集	13.330 0	13.330 0	13.520 0	13.520 0
滁州	13.390 0	13.390 0	13.573 0	13.573 0
担子	13.433 0	13.433 0	14.023 0	14.023 0
东葛	13.493 0	13.493 0	14.083 0	14.083 0
永宁镇	13.530 0	13.530 0	14.123 0	14.123 0
林场	13.570 0	13.570 0	14.170 0	14.170 0
南京	14.033 0	14.033 0	14.240 0	14.240 0
南京南	14.103 0	14.123 0	14.310 0	14.330 0

(d)径路2列车运行计划调整结果

车次	K58/5		K518/5		K101/4/1		D88/5	
车站	到	发	到	发	到	发	到	发
徐州	9.160 0	9.350 0	9.300 0	9.410 0	9.440 0	9.470 0	10.020 0	10.030 0
高家营	9.430 0	9.430 0	9.490 0	9.490 0	9.550 0	9.550 0	10.092 9	10.092 9
三铺	9.470 0	9.470 0	9.530 0	9.530 0	9.590 0	9.590 0	10.120 2	10.120 2
曹村	9.544 5	9.544 5	10.004 5	10.004 5	10.080 0	10.210 0	10.162 4	10.162 4
夹沟	10.043 0	10.043 0	10.120 0	10.240 0	10.324 5	10.324 5	10.204 9	10.204 9
符离集	10.170 0	10.170 0	10.383 0	10.383 0	10.451 5	10.451 5	10.270 0	10.270 0
宿州	10.244 5	10.244 5	10.461 5	10.461 5	10.530 0	10.530 0	10.323 0	10.323 0
宿州南	10.280 0	10.400 0	10.481 5	10.481 5	10.550 0	10.550 0	10.335 3	10.335 3
西寺坡	10.484 5	10.484 5	10.550 0	10.550 0	11.014 5	11.014 5	10.375 7	10.375 7
芦岭	10.524 5	10.524 5	10.590 0	10.590 0	11.054 5	11.054 5	10.401 8	10.401 8
唐南集	11.013 0	11.013 0	11.074 5	11.074 5	11.143 0	11.143 0	10.452 8	10.452 8
固镇	11.043 0	11.043 0	11.104 5	11.104 5	11.173 0	11.173 0	10.473 2	10.473 2
连城	11.084 5	11.084 5	11.150 0	11.150 0	11.214 5	11.214 5	10.503 3	10.503 3
新马桥	11.124 5	11.124 5	11.190 0	11.190 0	11.254 5	11.254 5	10.532 7	10.532 7
曹老集	11.231 5	11.231 5	11.293 0	11.293 0	11.361 5	11.361 5	11.011 7	11.011 7
蚌埠	11.370 0	11.420 0	11.430 0	11.480 0	11.500 0	11.580 0	11.083 0	11.093 0
蚌埠东	11.480 0	11.480 0	11.540 0	11.540 0	12.030 0	12.153 0	11.150 0	11.150 0
凤阳	11.570 0	11.570 0	12.030 0	12.030 0	12.243 0	12.243 0	11.215 2	11.215 2
板桥	12.030 0	12.030 0	12.090 0	12.090 0	12.303 0	12.303 0	11.255 8	11.255 8
小溪河	12.073 0	12.073 0	12.133 0	12.133 0	12.350 0	12.350 0	11.292 2	11.292 2
明光	12.163 0	12.163 0	12.223 0	12.223 0	12.440 0	12.440 0	11.374 0	11.374 0
卞庄	12.203 0	12.203 0	12.263 0	12.263 0	12.480 0	12.480 0	11.403 0	11.403 0
管店	12.250 0	12.250 0	12.310 0	12.310 0	12.540 0	13.060 0	11.443 4	11.443 4
三界	12.303 0	12.303 0	12.373 0	12.503 0	13.123 0	13.123 0	11.490 2	11.490 2
张八岭	12.373 0	12.373 0	12.580 0	12.580 0	13.193 0	13.193 0	11.541 6	11.541 6
沙河集	12.423 0	12.423 0	13.023 0	13.023 0	13.243 0	13.243 0	11.581 3	11.581 3
滁州	12.510 0	13.043 0	13.100 0	13.110 0	13.310 0	13.310 0	12.041 3	12.041 3
担子	13.100 0	13.100 0	13.173 0	13.300 0	13.363 0	13.493 0	12.084 1	12.084 1
东葛	13.200 0	13.200 0	13.400 0	13.400 0	13.593 0	14.033 0	12.153 0	12.153 0
永宁镇	13.240 0	13.240 0	13.440 0	13.440 0	14.083 0	14.103 0	12.184 6	12.184 6
林场	13.290 0	13.290 0	13.490 0	14.030 0	14.193 0	14.230 0	12.223 7	12.223 7
南京	13.380 0	13.530 0	14.120 0	14.150 0	14.320 0	14.370 0	12.300 0	12.320 0

续上表

车次	1230/27		10135		10625		11301	
车站	到	发	到	发	到	发	到	发
徐州	9.560 0	10.090 0	10.180 0	10.180 0	10.280 0	10.280 0	10.380 0	10.380 0
高家营	10.170 0	10.170 0	10.260 0	10.260 0	10.360 0	10.360 0	10.460 0	10.460 0
三铺	10.220 0	10.250 0	10.320 0	10.320 0	10.420 0	10.420 0	10.520 0	10.520 0
曹村	10.350 0	10.350 0	10.450 0	10.450 0	10.550 0	10.550 0	11.050 0	11.050 0
夹沟	10.444 5	10.444 5	10.580 0	10.580 0	11.080 0	11.080 0	11.200 0	11.410 0
符离集	10.571 5	10.571 5	11.170 0	11.220 0	11.270 0	11.510 0	12.010 0	12.010 0
宿州	11.060 0	11.080 0	11.370 0	11.370 0	12.060 0	12.060 0	12.130 0	12.130 0
宿州南	11.120 0	11.120 0	11.420 0	11.590 0	12.090 0	12.090 0	12.160 0	12.160 0
西寺坡	11.184 5	11.184 5	12.130 0	12.130 0	12.200 0	12.200 0	12.270 0	12.270 0
芦岭	11.224 5	11.224 5	12.200 0	12.200 0	12.270 0	12.270 0	12.333 0	12.333 0
唐南集	11.313 0	11.313 0	12.330 0	12.330 0	12.400 0	12.400 0	12.463 0	12.463 0
固镇	11.343 0	11.343 0	12.373 0	12.373 0	12.470 0	12.490 0	12.550 0	12.560 0
连城	11.384 5	11.384 5	12.433 0	12.433 0	12.580 0	12.580 0	13.050 0	13.050 0
新马桥	11.424 5	11.424 5	12.500 0	12.500 0	13.043 0	13.043 0	13.113 0	13.113 0
曹老集	11.531 5	11.531 5	13.040 0	13.040 0	13.183 0	13.183 0	13.253 0	13.253 0
蚌埠	12.103 0	12.103 0	13.170 0	13.170 0	13.310 0	13.310 0	13.393 0	13.393 0
蚌埠东	12.170 0	12.350 0	13.270 0	13.390 0			13.490 0	14.010 0
凤阳	12.450 0	12.450 0	13.570 0	13.570 0			14.210 0	14.310 0
板桥	12.520 0	12.520 0	14.063 0	14.063 0			14.433 0	14.433 0
小溪河	12.570 0	13.113 0	14.133 0	14.133 0			14.530 0	15.290 0
明光	13.223 0	13.223 0	14.340 0	14.480 0			15.500 0	15.500 0
卞庄	13.273 0	13.273 0	14.590 0	15.430 0			15.580 0	15.580 0
管店	13.333 0	13.460 0	15.550 0	15.550 0			16.090 0	16.260 0
三界	13.530 0	13.530 0	16.080 0	16.290 0			16.393 0	16.393 0
张八岭	14.010 0	14.010 0	16.450 0	16.450 0			16.523 0	16.523 0
沙河集	14.070 0	14.070 0	16.530 0	16.530 0			17.003 0	17.003 0
滁州	14.150 0	14.180 0	17.053 0	17.053 0			17.130 0	17.130 0
担子	14.250 0	14.250 0	17.160 0	17.180 0			17.240 0	17.250 0
东葛	14.360 0	14.360 0	17.360 0	17.360 0			17.430 0	17.430 0
永宁镇	14.410 0	14.410 0	17.450 0	17.450 0			17.520 0	17.520 0
林场	14.480 0	14.530 0	18.020 0	20.070 0			18.510 0	20.410 0
南京	15.030 0	15.150 0	20.230 0	20.230 0			20.570 0	20.570 0

续上表

车次	23005		11305		T114/1		K190/87	
车站	到	发	到	发	到	发	到	发
徐州	10.580 0	10.580 0	11.320 0	11.320 0				
高家营	11.060 0	11.060 0	11.400 0	11.400 0			8.000 0	8.000 0
三铺	11.140 0	11.310 0	11.453 0	11.453 0			8.040 0	8.040 0
曹村	11.470 0	11.470 0	11.570 0	11.570 0			8.114 5	8.114 5
夹沟	12.000 0	12.000 0	12.110 0	12.350 0	8.113 0	8.113 0	8.213 0	8.213 0
符离集	12.190 0	12.290 0	12.533 0	12.533 0	8.224 7	8.224 7	8.340 0	8.340 0
宿州	12.440 0	12.440 0	13.043 0	13.043 0	8.290 7	8.290 7	8.430 0	8.430 0
宿州南	12.480 0	12.480 0	13.073 0	13.073 0	8.304 2	8.304 2	8.450 0	8.450 0
西寺坡	12.590 0	12.590 0	13.173 0	13.173 0	8.363 3	8.363 3	8.514 5	8.514 5
芦岭	13.060 0	13.060 0	13.233 0	13.233 0	8.400 0	8.400 0	8.554 5	8.554 5
唐南集	13.190 0	13.190 0	13.363 0	13.363 0	8.471 2	8.471 2	9.043 0	9.043 0
固镇	13.233 0	13.233 0	13.410 0	13.410 0	8.493 7	8.493 7	9.073 0	9.073 0
连城	13.293 0	13.293 0	13.490 0	13.590 0	8.530 7	8.530 7	9.114 5	9.114 5
新马桥	13.360 0	13.360 0	14.080 0	14.080 0	8.563 2	8.563 2	9.154 5	9.154 5
曹老集	13.500 0	13.500 0	14.210 0	14.210 0	9.054 7	9.054 7	9.261 5	9.261 5
蚌埠	14.040 0	14.040 0	14.350 0	14.350 0	9.270 0	9.290 0	9.400 0	9.480 0
蚌埠东	14.370 0	15.430 0	15.150 0	15.530 0	9.343 0	9.343 0	9.553 0	9.553 0
凤阳	16.010 0	16.010 0	16.110 0	16.110 0	9.413 0	9.413 0	10.023 0	10.143 0
板桥	16.103 0	16.103 0	16.203 0	16.203 0	9.460 0	9.460 0	10.190 0	10.190 0
小溪河	16.173 0	16.173 0	16.273 0	16.273 0	9.503 0	9.503 0	10.223 0	10.223 0
明光	16.353 0	16.353 0	16.453 0	16.453 0	9.590 0	9.590 0	10.320 0	10.350 0
卞庄	16.413 0	16.413 0	16.513 0	16.513 0	10.021 5	10.021 5	10.410 0	10.410 0
管店	16.503 0	16.503 0	17.003 0	17.003 0	10.063 0	10.063 0	10.490 0	10.520 0
三界	17.010 0	17.010 0	17.110 0	17.110 0	10.113 0	10.113 0	11.580 0	11.100 0
张八岭	17.140 0	17.140 0	17.240 0	17.240 0	10.170 0	10.170 0	11.170 0	11.170 0
沙河集	17.220 0	17.220 0	17.320 0	17.320 0	10.204 5	10.204 5	11.240 0	11.360 0
滁州	17.370 0	17.390 0	17.470 0	18.230 0	10.253 0	10.253 0	11.463 0	11.463 0
担子	17.530 0	18.270 0	18.370 0	19.370 0	10.303 0	10.303 0	11.543 0	12.150 0
东葛	18.470 0	19.510 0	19.570 0	20.000 0	10.361 5	10.361 5	12.250 0	12.250 0
永宁镇	20.030 0	20.030 0	20.140 0	20.270 0	10.430 0	10.430 0	12.283 0	12.283 0
林场	20.130 0	22.470 0	20.400 0	22.340 0	10.480 0	10.480 0	12.350 0	12.500 0
南京	23.023 0	23.023 0	23.100 0	23.100 0	10.580 0	11.060 0	12.580 0	13.000 0

续上表

车次	T54		K8471		K374/1		T118/5	
车站	到	发	到	发	到	发	到	发
符离集	8.054 7	8.054 7						
宿州	8.120 7	8.120 7						
宿州南	8.134 2	8.134 2	8.030 0	8.030 0				
西寺坡	8.193 3	8.193 3	8.094 5	8.094 5				
芦岭	8.230 0	8.230 0	8.134 5	8.134 5				
唐南集	8.301 2	8.301 2	8.240 0	8.370 0	8.050 0	8.070 0		
固镇	8.323 7	8.323 7	8.400 0	8.400 0	8.120 0	8.120 0		
连城	8.360 7	8.360 7	8.441 5	8.441 5	8.180 0	8.200 0		
新马桥	8.393 2	8.393 2	8.481 5	8.481 5	8.260 0	8.260 0		
曹老集	8.484 7	8.484 7	8.590 0	10.120 0	8.363 0	8.363 0		
蚌埠	9.000 0	9.020 0	9.330 0	9.350 0	8.500 0	9.080 0		
蚌埠东	9.074 5	9.074 5	9.423 0	9.423 0	9.150 0	9.150 0	8.034 5	8.034 5
凤阳	9.153 0	9.153 0	9.520 0	9.520 0	9.240 0	9.240 0	8.113 0	8.113 0
板桥	9.202 0	9.202 0	9.573 0	9.573 0	9.293 0	9.293 0	8.162 0	8.162 0
小溪河	9.240 0	9.240 0	10.020 0	10.020 0	9.340 0	9.340 0	8.200 0	8.200 0
明光	9.325 0	9.325 0	10.103 0	10.103 0	9.433 0	10.163 0	8.285 0	8.285 0
卞庄	9.355 0	9.355 0	10.143 0	10.143 0	10.203 0	10.340 0	8.315 0	8.315 0
管店	9.403 0	9.403 0	10.203 0	10.203 0	10.400 0	10.400 0	8.363 0	8.363 0
三界	9.451 5	9.451 5	10.263 0	10.263 0	10.460 0	10.460 0	8.411 5	8.411 5
张八岭	9.511 5	9.511 5	10.350 0	10.473 0	10.543 0	10.543 0	8.471 5	8.471 5
沙河集	9.554 5	9.554 5	10.363 0	10.363 0	11.003 0	11.003 0	8.514 5	8.514 5
滁州	10.024 5	10.024 5	11.010 0	11.040 0	11.100 0	11.243 0	8.584 5	8.584 5
担子	10.091 5	10.091 5	11.130 0	11.130 0	11.320 0	11.320 0	9.051 5	9.0515
东葛	10.171 5	10.171 5	11.230 0	11.350 0	11.420 0	11.540 0	9.131 5	9.131 5
永宁镇	10.240 0	10.240 0	11.423 0	11.423 0	12.030 0	12.040 0	9.200 0	9.200 0
林场	10.283 0	10.283 0	11.480 0	11.480 0	12.110 0	12.230 0	9.243 0	9.243 0
南京	10.353 0	10.4730	11.560 0	-1.000 0	12.360 0	12.390 0	9.330 0	9.460 0

续上表

车次	T284/1		T65		T131/4/1		K559/8	
车站	到	发	到	发	到	发	到	发
凤阳	8.033 0	8.033 0						
板桥	8.082 0	8.082 0	8.002 0	8.002 0				
小溪河	8.120 0	8.120 0	8.040 0	8.040 0				
明光	8.205 0	8.205 0	8.125 0	8.125 0	8.065 0	8.065 0		
卞庄	8.235 0	8.235 0	8.155 0	8.155 0	8.095 0	8.095 0		
管店	8.283 0	8.283 0	8.203 0	8.203 0	8.143 0	8.143 0		
三界	8.331 5	8.331 5	8.251 5	8.251 5	8.191 5	8.191 5		
张八岭	8.391 5	8.391 5	8.311 5	8.311 5	8.251 5	8.251 5	8.043 0	8.043 0
沙河集	8.434 5	8.434 5	8.354 5	8.354 5	8.294 5	8.294 5	8.120 0	8.150 0
滁州	8.504 5	8.504 5	8.424 5	8.424 5	8.364 5	8.364 5	8.280 0	8.280 0
担子	8.571 5	8.571 5	8.491 5	8.491 5	8.431 5	8.431 5	8.360 0	9.220 0
东葛	9.051 5	9.051 5	8.571 5	8.571 5	8.511 5	8.511 5	9.333 0	9.333 0
永宁镇	9.120 0	9.120 0	9.040 0	9.040 0	8.580 0	8.580 0	9.410 0	9.410 0
林场	9.163 0	9.163 0	9.083 0	9.083 0	9.023 0	9.023 0	9.480 0	9.480 0
南京	9.250 0	9.330 0	9.170 0	-1.000 0	9.110 0	9.140 0	9.580 0	10.050 0
车次	T166/3		T140/37					
车站	到	发	到	发	到	发	到	发
担子	8.043 0	8.043 0						
东葛	8.113 0	8.113 0						
永宁镇	8.180 0	8.180 0						
林场	8.220 5	8.220 5						
南京	8.300 0	8.330 0	8.080 0	8.110 0				

附录 B　列车运行径路分配模型求解结果

（a）列车运行径路分配模型求解结果表（原域）

w_1	$F1$	$F2$	$F3$	$F4$	$F5$	$F6$	$F7$	n_1^1	n_2^1	n_3^1	n_2^2	n_3^2	n_2^3	n_3^3	n_2^4	n_3^4	n_2^5	n_3^5	S_{mf}	$Z(\times 10^{-6})$
0.1	3 080	2 880	3 280	22 800	65 600	88 400	11 400	9	1	0	1	0	2	1	1	0	3	2	4.20	1.368 4
0.2	3 060	2 860	3 260	22 600	65 200	87 800	11 300	9	1	0	1	0	2	1	1	0	4	1	4.90	1.338 9
0.3	3 040	2 840	3 240	22 400	64 800	87 200	11 200	9	1	0	1	0	2	1	1	0	4	1	5.60	1.336 1
0.4	3 020	2 820	3 220	22 200	64 400	86 600	11 100	9	1	0	1	0	3	0	1	0	4	1	6.30	1.306 8
0.5	3 000	2 800	3 200	22 000	64 000	86 000	11 000	9	1	0	1	0	3	0	1	0	5	0	7.00	1.277 8
0.6	2 980	2 780	3 180	21 800	63 600	85 400	10 900	9	1	0	1	0	3	0	1	0	5	0	6.30	1.275 2
0.7	2 960	2 760	3 160	21 600	63 200	84 800	10 800	10	0	0	1	0	3	0	1	0	5	0	5.60	1.265 9
0.8	2 940	2 740	3 140	21 400	62 800	84 200	10 700	10	0	0	1	0	3	0	1	0	5	0	4.90	1.263 5
0.9	2 920	2 720	3 120	21 200	62 400	83 600	10 600	10	0	0	1	0	3	0	1	0	5	0	4.20	1.261 1
1.0	2 900	2 700	3 100	2 1000	62 000	83 000	10 500	10	0	0	1	0	3	0	1	0	5	0	3.50	1.258 7
1.1	2 880	2 680	3 080	20 800	61 600	82 400	10 400	10	0	0	1	0	3	0	1	0	5	0	2.80	1.256 3
1.2	2 860	2 660	3 060	20 600	61 200	81 800	10 300	10	0	0	1	0	3	0	1	0	5	0	2.10	1.253 9
1.3	2 840	2 640	3 040	20 400	60 800	81 200	10 200	10	0	0	1	0	3	0	1	0	5	0	1.60	1.251 5
1.4	2 820	2 620	3 020	20 200	60 400	80 600	10 100	10	0	0	1	0	3	0	1	0	5	0	0.70	1.249 1
1.5	2 800	2 600	3 000	20 000	60 000	80 000	10 000	10	0	0	1	0	3	0	1	0	5	0	0.00	1.246 7

(b)列车运行径路分配模型求解结果表(可变域)

w_1	F1	F2	F3	F4	F5	F6	F7	n_1^1	n_2^1	n_3^1	n_2^2	n_3^2	n_2^3	n_3^3	n_2^4	n_3^4	n_2^5	n_3^5	S_{mf}	$Z(\times 10^{-6})$
0.1	3 160	2 960	3 360	23 600	66 400	89 200	12 200	9	1	0	1	0	2	1	1	0	3	2	4.20	1.380 4
0.2	3 120	2 920	3 320	23 200	65 800	88 400	11 900	9	1	0	1	0	2	1	1	0	4	1	4.90	1.347 3
0.3	3 080	2 880	3 280	22 800	65 200	87 600	11 600	9	1	0	1	0	2	1	1	0	4	1	5.60	1.341 2
0.4	3 040	2 840	3 240	22 400	64 600	86 800	11 300	9	1	0	1	0	3	0	1	0	4	1	6.30	1.309 4
0.5	3 000	2 800	3 200	22 000	64 000	86 000	11 000	9	1	0	1	0	3	0	1	0	5	0	7.00	1.277 8
0.6	2 960	2 760	3 160	21 600	63 400	85 200	10 700	9	1	0	1	0	3	0	1	0	5	0	6.30	1.272 8
0.7	2 920	2 720	3 120	21 200	62 800	84 400	10 400	10	0	0	1	0	3	0	1	0	5	0	5.60	1.261 1
0.8	2 880	2 680	3 080	20 800	62 200	83 600	10 100	10	0	0	1	0	3	0	1	0	5	0	4.90	1.256 3
0.9	2 840	2 640	3 040	20 400	61 600	82 800	9 800	10	0	0	1	0	3	0	1	0	5	0	4.20	1.251 5
1.0	2 800	2 600	3 000	20 000	61 000	82 000	9 500	10	0	0	1	0	3	0	1	0	5	0	3.50	1.246 7
1.1	2 760	2 560	2 960	19 600	60 400	81 200	9 200	10	0	0	1	0	3	0	1	0	5	0	2.80	1.241 9
1.2	2 720	2 520	2 920	19 200	59 800	80 400	8 900	10	0	0	1	0	3	0	1	0	5	0	2.10	1.237 1
1.3	2 680	2 480	2 880	18 800	59 200	79 600	8 600	10	0	0	1	0	3	0	1	0	5	0	1.60	1.232 3
1.4	2 640	2 440	2 840	18 400	58 600	78 800	8 300	10	0	0	1	0	3	0	1	0	5	0	0.70	1.227 5
1.5	2 600	2 400	2 800	18 000	58 000	78 000	8 000	10	0	0	1	0	3	0	1	0	5	0	0.00	1.222 7

附录C　列车运行图

（a）高速列车既定运行图

G301 G303 G305 G101 G103 G105 G107 G109 G111 G113

徐州东
宿州东
蚌埠南
定远
滁州南
南京南

8 9 10 11 12 13 14 15 16

（b）运行调整后高速列车运行图

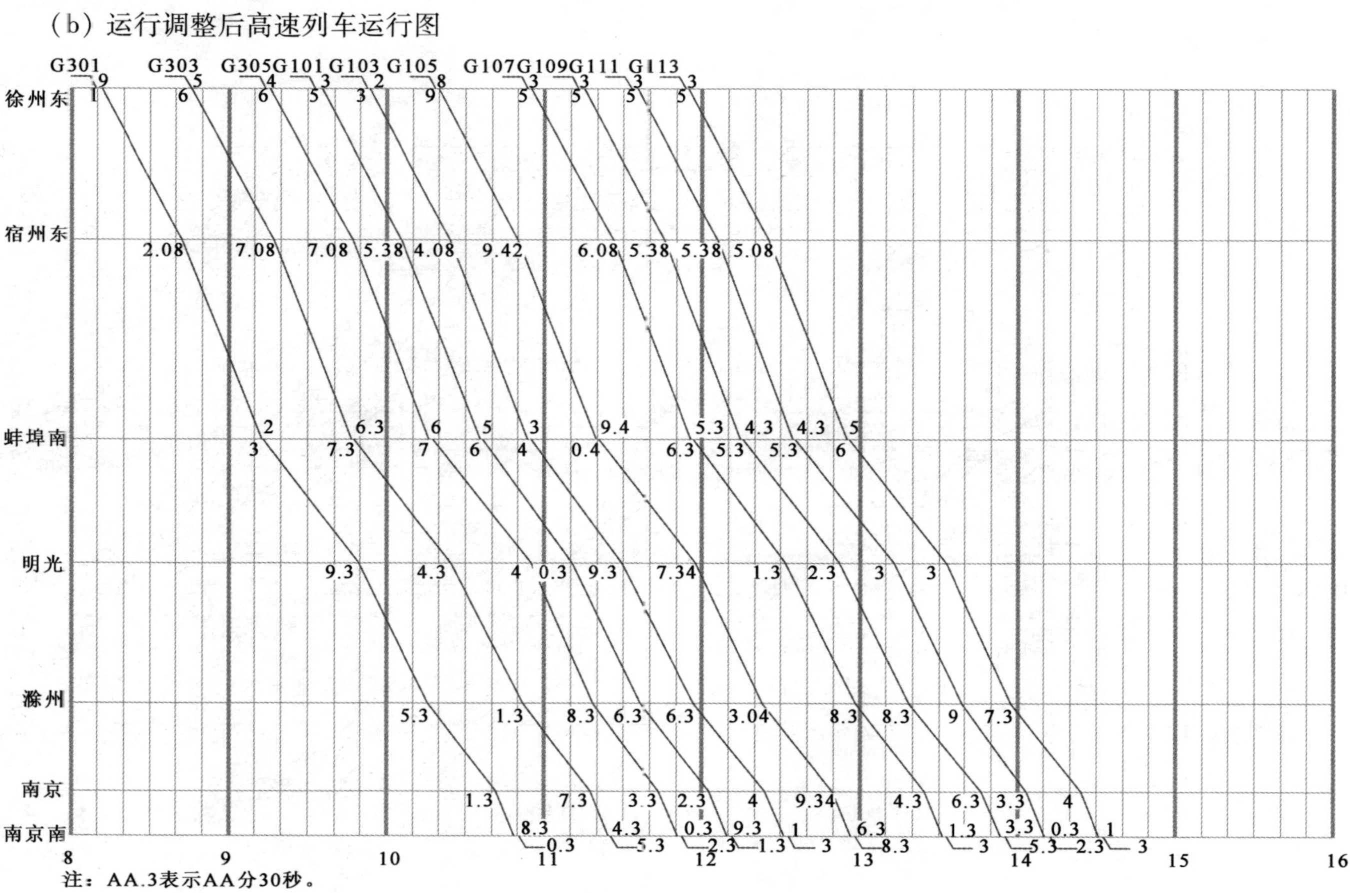

注：AA.3表示AA分30秒。

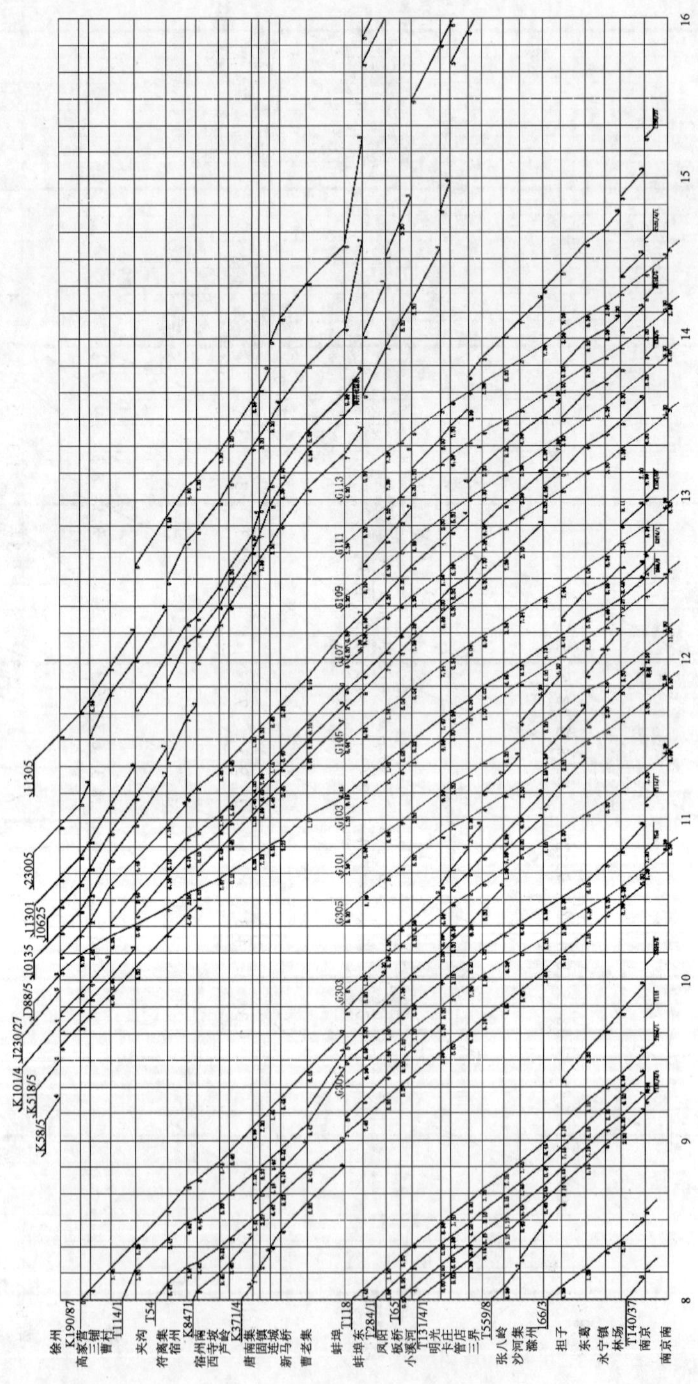

（c）调整后径路2的列车运行图（径路1与径路2在蚌埠—南京区段重叠）

附录 D 列车区间纯运行时分

(a)徐州—南京区段列车区间最小纯运行时分

车站	下行至下一站距离(km)	下行至下一站的最小运行时分(min.s)				
		高速、动车	直达、特快	快速	普快	货车
徐州站	9	2.42	3.23	4.30	5.24	6.45
高家营站	7	2.06	2.38	3.30	4.12	5.15
三铺站	15	4.30	5.38	7.30	9.00	11.15
曹村站	14	4.12	5.15	7.00	8.24	10.30
夹沟站	16	4.48	6.00	8.00	9.36	12.00
符离集	14	4.12	5.15	7.00	8.24	10.30
宿州站	2	0.36	0.45	1.00	1.12	1.30
宿州南站	15	4.30	5.38	7.30	9.00	11.15
西寺坡站	8	2.24	3.00	4.00	4.48	6.00
芦岭站	15	4.30	5.38	7.30	9.00	11.15
唐南集站	7	2.06	2.38	3.30	4.12	5.15
固镇站	7	2.06	2.38	3.30	4.12	5.15
连城站	8	2.24	3.00	4.00	4.48	6.00
新马桥站	14	4.12	5.15	7.00	8.24	10.30
曹老集站	14	4.12	5.15	7.00	8.24	10.30
蚌埠站	8	2.24	3.00	4.00	4.48	6.00
蚌埠东站	16	4.48	6.00	8.00	9.36	12.00
凤阳站	11	3.18	4.08	5.30	6.36	8.15
板桥站	8	2.24	3.00	4.00	4.48	6.00
小溪河站	18	5.24	6.45	9.00	10.48	13.30
明光站	8	2.24	3.00	4.00	4.48	6.00
卞庄站	9	2.42	3.23	4.30	5.24	6.45
管店站	11	3.18	4.08	5.30	6.36	8.15
三界站	13	3.54	4.53	6.30	7.48	9.45
张八岭站	10	3.00	3.45	5.00	6.00	7.30
沙河集站	13	3.54	4.53	6.30	7.48	9.45
滁州站	9	2.42	3.23	4.30	5.24	6.45
担子站	18	5.24	6.45	9.00	10.48	13.30
东葛站	6	1.48	2.15	3.00	3.36	4.30
永宁镇站	9	2.42	3.23	4.30	5.24	6.45
林场站	14	4.12	5.15	7.00	8.24	10.30
南京站						

注:AA.BB 表示 AA 分 BB 秒。

(b)不同限速条件下徐州东—南京南区段高速列车区间纯运行时分

车站	至下一站	至下一站的最小运行时分(min.s)		
	距离(km)	350km/h	160km/h	70km/h
徐州东	67	11.29	25.08	57.26
宿州东	88	15.05	33.00	75.26
蚌埠南	54	9.15	20.15	46.17
定远	62	10.38	23.15	53.09
滁州南	59	10.07	22.08	50.34
南京南				

注:AA.BB 表示 AA 分 BB 秒。

附录 E 径路上区间与车站权重

(a)两径路区间权重

径路 1			径路 2		
车站	到下一站距离(km)	到下一站区间权重	车站	到下一站距离(km)	到下一站区间权重
徐州东	67	0.167 1	徐州	9	0.026 0
宿州东	88	0.219 5	高家营	7	0.020 2
蚌埠南	54	0.134 7	三铺	15	0.043 4
蚌埠	8	0.020 0	曹村	14	0.040 5
蚌埠东	16	0.039 9	夹沟	16	0.046 2
凤阳	11	0.027 4	符离集	14	0.040 5
板桥	8	0.020 0	宿州	2	0.005 8
小溪河	18	0.044 9	宿州南	15	0.043 4
明光	8	0.020 0	西寺坡	8	0.023 1
卞庄	9	0.022 4	芦岭	15	0.043 4
管店	11	0.027 4	唐南集	7	0.020 2
三界	13	0.032 4	固镇	7	0.020 2
张八岭	10	0.024 9	连城	8	0.023 1
沙河集	13	0.032 4	新马桥	14	0.040 5
滁州	9	0.022 4	曹老集	14	0.040 5
担子	18	0.044 9	蚌埠	8	0.023 1
东葛	6	0.015 0	蚌埠东	16	0.046 2
永宁镇	9	0.022 4	凤阳	11	0.031 8
林场	14	0.034 9	板桥	8	0.023 1
南京	11	0.027 4	小溪河	18	0.052 0
南京南			明光	8	0.023 1
			卞庄	9	0.026 0
			管店	11	0.031 8
			三界	13	0.037 6
			张八岭	10	0.028 9
			沙河集	13	0.037 6

续上表

径路1			径路2		
车站	到下一站距离(km)	到下一站区间权重	车站	到下一站距离(km)	到下一站区间权重
			滁州	9	0.026 0
			担子	18	0.052 0
			东葛	6	0.017 3
			永宁镇	9	0.026 0
			林场	14	0.040 5
			南京		

(b)两径路车站权重

径路1			径路2		
车站	等级	权重	车站	等级	权重
徐州东	高速中间站	1.5	徐州	特等站	1
宿州东	高速中间站	1.5	高家营	四等站	0.25
蚌埠南	高速中间站	1.5	三铺	四等站	0.25
蚌埠	一等站	1	曹村	四等站	0.25
蚌埠东	一等站	1	夹沟	四等站	0.25
凤阳	三等站	0.33	符离集	三等站	0.33
板桥	四等站	0.25	宿州	二等站	0.5
小溪河	四等站	0.25	宿州南	五等站	0.2
明光	三等站	0.33	西寺坡	四等站	0.25
卞庄	四等站	0.25	芦岭	三等站	0.33
管店	四等站	0.25	唐南集	四等站	0.25
三界	四等站	0.25	固镇	三等站	0.33
张八岭	四等站	0.25	连城	四等站	0.25
沙河集	四等站	0.25	新马桥	四等站	0.25
滁州	二等站	0.5	曹老集	三等站	0.33
担子	四等站	0.25	蚌埠	一等站	1
东葛	四等站	0.25	蚌埠东	一等站	1
永宁镇	四等站	0.25	凤阳	三等站	0.33
林场	四等站	0.25	板桥	四等站	0.25
南京	一等站	1	小溪河	四等站	0.25

续上表

径 路 1			径 路 2		
车站	等级	权重	车站	等级	权重
			明光	三等站	0.33
			卞庄	四等站	0.25
			管店	四等站	0.25
			三界	四等站	0.25
			张八岭	四等站	0.25
			沙河集	四等站	0.25
			滁州	二等站	0.5
			担子	四等站	0.25
			东葛	四等站	0.25
			永宁镇	四等站	0.25
			林场	四等站	0.25
			南京	一等站	1

附录 F 列车运行径路分配模型求解主程序

求解工具:LINGO11,以模糊系数取值范围为可变域为例。

```
sets:
x/1..7/:cp,cm,co;
y/1..7/:dt1,dt2,dt3;
end sets
data:                        ! 设置模糊系数的悲观值、乐观值、可能值;
cp=2600,2400,2800,18000,58000,78000,8000;
cm=3000,2800,3200,22000,64000,86000,11000;
co=3400,3200,3600,26000,70000,94000,14000;
end data
calc:
dt1(1)=cm(1)-cp(1);
dt1(2)=cm(2)-cp(2);
dt1(3)=cm(3)-cp(3);
dt1(4)=cm(4)-cp(4);
dt1(5)=cm(5)-cp(5);
dt1(6)=cm(6)-cp(6);
dt1(7)=cm(7)-cp(7);
dt2(1)=co(1)-cm(1);
dt2(2)=co(2)-cm(2);
dt2(3)=co(3)-cm(3);
dt2(4)=co(4)-cm(4);
dt2(5)=co(5)-cm(5);
dt2(6)=co(6)-cm(6);
dt2(7)=co(7)-cm(7);
w2=0.5;
dt3(1)=w2*dt2(1)/dt1(1)+1;
dt3(2)=w2*dt2(2)/dt1(2)+1;
dt3(3)=w2*dt2(3)/dt1(3)+1;
dt3(4)=w2*dt2(4)/dt1(4)+1;
```

```
dt3(5) = w2 * dt2(5)/dt1(5) + 1;
dt3(6) = w2 * dt2(6)/dt1(6) + 1;
dt3(7) = w2 * dt2(7)/dt1(7) + 1;
M = @smin(dt3(1),dt3(2),dt3(3),dt3(4),dt3(5),dt3(6),dt3(7));
                                                   ! 求 w1 的取值上限;
endcalc
w1 = 1 * M/15;                         ! w1 取值循环从 1 * M/15 到 1;
f1 = w1 * cp(1) + w2 * co(1) + (1 - w1 - w2) * cm(1);
f2 = w1 * cp(2) + w2 * co(2) + (1 - w1 - w2) * cm(2);
f3 = w1 * cp(3) + w2 * co(3) + (1 - w1 - w2) * cm(3);
f4 = w1 * cp(4) + w2 * co(4) + (1 - w1 - w2) * cm(4);
f5 = w1 * cp(5) + w2 * co(5) + (1 - w1 - w2) * cm(5);
f6 = w1 * cp(6) + w2 * co(6) + (1 - w1 - w2) * cm(6);
f7 = w1 * cp(7) + w2 * co(7) + (1 - w1 - w2) * cm(7);
                                              ! 求各模糊系数的隶属度值;
mf1 = @if(f1#le#cm(1)  ,(f1 - cp(1))/(cm(1) - cp(1)) , (co(1) - f1)/
(co(1) - cm(1));
mf2 = @if(f2#le#cm(2)  ,(f2 - cp(2))/(cm(2) - cp(2)) , (co(2) - f2)/
(co(2) - cm(2));
mf3 = @if(f3#le#cm(3)  ,(f3 - cp(3))/(cm(3) - cp(3)) , (co(3) - f3)/
(co(3) - cm(3));
mf4 = @if(f4#le#cm(4)  ,(f4 - cp(4))/(cm(4) - cp(4)) , (co(4) - f4)/
(co(4) - cm(4));
mf5 = @if(f5#le#cm(5)  ,(f5 - cp(5))/(cm(5) - cp(5)) , (co(5) - f5)/
(co(5) - cm(5));
mf6 = @if(f6#le#cm(6)  ,(f6 - cp(6))/(cm(6) - cp(6)) , (co(6) - f6)/
(co(6) - cm(6));
mf7 = @if(f7#le#cm(7)  ,(f6 - cp(7))/(cm(7) - cp(7)) , (co(7) - f7)/
(co(7) - cm(7));
smf = mf1 + mf 2 + mf 3 + mf4 + mf5 + mf6 + mf 7;
                                          ! 求各模糊系数的隶属度值之和;
e1 = 325.0;
e2 = 92.4;
```

```
C12 = 115;
C45 = 30;
C56 = 30;
C57 = 22;
C78 = 22;
C86 = 72;
B2 = 40;
B4 = 42;
B5 = 48;
B6 = 40;
B7 = 30;
B8 = 80;
min = f1 * (n12 + n13) + f2 * (n11) + f3 * (n11 + n12 + n13) +          ! 目标函数;
155 * e1 * n11 +
165 * e2 * (n12 + n22 + n32 + n42 + n52 + n62 + n13 + n23 + n33 + n43 + n53 +
n63) +
181 * e2 * (n11 + n12 + n22 + n32 + n42 + n52 + n62) +
86 * e2 * (n13 + n23 + n33 + n43 + n53 + n63) +
95 * e2 * (n13 + n23 + n33 + n43 + n53 + n63) +
166 * e1 * (n13 + n23 + n33 + n43 + n53 + n63) +
f4 * (n11) +
f5 * (n12) +
f6 * (n13) +
f7 * (n23 + n33 + n43 + n53);
n11 < = C12;                                                            ! 能力约束;
n12 + n22 + n32 + n42 + n52 + n62 + n13 + n23 + n33 + n43 + n53 + n63 < = C45;
n11 + n12 + n22 + n32 + n42 + n52 + n62 < = C56;
n13 + n23 + n33 + n43 + n53 + n63 < = C57;
n13 + n23 + n33 + n43 + n53 + n63 < = C78;
n13 + n23 + n33 + n43 + n53 + n63 < = C86;
n11 < = B2;
n12 + n13 + n22 + n23 + n32 + n33 + n42 + n43 + n52 + n53 + n62 + n63 < = B4;
n11 + n12 + n13 + n22 + n23 + n32 + n33 + n42 + n43 + n52 + n53 + n62 + n63 <
```

```
=B5;
n11 + n12 + n13 + n22 + n23 + n32 + n33 + n42 + n43 + n52 + n53 + n62 + n63 <
=B6;
n13 + n23 + n33 + n43 + n53 + n63 < = B7;
n13 + n23 + n33 + n43 + n53 + n63 < = B8;
n11 + n12 + n13 = 10;
n21 + n22 + n23 = 1;
n31 + n32 + n33 = 3;
n41 + n42 + n43 = 1;
n51 + n52 + n53 = 5;
@gin(n11);                                    ! 变量非负整数约束;
@gin(n12);
@gin(n13);
@gin(n22);
@gin(n23);
@gin(n32);
@gin(n33);
@gin(n42);
@gin(n43);
@gin(n52);
@gin(n53);
```

附录 G　列车运行调整模型求解主程序

(a)对径路 1 与径路 2 上的列车的运行时刻初步设置

说明:径路 1 上列车根据徐州东—宿州东之间限速条件,计算区间运行最小时分。径路 2 上列车的区间运行时分根据既有运行计划得到。

主要程序如下:(编程工具 PowerBuilder 9.0,数据库平台 Oracle 10.0)

```
string time1,time2,arrive_time,depart_time,dwell_time
int ii,jj,loop_top,loop_start1,loop_start2,i,j,temp
if ddlb_1.text = '径路 1' then
    loop_top = 12
elseif ddlb_1.text = '径路 2' then
    loop_top = 5
end if
dw_1.retrieve('径路 1')                    //得到径路 1 上列车初始运行计划信息
for jj = 1 to 10
  loop_start1 = 0
  for i = 1 to dw_1.rowcount( )
    if not isnull(dw_1.getitemstring(i,2 * jj + 2)) then
      loop_start1 = i
      exit
    end if
  next
dw_2.retrieve(string(jj),'径路 1')          //得到径路 1 上列车区间运行时分
for ii = loop_start1 to dw_1.rowcount( ) - 1
                                            //初设径路 1 上各列车在各站的到发时刻
    time1 = dw_1.getitemstring(ii,2 * jj + 3)
    time2 = dw_2.getitemstring(ii,"min_runtime")
    arrive_time = add_time(time1,time2)
    dw_1.setitem(ii + 1,2 * jj + 2,arrive_time)
    dwell_time = dw_2.getitemstring(ii + 1,"min_dwelltime")
    depart_time = add_time(arrive_time,dwell_time)
    dw_1.setitem(ii + 1,2 * jj + 3,depart_time)
```

```
   next
next
dw_3. retrieve('径路2')                    //得到径路2上列车初始运行计划信息
for jj =1 to 10
   loop_start2 =0
   for i =1 to dw_3. rowcount(   )
      if  not (isnull(dw_3. getitemstring(i,2 * jj +2)) or dw_3. getitemstring(i,2 *
jj +2) ='') then
         loop_start2 = i
         exit
      end if
   next
dw_2. retrieve(string(jj),'径路2')              //得到径路1上列车区间运行时分
for ii =loop_start2 to dw_2. rowcount(   ) - 1
                                          //初设径路2上各列车在各站的到发时刻
      time1 =dw_3. getitemstring(ii,2 * jj +3)
      time2 =dw_2. getitemstring(ii,"min_runtime")
      arrive_time =add_time(time1,time2)
      dw_3. setitem(ii +1,2 * jj +2,arrive_time)
      dwell_time =dw_2. getitemstring(ii +1,"min_dwelltime")
      depart_time =add_time1(arrive_time,dwell_time)
      dw_3. setitem(ii +1,2 * jj +3,depart_time)
   next
next
```

其中,add_time 函数的程序为(编程工具 PowerBuilder 9.0):

```
//在形如 AA. BBCC 的时刻上加上形如 XX. YYZZ 的时间
string temp,str1,str2,str3,new_time,hour_new_str,minute_new_str,second_new_str
dec    runtime[   ],run2,run3
int    minute_add,hour_add,minute_new,second_new,hour_new
dec     int1,int2,int3,xpos
temp =dw_1. getitemstring(1,5)
xpos =pos(time1,'.')
str1 =left(time1,xpos -1)
```

```
str2 = mid(time1,xpos +1,2)
str3 = mid(time1,xpos +3,2)
int1 = dec(str1)
int2 = dec(str2)
int3 = dec(str3)
run2 = int(dec(time2) * 100)
run3 = (dec(time2) *  100 -  run2) * 100  + 30 * rand(3)
minute_add = int((int3 + run3)/60)
second_new = int3 + run3  - 60 * minute_add
minute_new = minute_add + int2 + run2
hour_add = int(minute_new/60)
minute_new = minute_new  - hour_add * 60
hour_new =  int1  + hour_add
if second_new < 10 then
    second_new_str = '0' + string(second_new)
else
    second_new_str = string(second_new)
end if
if minute_new < 10 then
    minute_new_str = '0' + string(minute_new)
else
    minute_new_str = string(minute_new)
end if
hour_new_str = string(hour_new)
new_time = hour_new_str + '.' + minute_new_str  +  second_new_str
return new_time
```

(b)计算目标函数的值并获得每一代最优粒子及全局最优粒子

说明:根据公式 $\max Z = \theta\max(\mu_1,\mu_2) + (1-\theta)\min(\mu_1,\mu_2)$,计算目标函数值,并以此为据,确定迭代过程中的最优粒子和全局最优粒子。

主要程序如下:(编程工具 Sql * Plus,数据库平台 Oracle 10.0)

```
thita =0.5;
global_optimal_finess_value: =0;                          ——初设全局适应度值
```

```
global_optimal_finess_g: =1;
calculate_generation: =80;                                  ——设置迭代的次数为80
for n in 1..calculate_generation  loop                      ——在设计的循环次数内运行
  gene_optimal_fitness_value: =0;
  gene_best_lizi: ='';                                       ——一代最优粒子清空
  for xxx in 1..lizi_number  loop                            ——优化过程
    sum_operation_time: =240;
    sum_valid_passenger_num: =0;
    for m in 1..sum_train_num1  loop
      xx: =0;
      if m >1 then
         for p in 1..m -1  loop
           xx: =xx + path_station_num(p);
         end loop;
      end if;
        for j in 1..train_num(m)  loop
          for i in 1..path_station_num(m)  loop
               if substr(temp_lizi(xxx),i,1) =1 then
                                                          //累加列车总晚点惩罚值
                 Zdelay: = Zdelay + delta * f_arrive_difference + delta * f_
depart_difference;
               end if;
          end loop;
        end loop;
      end loop;
      u1 =1 - (Zdelay - Zdelay0)/delta1;
      u2 =1 - (S0 - S)/delta2;
      temp_fitness_value = thita * max(u1,u2) + (1 - thita) * min(u1,u2);
  if gene_optimal_fitness_value < temp_fitness_value then
      gene_optimal_fitness_value: = temp_fitness_value;
      gene_best_lizi: = temp_lizi(xxx);
    end if;
  end loop;
```

```
    for n in 1..lizi_number loop                              ——粒子清空
        temp_lizi(n): = '';
    end loop;
if global_optimal_finess_value < gene_optimal_fitness_value then
  global_optimal_finess_value: = gene_optimal_fitness_value;
  global_optimal_finess_g: = n;
  global_best_lizi: = gene_best_lizi;                    ——得到最优染色体
end if;
```

其中,函数 f_arrive_difference 程序为(编程工具 Powerbuilder 9.0,数据库平台 Oracle 10.0):

```
for i = 1 to 10                                    //对径路上的10列车逐步计算
  for k = 1 to 32
  //对每列车经过的车站进行计算,并不是所有的列车都经过这32个车站,如过不经过的车站,在这个车站的晚点时间认为是0
   arrive_time = dw_3.getitemstring(k,2 * i + 2)
                                          //取第i列车在第k个车站的到达时间
   if isnull(arrive_time) or arrive_time = '' then               //如果取值为空
       arrive_difference = 0
    //则认为这列车在这个车站没有停站,设置晚点时间为0后直接结束判断
   else
   str_sql = " select train_no, train_id, station_name, c4, c5 from schedule1 where train_no = '" + low_tr_no[i] + "' and station_name = '" + low_sta_name[k] + "'"
                              //依据车站名称和列车车次检索既定运行图中的数据
    dw_5.setsqlselect(str_sql)
    dw_5.retrieve( )
    if dw_5.rowcount( ) < > 0 then                              //若能检索到
       arrive_time_0 = dw_5.getitemstring(1,"c4")             //取到达时间
       arrive_difference = difference_time(arrive_time_0, arrive_time)
                                          //计算到达时间与图定时刻的差值
    else
        arrive_difference = 0                    //若检索不到,那么直接设置差值为0
    end if
   end if
```

```
    sum_delay_time = sum_delay_time + arrive_difference              //差值累计
  next
  st_2. text = string( sum_delay_time)
next
```

其中,粒子速度计算程序如下:

```
for i = 1 to N                                                        //粒子个数
  lz_v( i + 1 ) = aomiga * lz_v( i)
  lz_v( i + 1 ) = lz_v( i + 1 ) + c1 * r1 * ( gene_best_lizi( i) - x( i) )
    for j = 1 to M                                     //给予速度影响的周围粒子个数
      lz_v( i + 1 ) = lz_v( i + 1 ) + fai * c2 * r2 * ( gloabal_best_lizi( i) - x( i) )
next
    lz_v( i + 1 ) = lz_v( i + 1 ) * k
next
```

(c)消除径路 1 与径路 2 之间列车运行冲突

说明:因为径路 1 与径路 2 有重叠的区段,所以必须将重叠区段列车运行冲突消除。

其主要程序如下:(编程工具 PowerBuilder 9.0,数据库平台 Oracle 10.0)

```
int     adjust_t, adjust_from_s, i, temp, adjust_g, origin_time_difference, add_sec-
onds, loop_start2, ii, jj, add_hour, add_minute, add_second
string     origin_arrive_time_goal, origin_arrive_time_adjust, time1, run_time, arrive
_time, dwell_time,
        depart_time, add_time_string, add_hour_str, add_minute_str, add_second
_str
adjust_t = dec( mid( adjust_train_no, 1, pos( adjust_train_no, ',', 1) - 1) )
                                                        //需要调整的车的编号
adjust_from_s = dec( mid( adjust_from_station, 1, pos( adjust_from_station, ',', 1) -
1) )
                                                 //调整起始车站在径路 1 的编号
adjust_g = dec( mid( adjust_goal, 1, pos( adjust_goal, ',', 1) - 1) )
                                                     //相对于哪列车进行调整
dw_1. getitemstring( adjust_from_s, "station_name" )         //调整起始车站的名称
for i = 1 to dw_3. rowcount( )
```

```
    if dw_3. getitemstring(i,"station_name") = dw_1. getitemstring(adjust_from_
s,"station_name") then
    temp = i                                        //调整起始车站在径路2上的位置
    end if
next
origin_arrive_time_adjust = dw_3. getitemstring(temp,2 * adjust_t +2)
                                        //获取需要调整的列车的原来的到达时间
origin_arrive_time_goal = dw_1. getitemstring(adjust_from_s, 2 * adjust_g +2)
                                                    //获取目标列车的到达时间
origin_time_difference = difference_time(origin_arrive_time_adjust,origin_arrive_
time_goal)
                                                //得到两者之间的时间差,单位为秒
if origin_arrive_time_adjust > origin_arrive_time_goal then
                    //若需要调整的列车的原来的到达时间晚于目标列车的到达时间
    add_seconds = interval_time - origin_time_difference //需要调整的时间计算
else
    add_seconds = interval_time + origin_time_difference
end if
    add_hour = int(add_seconds/3600)   //将调整时间转化为*.****格式
add_minute = int(int((add_seconds - add_hour * 3600)/60))
add_second = add_seconds - 3600 * add_hour - 60 * add_minute
if add_minute <10 then
    add_minute_str = '0' + string(add_minute)
else
    add_minute_str = string(add_minute)
end if
if add_second <10 then
    add_second_str = '0' + string(add_second)
else
    add_second_str = string(add_second)
end if
add_time_string = string(add_hour) + '.' + add_minute_str + add_second_str
dw_3. setitem(temp,2 * adjust_t +2, add_time(origin_arrive_time_adjust,add_time
```

```
_string))
                                        //设置需要调整列车的新的到达时间
jj = adjust_t                           //得到需要调整的列车的编号
loop_start2 = temp                      //获取调整起始车站的编号
dw_2. retrieve(string(jj),'径路2')
for ii = loop_start2 to dw_3. rowcount( ) - 1
                                        //对径路2上接下来的该列车的运行时刻调整
   time1 = dw_3. getitemstring(ii,2 * jj + 2)
   dwell_time = dw_2. getitemstring(ii,"min_dwelltime")
   depart_time = add_time1(time1,dwell_time)
   dw_3. setitem(ii,2 * jj + 3,depart_time)
   run_time = dw_2. getitemstring(ii,"min_runtime")
   arrive_time = add_time(depart_time,run_time)
   dw_3. setitem(ii + 1,2 * jj + 2,arrive_time)
next
```

其中,函数 difference_time 程序为(编程工具 PowerBuilder 9.0):

```
//在形如 AA. BBCC 的时刻上减去形如 XX. YYZZ 的时刻,返回值为两时刻之间的秒数
string time2_str1,time2_str2,time2_str3,time1_str1,time1_str2,time1_str3
int    time2_int1,time2_int2,time2_int3,time1_int1,time1_int2,time1_int3
dec    xpos2,xpos1
xpos2 = pos(time2,'.')
time2_str1 = left(time2,xpos2 -1)
time2_str2 = mid(time2,xpos2 +1,2)
time2_str3 = mid(time2,xpos2 +3,2)
xpos1 = pos(time1,'.')
time1_str1 = left(time1,xpos1 -1)
time1_str2 = mid(time1,xpos1 +1,2)
time1_str3 = mid(time1,xpos1 +3,2)
time2_int1 = dec(time2_str1)
time2_int2 = dec(time2_str2)
time2_int3 = dec(time2_str3)
time1_int1 = dec(time1_str1)
```

```
time1_int2 = dec(time1_str2)
time1_int3 = dec(time1_str3)
return abs(time2_int1 *3600 + time2_int2 *60 + time2_int3 -(time1_int1 *
3600 + time1_int2 *60 + time1_int3))
```

参考文献

[1] 徐叔鹰. 中国铁路自然灾害的成因与类型[J]. 铁道师范学报,1997,14(4):33-39,47.

[2] 白昭. 高速铁路综合调度模式探讨[J]. 铁道工程学报,2003,3:121-124.

[3] 崔炳谋. 铁路旅客运输经由计算方法探讨[J]. 铁路计算机应用,1997,6(5):10-11.

[4] 崔炳谋,马钧培,陈光伟,等. 铁路旅客旅行换乘方案优选算法[J]. 中国铁道科学,2007, 28(6):122-127.

[5] 陈彦,史峰,秦进,等. 旅客列车过站路径优化模型与算法[J]. 中国铁道科学,2001,31 (2):101-107.

[6] 王喆,彭其渊,谢小淞. 基于遗传算法的铁路旅客列车开行路径优化的研究[J]. 铁路计算机应用,2006,15(12):4-6.

[7] 王喆,彭其渊. 基于 MapX 的旅客列车开行径路优化研究[J]. 铁道运输与经济,2007,29 (3):85-88.

[8] 吕晓燕,刘春煌,单杏花,等. 基于车次径路约束下的客运径路生成算法优化[J]. 中国铁道科学,2007,28(3):122-125.

[9] 王甦男,冯育麒. 车流径路域研究[J]. 铁道学报,1996,18(增刊):20-23.

[10] 李引珍,顾守淮. 铁路网络两顶点间最短路径定向搜索算法[J]. 铁道学报,1997,19(2):25-27.

[11] 孙晚华,张永臣. 确定车流最短径路的 CN 模型及算法[J]. 铁道学报,1999,21(5):106-108.

[12] 周培德. 交通道路网中任意两点之间最短路径的快速算法[J]. 计算机工程与科学,2002, 19(3): 81-84.

[13] 施其洲. 铁路网络系统运输能力与车流径路模型[J]. 铁道学报,1996,18(4):1-8.

[14] 施其洲,施勇. 具有双向、空重车流的路网车流径路多目标线性规划模型机算法[J]. 铁道学报,1999,21(1):1-8.

[15] 史峰,孔庆钤,胡安洲. 车流径路与编组计划综合优化的网络方法[J]. 铁道学报,1997,19 (1):1-6.

[16] 孟凡江,高树喜,杨新安,等. 多路径分配的车流径路优化模型[J]. 辽宁工程技术大学学报:自然科学版,2008,27(增刊):93-95.

[17] 江南,李夏苗,朱永辉,等.论铁路车流径路的数学问题[J].中国铁道科学,2004,25(5):121-124.

[18] 靳来勇,叶玉玲.区域性路网车流径路的选择[J].中国铁路,2005,12:49-51.

[19] BIERLAIRE M, FREJINGER E. Route choice modeling with network-free data[J]. Transportation Research Part C,2008,16(2):187-198.

[20] 林伯梁,朱松年.路网上车流径路与列车编组计划的整体优化[J].铁道学报,1996,18(1):1-7.

[21] 林伯梁,朱松年,陈竹生,等.路网上车流径路优化的0-1规划模型及其可行径路生成算法[J].铁道学报,1997,19(1):7-12.

[22] 林伯梁,彭辉,任保国.铁路网上带权重的车流径路优化方法[J].北京交通大学学报,1996,20(6):645-650.

[23] 孙晚华,郑时德.铁路车流径路优化算法的研究[J].北京交通大学学报,1995,19(增刊):39-44.

[24] 王保华,何世伟,宋瑞,等.路网车流径路选择随机相关机会规划模型及其混合遗传算法[J].铁道学报,2007,29(4):6-11.

[25] 苏顺虎,陈治亚.铁路网车流径路优化模型及算法研究[J].铁道学报,2008,30(6):1-6.

[26] 刘志杰,季令,叶玉玲.路网车流径路优化调整中的最短径路算法[J].贵州师范大学学报:自然科学版,2007,25(2):88-90.

[27] 农静,王磊,尹慧琳.铁路车流径路优化的遗传算法设计[J].同济大学学报:自然科学版,2010,38(1):76-80.

[28] 王华,季令.我国铁路客运可行径路选择的研究[J].上海铁道大学学报,1999,20(4):51-54.

[29] ZACHARIADIS E E, KIRANOUDIS C T. An open vehicle routing problem metaheuristic for examining wide solution neighborhoods[J]. Computers & Operations Research,2010,37(4):712-723.

[30] 孙焰,姜磊.具有能力限制的路网重车流径路优化方法[J].铁道运输与经济,2005,27(12):82-84.

[31] 杜进有,姚新胜,黄洪钟.路网车流径路的满意优化[J].系统工程,2005,23(9):47-49.

[32] 谢金梅,徐慧星.车流径路及车流组号划分算法的研究[J].铁路运营技术,2009,15(3):18-21.

[33] HONG S P, KIM K M, LEE K, et al. A pragmatic algorithm for the train-set routing: The case of Korea high-speed railway. Omega, 2009, 37 (3): 637-645.

[34] LEE Y, CHEN C Y. A heuristic for the train pathing and timetabling problem [J]. Transportation Research Part B,2009,43(8-9):837-851.

[35] SZPIGEL B. Optimal train scheduling on a single line railway [J]. Operational Research 1973, 7:344-351.

[36] D'ARIANO A, PACCIARELLI D, PRANZO M. A branch and bound algorithm for scheduling trains in a railway network [J]. European Journal of Operational Research, 2007, 183(2):643-657.

[37] Sauder R L, WESTERMAN, W M Computer aided train dispatching: decision support through optimization[J]. Interfaces 1987,13(6):24-37.

[38] 曹家明.单线铁路列车运行调整优化模型及算法[J].铁道学报,1994,16(3):72-78.

[39] 赵强.单线铁路列车运行调整优化模型与算法研究[J].系统工程,1999,17(6):12-18.

[40] CHENG Y. Hybrid simulation for resolving resource conflicts in train traffic rescheduling[J]. Computer in Industry. 1998,35(3):233-246.

[41] 章优仕,金炜东.基于遗传算法的单线列车运行调整体系[J].西南交通大学学报.2005,40 (2):147-152.

[42] CAPRARA A, MONACI M, TOTH P, et al. A lagrangian heuristic algorithm for a real-world train timetabling problem[J]. Discrete Applied Mathematics, 2006,154(5):738-753.

[43] CACCHIANI V, CAPRARA A, TOTH P. Scheduling extra feight trains on railway networks[J]. Transportation Research Part B. 2010,44(2):215-231.

[44] LI F, GAO Z, LI K, et al. Efficient scheduling of railway traffic based on global information [J]. Transportation Research Part B, 008, 42 (10): 1008-1030.

[45] LIU S, KOZAN E. Scheduling trains as a blocking parallel-machine job shop scheduling problem [J]. Computers& Operations Research, 2009, 36 (10): 2840-2852.

[46] ZHOU X, ZHONG M. Single-track train timetabling with guaranteed optimality: Branch-and-bound algorithms with enhanced lower bounds[J]. Transporta-

tion Research Part B, 2007,41(3):320-341.

[47] YANG L, LI K, GAO Z. Train timetable problem on a single-line railway with fuzzy passenger demand[J]. IEEE Transactions on Fuzzy Systems, 2009, 17 (3): 617-629.

[48] ARAYA S, ABE K, FUKUMORI K. An optimal rescheduling for online train traffic control in distributed situation[C]. Proceedings of 22nd IEEE Conference Decision and Control. IEEE. New York, 1983. 489-494.

[49] 曹家明. 双线铁路行车调度调整的优化方法[J]. 西南交通大学学报, 1995,30(5):520-526.

[50] 查伟雄,陈治亚,李夏苗. 复线列车运行调整理论与方法的研究[J]. 铁道学报,2000,22 (1):12-16.

[51] RODRIGUEZ J. A constraint programming model for real-time train scheduling at junctions[J]. Transportation Research Part B, 2007,41(2):231-245.

[52] T ö RNQUIST J, PERSSON J A. N-Tracked railway traffic re-scheduling during disturbances. Transportaiotn Research Part B,2007,41(3):342-362.

[53] IIDA Y. Timetable preparation by A. I. approach [C]. Proceeding of European Simulation Muticonference. Nice France,1983,163-168.

[54] 程宇,秦作睿. 列车运行调整专家系统的研究[J]. 铁道学报,1992,14(2): 42-50.

[55] SCHAFER H, PFERDMENGES S. An expert system for real-time train dispatching[J]. Tansactions on the Built Enviroment,1994,7:27-34.

[56] 张翠平,曹成铉,滕宇蛟,等. 列车运行调整问题的图论模型与启发式算法[J]. 科学技术与工程,2010,10:2560-2564,2573.

[57] 夏明,周磊山,孙琦,等. 基于蚁群算法的双线铁路列车运行调整研究[J]. 物流技术,2008,27(6):61-64,71.

[58] 董守清,王进勇,闫海峰. 双线铁路列车运行调整的禁忌搜索算法[J]. 中国铁道科学, 2005,26(4):114-119.

[59] 张星臣,杨浩,朱晓宁,等. 京沪高速铁路列车运行仿真实验系统研究[J]. 铁道学报,1998, 20(4):1-7.

[60] 聂磊,张星臣,赵鹏,等. 高速铁路列车运行调整策略的研究[J]. 铁道学报,2001, 23(4):1-6.

[61] 李先进,杨肇夏,杜鹏. 基于 MAS 的列车运行调整方法[J]. 中国铁道科学,2006,27(1):115-119.

[62] 陈彦如,蒲云,蒋阳升.复线列车运行调整的满意优化模型体系及算法[J].科技通报,2002, 18(6):463-469.

[63] 王正彬,杜文.铁路双线自动闭塞区段列车运行调整模型及其遗传算法研究[J].铁道运输与经济,2004,26(6):61-63.

[64] CHUNG J W, OH S M, CHOI I C. A hybrid genetic algorithm for train sequencing in the Korea railway [J]. Omega,2009,37(3):555-565.

[65] 赵庶旭,党建武.客专运行调整混沌改进遗传算法研究[J].计算机工程与应用,2009,45(9): 220-222, 226.

[66] 牟文婷,董昱.铁路列车运行调整模型及三群协同粒子群算法的研究[J].铁道运营技术,2010,16(2):13-15.

[67] 贾传峻,胡思继,杨宇栋.列车运行调整微粒群算法研究[J].铁道学报,2006,28(3):6-11.

[68] 蔡柏根,王菊贞.基于模拟的列车调度专家系统的研究[J].铁道学报,1992,14(3):31-41.

[69] ZHOU X, ZHONG M. Bicriteria train scheduling for high-speed passenger railroad planning applications [J]. European Journal of Operational Research, 2005, 167(3):752-771.

[70] DORFMAN M J, MEDANIC J. Scheduling trains on a railway network using a discrete event model of railway traffic [J]. Transportation Research Part B, 2004, 38(1):81-98.

[71] CHENG Y H, YANG L A. A Fuzzy Petri Nets approach for railway traffic control in case of abnormality: Evidence from Taiwan railway [J]. Expert Systems with Applications,2009, 36(4): 8040-8048.

[72] JIA L M, ZHANG X D. Distributed intelligent railway traffic control based on fuzzy decision making. Fuzzy Sets System, 1993, 62(3):255-265.

[73] 张星臣,胡安洲,杨浩.一种基于有控随机与随机有控约束的列车运行仿真模型[J].铁道学报,1995, 17 (3): 22-27.

[74] JOVANOVIC D. HARKER P T. A decision support system for train dispatching: an optimization-based methodology[J]. Transportation Research. Record 1314, 1990, 31-40.

[75] CHIANG T W, HAU H Y, CHIANG H M, et al. Knowledge-based system for railway scheduling[J]. Data&Knowledge Engineering, 1998,27(3):289-312.

[76] 李鹏,张一军.内部协同式列车运行调整专家系统的研究[J].中国铁道科

学,1998,19(3):1-9.

[77] 陈东,李永辉,张强锋,等.基于粗糙集理论的列车运行调整方法探讨[J].中国铁路,2009,7:44-46.

[78] 钱名军,宋建业.基于粗糙集的列车运行调整方法研究[J].交通运输系统工程与信息,2008,8(4):122-126.

[79] PETERSEN E R, TAYLOR A J. A structured model for rail line simulation and optimization [J]. Transportation Science. 1982,16(2):192-206.

[80] TOMMII N, SATOH N. A train traffic simulation system permitting application of knowledge engineering[R]. Quarterly Reports of TRRI,1990.

[81] 刘皓伟.行车指挥系统的 Petri 网建模与列车运行调整的遗传优化的研究[D].北京:中国铁道科学研究院,2000.

[82] SALIM V, CAI X. A genetic algorithm for railway scheduling with environmental considerations [J]. Enviromental Modelling& Software. 1997, 12(4):301-309.

[83] 蒲云,陈彦如,蒲素.基于遗传算法的列车运行调度指挥系统满意优化模型的求解[J].世界科技研究与发展,2001,23(6):56-58.

[84] 王宏刚,张琦,王建英,等.基于遗传算法的高速铁路行车调整模型[J].中国铁道科学,2006,27(3):96-100.

[85] SALIDO M A, ABRIL M, BARBER F, et al. Domain-dependent distributed models for railways scheduling [J]. Knowledge-Based Systems, 2007, 20(2):186-194.

[86] ABRIL M, SALIDO M A, BARBER F. Distributed search in railway scheduling problems[J]. Engineering Applications of Artificial Intelligence,2008,21(5):744-755.

[87] GHOSEIRI K, SZIDAROVSZKY F, ASGHARPOUR M J. A multi-objective train scheduling model and solution [J]. Transportation Research Part B, 2004,38(10):927-952.

[88] 陈雍君,周磊山.基于序优化方法的列车运行调整算法研究[J].铁道学报,2010,32(3):1-8.

[89] MIN Y H, PARK M J, HONG S P, et al. An appraisal of a column-generation-based algorithm for centralized train-conflict resolution on a metropolitan railway network [J]. Transportation Research Part B, 2011, 45(2):409-429.

[90] CASTILLO E, GALLEGO I, URENA J M, et al. Timetabling optimization of a mixed double- and single-tracked railway network [J]. Applied Mathematical Modelling,2011, 35(2):859-878.

[91] 彭其渊,朱松年,王培.网络列车运行图的数学模型及算法研究[J].铁道学报,2001,23(1):1-8.

[92] 马建军,周磊山,胡思继.计算机编制网状线路列车运行图系统研究[J].铁道学报,2000,22 (1):7-11.

[93] 周磊山,胡思继,马建军,等.计算机编制网状线路列车运行图方法研究[J].铁道学报,1998,20(5):15-21.

[94] 吴晓东,周磊山,孙琦.铁路紧急输送计划模型与算法研究[J].铁道学报,2008,30(5):1-7.

[95] 吴晓东,周磊山,徐开启,等.特殊需求的大规模集中铁路运输的运行计划研究[J].2006, 28(6):22-27.

[96] 孔千,周飞飞,韦广银,等.突发大规模需求下铁路军事运输保障研究[J].国防交通论坛, 2008,6:9-10,14.

[97] 张铭,徐瑞华.轨道交通网络列车衔接组织的递阶协调优化[J].系统工程,第 2007,25(9): 33-37.

[98] Almodóvar M, García-Ródenas R. On-line reschedule optimization for passenger railways in case of emergencies[J]. Computers & Operations Research , 2013,40(3): 725-736.

[99] Meng X, Jia L, Qin Y, et al. Hybrid timed event graph model for networked train operation simulation and timetable stability optimization[C]. Proceedings of the 2013 International Conference on Electrical and Information Technologies for Rail Transportation (EITRT2013)-Volume I, 2014:575-582.

[100] Meng X, Cui B, Jia L, et al. Networked timetable stability improvement based on a bilevel optimization programming Model[J/OL]. Mathematical Problems in Engineering, 2014, Volume 2014, Article ID 290937, http://dx. doi. org/10. 1155/2014/290937.

[101] 宋建业.铁路运输组织的理论与实践[M].北京:中国铁道出版社,2012.

[102] 祁明亮,池宏,赵红,等.突发事件应急管理研究现状与展望[J].管理评论,2006,18(4):35-45.

[103] Firenze B. Labor safety system research[J]. Safety Science Journal, 2001,45 (2):31-37.

[104] 杨孝宽,魏恒.突发事件应急交通规划管理方法与应用[M].北京:中国建筑工业出版社,2010.

[105] 秦启文,李天安,陆林.突发事件的管理与应对[M].北京:新华出版社,2004.

[106] 任生德,解冰,王智猛.危机处理手册[M].北京:新世界出版社,2003.

[107] 王盛.突发事件应对中的政府信息公开研究[D].天津师范大学硕士论文,2007.

[108] 袁辛奋,胡子林.浅析突发事件的特征、分类及意义[J].科技与管理,2005,7(2):23-25.

[109] 王莉.突发事件条件下铁路行车组织模糊随机优化方法[D].北京:北京交通大学,2012.

[110] 王海治.客运专线旅客列车开行方案研究[D].北京:中国铁道科学研究院,2006.

[111] 闫海峰.结点站间铁路集装箱运输组织的理论与方法研究[D].成都:西南交通大学,2004.11.

[112] 王振军.交通运输系统工程[M].南京:东南大学出版社,2008:28.

[113] 何邦模.京沪高速铁路的运输组织模式[J].中国铁道科学,1995,16(3):13-23.

[114] 胡思继."全高速快速换乘"是京沪高速高速铁路运输组织模式的最佳选择[J].铁道学报,1996,18(A00):90-96.

[115] 彭其渊,闫海峰,魏德勇.武广高速铁路运输组织模式研究[J].西南交通大学学报,2004,39(6):703-707,711.

[116] 户佐安,严余松,邱忠权.我国铁路高速铁路运输组织模式决策[J].统计与决策,2008,8:114-116.

[117] 常慧辉.基于层析分析的高速铁路运输组织模式选择[J].交通科技与经济,2008,6:113-114.

[118] 汪波,杨浩.基于周期运行图的京津城际铁路列车开行方案研究[J].铁道学报,2007,29(2):8-13.

[119] 史峰,邓连波,霍亮.旅客列车开行方案的双层规划模型和算法[J].中国铁道科学,2007,28(3):110-115.

[120] CHANG Y H, YEH C H, SHEN C C. A multi-objective model for passenger train services planning: application to Taiwan's high-speed rail line[J]. Transportation Research Part B, 2000, 34(2):91-106.

[121] 汪波,杨浩,牛丰,等. 周期运行图编制模型与算法研究[J]. 铁道学报,2007,29(5):1-6.

[122] 张于心,邢俊义,高巍,等. 铁路自然灾害宏观预警实现的方法和途径[J]. 北京交通大学学报,1999,23(3):73-76.

[123] 何华武. 灾害对铁路影响及其防御对策[J]. 中国铁路,2008,10:1-8.

[124] 中国铁道学会安全委员会,《百年铁路安全大事记》编委会. 百年铁路安全大事记(1876—2008)[M]. 上海:上海交通大学出版社,2009.

[125] 聂磊,赵鹏,贾利民,等. 高速铁路运输组织技术[M]. 北京:北京交通大学出版社,2008: 62,66.

[126] 聂磊. 高速铁路列车运行调整优化理论与方法[D]. 北京:北京交通大学,1999.

[127] 陈彩霞. 事故灾害条件下高速铁路列车开行方案制定相关问题研究[D]. 北京:北京交通大学,2010.

[128] 赵伟,何红生,林中材,等. 中国铁路客运网网络性质的研究[J]. 物理学报,2006,55(8): 3906-3911.

[129] MORENO Y, GOMEZ J B, PACHECO A F. Instability of scale-free networks under node-breaking avalanches [J]. Europhys. Lett., 2002, 58 (4): 630-636.

[130] MERENO Y, PASTOR-SATORRSA R, VAZQUEZ A, et al. Critical load congestion instabilities in scale-free networks [J]. Europhys. Lett., 2003, 62:292-298.

[131] CRUCITTI P, LATORA V, MARCHIORI M. Model for cascading failures in complex networks [J]. Phys. Rev. E, 2004: 69.

[132] KINNEY R, CRUCITTI P, ALBERT R, et al. Modeling cascading failures in the North Ameican power grid[J]. Eur. Phys. J. B,2005,46:101-107.

[133] 来学权. 道路交通运输网络脆弱性研究[J]. 城市道桥与防洪, 2010,6: 69-73.

[134] WU J, DENG H Z, TAN Y J, et al. Vulnerability of complex networks under intentional attack with incomplete information[J]. Journal of Physics A: A Mathematical and Theoretical. 2007, 40:2665-2671.

[135] 赵鹏,赵春雷. 高速铁路运营组织[M]. 北京:中国铁道出版社, 2009: 118-120.

[136] 聂磊,赵鹏,贾利民,等. 客运专线运输组织技术[M]. 北京:北京交通大

学出版社,2008:86.

[137] 赵丽珍,朱家荷.利用区间渡线组织列车越行对高速铁路区间通过能力的影响[J].中国铁道科学,2002,23(5):11-17.

[138] 李洪波.铁路双线区间通过能力计算方法的改进[J].铁道运输与经济,2007,29(8):68-69.

[139] 赵丽珍.高速铁路区间通过能力计算分析[J].中国铁道科学,2001,22(6):54-58.

[140] 杨肇夏,杨宇东.京沪高速铁路区间通过能力计算参数及列车扣除系统的探讨[J].北京交通大学学报,1995,19(A01):1-8.

[141] 纪加伦,杨肇夏.移动闭塞方式下列车运行组织及区间通过能力计算方法的探讨[J].铁道学报,1992,14(1):38-46.

[142] 胡思继.原联邦德国联邦铁路区间通过能力计算方法[J].世界铁路,1991,3:18-20.

[143] 杨浩.铁路运输组织学[M].北京:中国铁道出版社,2001:281-285.

[144] DIJKSTRA E W. A note on two problems in connexion with graphs [J]. Numerische Mathematik,1959 (1):269-271.

[145] 孙宝林,李腊元,陈华.基于遗传算法的最短路径路由优化算法[J].计算机工程,2005,31(6): 142-144.

[146] 程世娟,卢伟,陈虬.基于蚁群算法的最短路径搜索方法研究[J].科学技术与工程,2007,7 (21):5706-5708,5712.

[147] 张学敏,张航.基于改进蚁群算法的最短径路问题研究[J].自动化技术与应用,2009,28(6): 4-7.

[148] 柴登峰,张登荣.前N条最短路径问题的算法及应用[J].浙江大学学报,2002,36(5):531- 534.

[149] 白轶多,胡鹏,夏兰芳,等.关于K次短路径问题的分析与求解[J].武汉大学学报,2009, 34(4):492-494.

[150] MENG X, JIA L, CHEN C, et al. Paths generating in emergency on China new railway network[J]. Journal of Beijing Institute of Technology, 2009, 19 (S2):84-88.

[151] CANDLER W, NORTON R. Mutilevel Programming, Techinical Report 20 [R]. Washington D. C : World Bank Development Research Center, 1977.

[152] CANDLER W, TOWNSLEY R. A linear two-level programming problem[J]. Computer and Operation Research,1982,9(1):59-76.

[153] BIALAS W F, KARWAN, M H. On two level optimization [J]. IEEE Transactions Automatic Control,1982, AC-27(1):211-214.

[154] BIALAS W F, KARWAN M H. Two-level linear programming [J]. Management Science,1984, 30(8):1004-1020.

[155] BARD J F. Geometric and algorithmic developments for a hierarchical planning problem[J]. European Journal of Operational Research,1985,19(3):372-383.

[156] 史峰,周文梁,陈彦,等. 基于弹性需求的旅客列车开行方案优化研究[J]. 铁道学报,2008,30(3):1-6.

[157] 漆昕,熊坚. 铁路客运专线旅客列车跨线组织优化模型[J]. 铁道运输与经济,2008,30(4): 16-19.

[158] 史峰,邓连波,霍亮. 旅客列车开行方案的双层规划模型和算法[J]. 中国铁道科学,2007, 28(3):110-116.

[159] 何宇强,张好智,毛保华,等. 客运专线旅客列车开行方案的多目标双层规划模型[J]. 铁道学报,2006,28(5):6-10.

[160] BELLMAN R, ZADEH L A. Decision-making in a fuzzy environment[J]. Management Science, 1970(17):141-164.

[161] 方述诚,汪定伟. 模糊数学与模糊优化[M]. 北京:科学出版社,1997:186-189.

[162] 蒲之艳. 高速铁路跨线中速列车的成本及过轨清算的研究[D]. 成都:西南交通大学,1999.

[163] TANAKA H, ASAI K. Fuzzy Linear Programming problems with fuzzy numbers[J]. Fuzzy Sets and Systems,1984,13(1):1-10.

[164] TANAKA H, ASAI K. Fuzzy Solution in fuzzy linear programming problems [J]. IEEE Transactions on Systems,1984,14(2):325-328.

[165] LAI Y J, HWANG C L. Fuzzy Multiple Objective Decision Making Methods and Applications [M]. Heidelberg: Springer-Verlag,1994.

[166] DUBIOS D, PRADE H. Possibility Theory: An Approach to Computerized Processing of Uncertainty[M]. New York:Plenum,1988.

[167] LUHANDJULA M K. Multiple objective programming problems with possibility coefficients [J]. Fuzzy Sets and Systems,1987,21(2):135-145.

[168] SAKAWA M, YANO H. Feasibility and Pareto optimality for multiobjective nonlinear programming problems with fuzzy parameters[J]. Fuzzy Sets and

Systems,1991,43(1):1- 15.

[169] ROMMELFANGER H, HANUSCHECK R, WOLF J. Linear programming with fuzzy objectives[J]. Fuzzy Sets and Systems,1989,29(1):31-48.

[170] SLOWINSKI R. A multicriteria fuzzy linear programming methods for water supply systems development planning [J]. Fuzzy Sets and Systems,1986,19(3):217-237.

[171] COHON J L. Multiobjective Programming and Planning [M]. New York:Academic Press. 1978:100-126.

[172] STEUER R E. Multiple Criteria Optimization: Theory Computation and Application [M]. New York:Wiley,1986.

[173] KOSKI J. Multicriterion Optimization in Stuctural Design [M]. New York:Wiley,1984:483- 503.

[174] OSYCZKA A. Multicritria Optimization in Engineering with FORTRAN programs [M]. Ellis Horwood Limited,1984.

[175] 梁志贞,施鹏飞.一种具有三角模糊系数的线性规划方法[J].系统工程与电子技术,2004,26 (12):1818-1820.

[176] GOVERDE R M P. Punctuality of railway operations and timetable stability analysis [D]. Delft, Netherlands: Phd Dissertation, Delft University of Technology, TRAIL Research School, 2005.

[177] GOVERDE R M P. Railway timetable stability analysis using max-plus system theory[J]. Transportation Research Part B,2007,41(2):179-201.

[178] 彭其渊,张羽成,李盂.列车运行图均衡性评价方法研究[J].西南交通大学学报, 1998,33(4): 372-377.

[179] CAREY M, CARVILLE S. Testing schedule performance and reliability for train stations[J]. Journal of Operational Research Society, 2000,51(6):666-682.

[180] DE KORT A F, HEIDERGOTT B, AYHAN H. A probabilistic(max, +) approach for determing railway infrastructure capacity [J]. European Journal of Operational Research,2003,148(3): 644-661.

[181] VROMANS M J. Reliability of railway systems [D]. Rotterdam,Netherlands: PhD Dissertation, Erasmus University Rotterdam, TRAIL Research School,2005.

[182] ENGELHARDT-FUNKE O, KOLONKO M. Analysing stability and invest-

ments in railway networks using advanced evolutionary algorithm[J]. International Transactions in Operational Research, 2004,11(4):381-394.

[183] DELORME X, GANDIBLEUX X, RODRIGUEZ J. Stability evaluation of a railway timetable at station level[J]. European Journal of Operational Research,2009,195(3):780- 790.

[184] HANSEN I A. Station capacity and stability of train operations [J]. Advances in Transport, Computers in Railways VII, 2000,7:809-816.

[185] Goverde R M P. Max-plus algebra approach to railway timetable design [C]. Proceedings of the 6th International Conference on Computer Aided Design, Manufacture and Operation in the Railway and other Advanced Mass Transit Systems CompRail 98, Lisbon,Portugal,1998, 339-350.

[186] 杨肇夏,胡安洲,李菊,等.列车运行图动态性能及其指标体系的研究[J].铁道学报,1993, 15 (3):46-56.

[187] 彭其渊,张羽成,李孟.列车运行图均衡性评价方法研究[J].西南交通大学学报, 1998,33 (4):372-377.

[188] 彭其渊,朱松年,闫海锋.列车运行图可调整度评价系统研究[J].西南交通大学学报, 1998,33(4):367-371.

[189] D'ARIANO A, PACCIARELLI DARIO, PRANZO MACRO. Assessment of flexible in real-time traffic management of railway bottleneck[J]. Transportation Research Part C,2008,16(2): 232-245.

[190] HERRMANN T M. Stability of Timetable and Train Routings through Station Regions [D]. Swiss:PhD Dissertation. ETH. Swiss,2006.

[191] 陈军华.基于稳定性的客运专线运行图编制与评价问题研究[D].北京交通大学,2009.

[192] MENG X, JIA L, QIN Y. Train timetable optimizing and re-scheduling based on improved particle swarm algorithm[J]. Journal of Transportation Research Record,2010, 2(2197):71-79.

[193] EBERHAT R, KENNEDY J. A new optimizer using particle swarm theory [C]. Proceedings of 6th International Symposium On Mico Machine and Human Science, Nagoya ,1995,39-43.

[194] CLERC M, KENNEDY J. Thc particle swarm explosion, stability, and convergence in multidimensional complex space [J]. IEEE Transactions on Evolutionary Computation,2002, 6(1):58-73.

[195] KENNEDY J, EBERHART R C. Swarm Intelligence[M]. Morgan Kaufmann Press, 2001.

[196] ABDELBAR A M, ABDELSHAHID S, WUNSCH II D C. Fuzzy PSO: A Generation of Particle Swarm Optimization[C]. Proceedings of International Joint Conference on Neural Networks, Montreal, Canada, 2005,1086-1091.

[197] ABDELBAR A M, ABDELSHAHID S. Instinct-based PSO with local search applied to satisfiability [C]. Proceedings of 2004 International Joint Conference on Neural Networks, Budapest, Hungary,2004,2291-2295.

[198] ABDELSHAHID S. Variations of particle swarm optimization and their experimental evaluation on maximum satisfiability [D]. M. S. Thesis (Ashraf Abdelbar, advisor). Department of Computer Science, American University in Cairo, May 2004.

[199] MENDES R, KENNEDY J, NEVES J. The fully informed particle swarm: simpler, maybe better [J]. IEEE Transactions on Evolutionary Computation, 2004,8(3):204-210.

[200] YANG G. A modified Particle Swarm Optimizer Algorithm [C]. The Eighth International Conference on Electronic Measurement and Instruments, 2007, 2:675-679.

[201] SINGH P B. Fuzzy adaptive particle swarm optimization for bidding strategy in uniform price spot market [J]. IEEE Transactions on Power Systems, 2007, 22(4):2152- 2160.

[202] SABER A Y, SENJYU T, YONA A, et al. Unit commitment computation by fuzzy adaptive particle swarm optimization [J]. IET Gener. Transim. Distrib, 2007,1(3):456-465.

[203] ESMIN A A A. Generating fuzzy rules from examples using the particle swarm optimization algorithm[C]. Seventh International Conference on Hybrid Intelligent Systems, Kaiserlautern, 2006:340-343.

[204] ESMIN A A A, LAMBERT-TORRES G. Fitting fuzzy membership functions using hybrid particle swarm optimization[C]. Proceedings of 2006 IEEE international Conference On fuzzy Systems, Vancouver, BC. Canada, 2006, 2112-2119.

[205] AN S, LIU K, LIU B. Improved weighted fuzzy reasoning algorithm based on particle swarm optimization[C]. Proceedings of Sixth International Confer-

ence on Machine Learning and Cybernetics, Hong Kong, 2007, 3: 1304-1308.

[206] SHI Y, EBERHART R C. A modified particle swarm optimizer[C]. Proceedings IEEE International Conference on Evolutionary Computation, 1998: 69-73.

[207] CLERC M, KENNEDY J. The particle swarm explosion, stability, and convergence in multidimensional complex space [J]. IEEE Transactions on Evolutionary Computation, 2002, 6(1):58-73.

[208] JANG J S R, SUN C T, MIZUTANI E. Neuro-fuzzy and soft computing[M]. Prentice-Hall, 1996:94-99.

[209] VAN DEN BERGH F, ENGELBRECHT A P. A new locally convergent particle swarm optimizer[C]. Proceedings IEEE International Conference on Systems, Man and Cybernetics, 2002:94-99.

[210] TRELEA I C. The particle swarm optimization algorithm: convergence analysis and parameter selection[J]. Information Processing Letters,2003,85(6): 317-325.

[211] 孟学雷,贾利民. 一类新的粒子群算法[J]. 控制与决策,2009,24(6): 941-944, 948.

[212] 钱立新. 350km/h 高速动车组制动技术的最新进展[M]. 电力机车与城轨车辆,2004,27(1): 1-3.

[213] 张子健,邓亚伟,杨清祥,等. CRH 型电动车组制动距离计算与监控装置制动模式曲线设计[J]. 铁道机车车辆,2007,27(6):1-5.

[214] 胡思继. 列车运行图编制理论[M]. 北京:中国铁道出版社,2007: 8-18.

[215] 漆昕,熊坚. 铁路客运专线旅客列车跨线组织优化模型[J]. 铁道运输与经济,2008,30(4):16- 19.

[216] 李文兴,陆伟忠. 铁路运输成本费用指数体系及计算方法[J]. 铁道学报,1997,19(5):15-20.

索　引

（按照音序排列）

图书在版编目(CIP)数据

突发事件条件下的列车运行组织 / 孟学雷，贾利民，秦勇著. — 北京：人民交通出版社股份有限公司，2015.9

ISBN 978-7-114-12510-2

Ⅰ. ①突… Ⅱ. ①孟… ②贾… ③秦… Ⅲ. ①列车组织 Ⅳ. ①U292.4

中国版本图书馆 CIP 数据核字(2015)第 233574 号

书　　名:突发事件条件下的列车运行组织
著 作 者:孟学雷　贾利民　秦　勇
责任编辑:刘永超　李　娜
出版发行:人民交通出版社股份有限公司
地　　址:(100011)北京市朝阳区安定门外外馆斜街 3 号
网　　址:http://www.ccpress.com.cn
销售电话:(010)59757973
总 经 销:人民交通出版社股份有限公司发行部
经　　销:各地新华书店
印　　刷:北京市鑫正大印刷有限公司
开　　本:720×960　1/16
印　　张:15.25
字　　数:280 千
版　　次:2015 年 9 月　第 1 版
印　　次:2015 年 9 月　第 1 次印刷
书　　号:ISBN 978-7-114-12510-2
定　　价:45.00 元

图书在版编目（CIP）数据

ISBN 978-7-114-12510-2

中国版本图书馆CIP数据核字（2015）第[illegible]号